목판의 행간에서 조선의 지식문화를 읽다

국학자료 심층연구 총서 ❹

목판의 행간에서
조선의 지식문화를 읽다

한국국학진흥원 연구부 기획

———

남권희
노경희
성봉현
손계영
송정숙
옥영정
김순석

글항아리

2012년 3월 한국국학진흥원에 소장된 유교 목판을 연구하기 위해 다양한 전공의 연구자들이 한자리에 모였다. 문헌정보학·국어국문학·역사학을 전공하는 연구자들은 1박 2일간의 일정으로 향후 목판 연구를 어떻게 진행할 것인가에 대한 문제를 놓고 고심했다. 한국국학진흥원은 유교 목판의 유네스코 세계기록유산 등재라는 과제로 수년간 국내외 학술대회를 개최하면서 연구 성과를 집적하고 있었다. 문제는 국내에 목판만을 전문으로 연구한 전문 학자가 많지 않다는 것이다. 지금까지 목판 연구는 문헌정보학을 연구하는 학자들이 서지학의 한 부분으로 진행한 정도였다. 목판 심층 연구진 구성은 한국국학진흥원이 그간 목판 학술연구를 진행하면서 참여했던 이들에 더해 새로운 인물을 영입하여 7명으로 구성되었다. 이들은 각기 자신들의 전공분야와 유관한 주제를 선정하고 연구를 시작했다. 이들은 모두 세 차례의 워크숍을 통하여 연구 성과를 공유하고 현장 답사를 함께했다. 2012년 11월 16일 그간의 연구 성과를 점검하는 학술발표를 약 150여 명의 문중 어르신을 모시고 진행했고, 이 책은 그 최종결과물이다.

송정숙은 불완전한 인간의 기억을 극복하는 방법으로써 지식 정보 전달 매체였던 목판의 역할에 주목했다. 목판은 유용한 인간의 지식 정보를 확산시키는 데 중요한 매체였다는 것이다. 반면에 확산되어서는 안 될 정보도 있었으니, 이단과 시대정신에 반하는 사상과 이론은 출판될 수 없었다. 이런 것은 설사 목판으로 제작되었다고 하더라도 훼판되었다는 사실을 밝히고 있다. 남권희는 『간재선생문집艮齋先生文集』 목판이 제작될 때 쓰여진 『문집간역시일기文集刊役時日記』의 분석을 통해 문집의 구성과 내용을 분석했다. 목판 제작은 학맥과 문중의 공감대를 형성하고 유대를 강화시키는 역할을 했다. 목판 제작은 손이 많이 가고 경제적인 부담이 컸기 때문에 특정한 인물이나 집안에서 재원을 마련할 수 없었고 가문 전체나 문중, 서원 등의 조직이나 단체 단위로 협력해 재원을 준비했다는 점에 주목했다.

손계영·성봉현·옥영정은 조선시대 책판 판각 제작이 어떤 공간에서 이루어졌으며, 재원조달은 어떻게 진행되었는가를 조명했다. 정조의 명으로 전국의 공사간公私間 책판 현황을 집대성한 기록인 『누판고鏤板考』의 분석을 통해 18세기 조선의 책판소장 현황을 통계적 방법을 이용해 설명했다. 또한 조선시대 목판은 어떻게 관리되었는가를 살펴보았는데, 조선시대에도 전통적 가치가 형성되면서 좀더 구체적인 보존체계가 있었음을 기록을 통해 확인했다. 노경희는 일본 에도시대 목판 제작을 교육제도와 관련해 검토했다. 조선의 목판은 문집을 통해 조상과 스승의 사상과 업적을 알리려는 목적으로 제작되었다. 반면 중국과 일본의 목판은 재미있는 소설류들을 시중에 판매해 수익을 창출하는 상업적 목적으로 제작된 것이 특징이다. 물론 일본에서도 청소년의 교육을 위해 경서와 교재를 찍어냈다. 이 글은 에도시대 일본의 막부와 번藩 그리고 민간에서 제작되었던 목판의 특징들을 살펴보았다. 김순석은 목판본을 통해 조선시대 지식인들의 해외인식을 살펴보았다. 임진왜란 당시 일본 포로로 잡혀간 조완벽 趙完璧이라는 선비가 베트남을 다녀와 남긴 기록을 토대로 조선의 지식인들이 세계인식 지평이 넓어지고 있었다고 분석한다.

전공 분야가 다른 연구자 7명이 모여서 1년 동안 다양한 각도에서 목판 연구를 진행한 결과 목판이 지니는 서지학적 측면을 비롯해서 목판 제작의 사회 경제적 배경, 지식 정보 전달 매체로서 목판의 역할, 이웃한 일본 목판의 특징 그리고 목판이 어떻게 세계와 소통하는 역할을 했는가를 조명했다. 목판 연구는 이제 시작 단계에 있으므로 많은 관심과 지속적인 노력이 필요하다. 끝으로 선조로부터 물려받은 귀한 목판을 기꺼이 한국국학진흥원에 기탁해주신 기탁 문중 어르신들께 이 자리를 빌려 다시 한 번 감사의 말씀을 올린다. 그분들이 한국국학진흥원에 목판을 기탁하지 않았다면 이 책은 세상의 빛을 볼 수 없었을 것이다.

2013년 12월
한국국학진흥원 국학연구실

목판과
지식문화

남권희

경북대 문헌정보학과 교수

목판본의 정의 및 특성

　목판은 중앙과 지방에서 가장 보편적이었던 인쇄 수단이다. 목판 인쇄술이 언제 우리나라에 도입되고 발달했는지는 알 수 없지만 세계에서 가장 오래된 목판 인쇄물인 『무구정광대다라니경無垢淨光大陀羅尼經』이 석가탑에서 발견된 것으로 보아 통일신라시대에 이미 보급되어 일정한 수준의 인쇄기술을 가지고 있었음을 알 수 있다. 이후 고려에 와서 11세기 초조대장경과 13세기 재조대장경과 같이 두 차례에 걸쳐 국가적 사업으로 조판된 고려대장경高麗大藏經에서는 이미 매우 높은 수준에 도달한 목판 인쇄술을 엿볼 수 있다. 이처럼 고려시대에는 우수한 목판 인쇄술을 바탕으로 왕실과 관부 및 사찰에서 수만 권의 서적을 출판했다. 때문에 중국 송나라에서는 고려에 사신을 파견하여 책을 구하기도 했다. 목판 인쇄술은 금속활자 인쇄술이 발명되어 보편화된 후에도 조선 말기까지 그 기술과 전통이 계승되었다. 목판은 인쇄, 세밀한 그림, 지도 등 다양한 방법으로 계속 전환하여 판각할 수 있는 데다 목판 보존이 용이한 이점 등

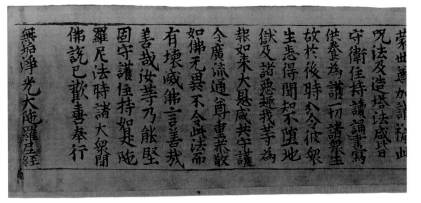

『무구정광대다라니경』, 국보 제126호, 삼국·고려시대, 문화재청

초조본 『대반야바라밀다경』, 권110 제1장, 청주고인쇄박물관 소장

재조본 『대반야바라밀다경』, 권110 제1장, 월정사 소장

도 작용했을 것이다. 특히 조선시대에는 중앙에서 금속활자 인쇄를 하면서 지방에서는 중앙에서 배포된 서적을 목판으로 번각, 간행하여 유포시키기도 하고, 각 지역별 특색 있는 판본을 새겨 민간의 서책 수요를 충족하고 교육과 문화를 발달시키는 데 목판 인쇄가 이용되었다.

목판은 국가를 경영하는 데 있어 매우 중요한 수단이자, 당시 지식인들의 지적 활동과 그들의 삶을 반영하고 있는 대표적인 기록유산이다. 목판 간행은 대량 출판이 가능하여 국가에서는 통치에 필요한 법률서, 농업서, 의학서, 천문서, 과학기술서, 경서, 역사서 등 수많은 서적들을 인출, 반포했으며 당시 중국의 문화를 빠르고 다양하게 받아들여 상대적으로 부족한 지식과 학술정보를 보충하기 위하여 서책의 생산 방법으로 활용했다. 또한 문인과 학자들의 관심사나 저술, 문학적 성과물, 주변 인물과의 커뮤니케이션 과정에서 생성되는 기록물들을 수록하여 그들의 학문적 역량과 업적을 후대에 남길 수 있었다.

목판에는 판목, 종이, 먹 등 출판 관련 산업의 중요한 정보들이 담겨 있음은 물론이고 판각에 직접 참여했던 인원들과 각수 같은 전문 기능인들에 대한 기록도 남아 있는데, 이를 통해 목판 판각 사업에서 파생되었던 효과와 소요 물자 그리고 비용, 판각 기간 등을 파악할 수 있다. 또한 가문과 학맥으로 이어진 공동체의 구성원들과 이들의 활동에 대한 정보를 주며, 판각에 직접 참여한 전문 기능인 각수刻手에 대한 기록이 있어 이들의 활동 범위와 역할을 파악할 수 있는 중요한 정보를 제공한다는 점에서도 가치가 있다.

목판을 통한 인쇄는 오랜 시간의 준비과정과 여러 차례의 교정을 거쳐 완성된 결과물이며, 금속활자와 더불어 서책의 생산과 보급을 통한 지식 전달의 한 축으로 활발히 활용되었다. 많은 정성과 노력이 들어간 목판 인쇄물들은 당시 부족한 학술자료를 학자들에게 제공하여 인재의 양성을 도모하고 이를 바탕으로 새로운 국가의 안정적인 기반을 다지기도 했으며, 중앙정부가 주도하는 정보생산과 지식 유통의 일방향적 형태였지만 점차 지방과 사찰, 개인에까지 활용되어 지식 정보 전달과 문화 발전에 많은 영향을 끼쳤다.

목판본의 정의 및 명칭

목판본木板本은 달필가達筆家에게 원고를 출판된 모양과 같도록 정서精書하게 한 다음, 이를 나무판에 뒤집어 붙이고 앞면의 글자가 비치게 한 뒤에 각수가 정성껏 판을 새기면 먹을 바른 뒤 준비된 종이를 붙이고 문질러 찍어낸 책이다.

하나의 목판은 외형적으로 볼 때 크게 양쪽 손잡이 및 새긴 판면을 보호하는 마구리와 판면板面, 판심版心으로 나눠지고, 이 목판은 다시 용도에 따라 책판冊板, 서판書板, 능화판菱華板, 괘판罫板, 공문판公文板, 도판圖板, 현판懸板 등으로 구분되기도 한다.

목판본은 기능과 단계에 따라 그 명칭을 달리하는데, 목각본木刻本, 간판본刊板本, 간각본刊刻本, 각본刻本, 판본板本, 조판본雕板本, 조본雕本, 누판본鏤板本, 정판본整版本, 누본鏤本, 침루본鋟鏤本, 침재본鋟梓本, 침본鋟本, 간재본刊梓本, 수재본繡梓本, 재본梓本, 개간본開刊本, 개판본開板本, 기궐본剞劂本, 참본槧本, 조본棗本, 목본木本, 전본鐫本 등으로 불려왔다. 또한 책의 간행 순서에 따라서 초간본初刊本, 원각본原刻本, 중각본重刻本, 중조본重雕本, 후쇄본後刷本, 후각본後刻本, 재각본再刻本, 번각본飜刻本, 보각본補刻本, 체수본遞修本, 납탑본邋邋本, 교정본校正本 등 다양한 명칭이 사용된다.

목판본 간행의 역사

|

우리나라의 목판본 인출은 중국으로부터 각종 서적이 유입되고 기록매체가 보급되어 유통의 필요성이 제기되면서부터 시작되었을 것이다. 유통의 필요성 제기는 곧 독자적인 판본의 제작으로 이어지는데, 독자적인 판본을 만들어 기록을 재생산 한다는 것은 먹墨·붓筆·종이紙와 인쇄기술 그리고 문화적 역량이 일정 수준에 도달했음을 의미한다. 그 결과는 경주 석가탑에서 발견된 현존하는 최고의 목판본인 8세기 통일신라시대의 『무구정광대다라니경』 등으로 나타났다.

고려시대에는 국시로 불교가 본격적으로 도입되면서 경전의 수요가 급증했다. 통일신라시대의 목판 인쇄술을 이어받은 고려는 이를 한층 더 발전시켜 이전보다 발달한 목판 인쇄술과 문화적 역량을 갖추게 된다. 이러한 역량은 1007년(목종 10)에 개성 총지사에서 인출한 『일체여래심비밀전신사리보협인다라니경一切如來心秘密全身舍利寶篋印陀羅尼經』에 여실히 나타난다.[1] 또한 국가적 사업으로 『초조대장경初雕大藏經』과 『재조대장경再雕大藏經』 그리고 대장경에 대한 주석서인 교장教藏 등을 목판본으로 인출함으로써 목판 인쇄의 최고 전성기를 맞게 된다. 이밖에도 고려대 중앙관서인 비서성에서 『예기정의禮記正義』『모시정의毛詩正義』 등을 목판본으로 간행했고, 사찰을 중심으로 하여 경전과 고승의 저술을 목판으로 간행하기도 했다. 대표적인 사찰 간행본으로 11세기 현화사에서 판각한 『반야경』이 있고, 12세기에는 국보 제203호로 지정된 『대방광불화엄경大方廣佛華嚴經』 주본周本이 있다. 그리고 14세기의 대표적인 사찰 간행본으로는 우리가 흔히 『직지直指』라고 부르는 『백운화상초록불조직지심체요절』이 여주 취암사에서 『백운화상어록白雲和尙語錄』과 함께 목판본으로 간행되었다.

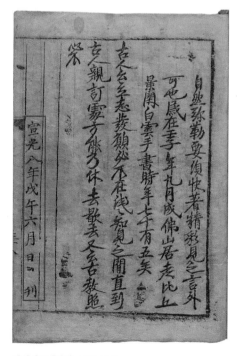

大方廣佛華嚴經卷第六
　　　　于闐國三藏實叉難陀奉
　　　　　　　制譯
如來現相品第二
爾時諸菩薩及一切世間主作是思惟云何
是諸佛地云何是諸佛境界云何是諸佛加
持云何是諸佛所行云何是諸佛力云何是
諸佛無所畏云何是諸佛三昧云何是諸佛
神通云何是諸佛自在云何是諸佛無能攝
取云何是諸佛眼云何是諸佛耳云何是諸
佛鼻云何是諸佛舌云何是諸佛身云何是
諸佛意云何是諸佛身光云何是諸佛光明
云何是諸佛聲云何是諸佛智唯願
世尊哀愍我等開示演説又十方世界海一
切諸佛皆為諸菩薩説世界海變化海佛海
佛波羅蜜海佛解脱海佛變化海佛演説海
佛名号海佛壽量海及一切菩薩誓願海一
切菩薩發趣海一切菩薩助道海一切菩薩
乘海一切菩薩行海一切菩薩出離海一切
菩薩神通海一切菩薩波羅蜜海一切菩薩
地海一切菩薩智海願佛世尊亦為我等如
是而説爾時諸菩薩威神力故於一切供養
具雲中自然出音而説頌言
無量劫中於行滿　菩提樹下成正覺
為度眾生普現身　如雲充徧盡未來
眾生有疑皆使斷　廣大悟解悉令發
無邊際苦普使除　諸佛安樂咸令護
菩薩無數等剎塵　俱來此會同瞻仰

『대방광불화엄경』 주본, 국보 제203호
千惠鳳 編著. 國寶; 7,000年의 韓國文化遺産. 서울: 한국브리태니커, 1989. 122쪽.

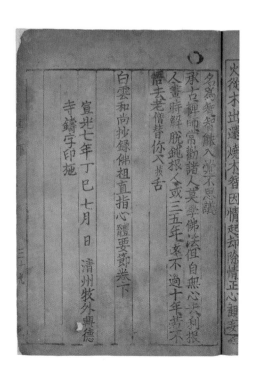

금속활자본 『백운화상초록불조직지심체요절』
권하 권말제, 청주고인쇄박물관 소장

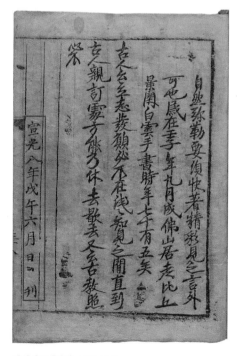

장서각본 『직지』 권말 간기
보물 제1132호. 권말에 '宣光八年戊午六月日刊'이라는
기록이 있어 금속활자본을 간행한 이듬해에 목판본을
새겨 찍었음을 알 수 있는 간행 기록.

고려의 목판 인쇄술을 계승한 조선시대 역시 학문 숭상과 출판문화 진흥을 위한 다방면에서의 노력과 관심으로 중앙과 지방에서 활자와 목판 인쇄술에 의한 서적 간행이 지속적으로 이루어졌다.

조선 건국 초기에는 유교 경전인 『성리대전性理大全』『사서대전四書大全』『오경대전五經大全』을 비롯해 『동국사략東國史略』『자치통감훈의資治通鑑訓議』 등의 역사서와 기본 윤리 지침서인 『효행록』『삼강행실도』가 목판본으로 간행되었고, 세종대에 이르러서는 인문과학에서 자연과학에 이르기까지 광범위한 서적들을 편찬·간행했다.

세조 연간에는 불교 경전 및 언해본 불경, 농서와 병서, 구급방救急方 등 여러 종류의 서적들이 언해본으로 간행되었으며, 또한 지방의 주요 사찰에서는 『금강경』및 『육경합부六經合部』를 비롯하여 수륙재水陸齋와 관련된 의식집을 간행하기도 했다.

성종대부터 중종대에 이르는 시기에는 법전·정치서·문학·주자 관련 서적·중국 역사서와 유교적 윤리 질서를 강조한 서책들이 목판본으로 간행되는데, 『경국대전』『정관정요』『동문선』『자치통감』『소학』『이륜행실도』『속삼강행실도』 등이 당시에 목판으로 인출된 대표적인 간본들이라 할 수 있다. 아울러 전국의 주요 사찰에서는 선요禪要, 사기私記, 도서都序 등 기본 교재류와 진언집眞言集류를 목판으로 간행했다.

이상 조선 전기 목판 인출의 전체적인 흐름을 볼 때, 유교 경전을 바탕으로 하되 다양한 분야에 걸쳐 많은 서적들이 역대 왕들의 관심 아래 국가적 정책으로 간행되었다. 이는 곧 교육, 교화, 삶의 질 향상, 통치 수단 등으로 목판본이 활용된 결과라 하겠다. 다양한 분야에서 많은 간행본들을 인출했던 조선 전기의 목판 인쇄기술은 조선 중기에 들어 연산군의 학자 및 서책 탄압으로 침체기에 빠져들지만 중종 연간에 적극적으로 서적 정책을 펴면서 다시 흥기를 맞이하게 된다. 하지만 이것도 잠시, 선조대의 임진왜란과 인조대의 병자호란 등 거듭된 전란으로 인해 그동안 쌓아왔던 인쇄기술의 전반적인 역량과 문화적 환경이 풍비박산이 나면서 인쇄문화는 다시금 침체에 빠진다.

조선 후기에 들어 임병양란의 여파가 차츰 안정되는 사회 분위기 속에 학맥의 사승관계를 중심으로 지속적인 저술활동이 이루어졌다. 중앙에서는 활자를 이용해 문집을 간행한 데 비해 지방에서는 목판본을 근간으로 지방 관아와 서원, 사가에서 수많은 문집들을 양산했다. 지방에서 이루어진 이러한 목판 문집 인출은 학맥과 문중의 정체성을 확립하고자 하는 의도가 강하게 내포된 활동이었다. 이 당시 목판으로 간행된 서책의 배포, 유통, 집서 등은 『고사촬요故事撮要』 『해동문헌총록海東文獻總錄』 『누판고鏤板考』 등의 책판 목록을 통하여 짐작할 수 있다.

조선시대 유학의 진흥, 여러 학문 분야의 발달 및 인재 양성의 필요성 등의 요인은 국가, 사찰, 개인 단위의 문헌 수요를 창출했고 그리하여 인쇄사적으로 눈부신 발전을 거듭하게 된다. 그중 책판은 문인, 학자들의 관심사나 저술, 문학적 성과물, 주변 인물과의 소통 과정에서 생성되는 기록물을 정리하여 수록한 것으로서 사상과 정보 전달을 목적으로 했다. 이것이 지식과 정보의 대중화와 일반화에 큰 영향을 미쳤음은 물론이다.

목판본의 특성

|

목판본은 우리나라 인쇄 서적 가운데 가장 큰 비중을 차지한다. 목판본은

원고가 일단 사본으로 형성된 다음에 간행된 것이므로 그 모체는 사본寫本이다. 이러한 목판본이 생성되는 양상을 유탁일은 다음과 같이 구분한다.[2]

첫째, 사본寫本에서 목판본木板本 인본印本으로 찍어내는 경우다. 목판본을 만들기 위해서 최종적으로 만들어진 사본을 등재본登梓本이라고 하는데, 이 등재본은 그것을 목판에 붙이고 그 글자대로 새기기 때문에 목판을 새김과 동시에 사라지고 만다. 이렇게 사본을 가지고 처음 새긴 목판본을 초각본初刻本 또는 초간본初刊本이라고 한다.

둘째, 활자본活字本이나 목판본을 다시 목판본으로 새겨내는 경우로, 흔히 번각본飜刻本이라 한다. 이 같은 번각의 경우 등재본이 부정확하면 각수에 의해 여러 모양으로 달리 각판刻板되기 때문에 판면은 조잡하고 내용의 변모를 초래하는 경우가 있다. 또한 번각본은 그 출판과정에서 종이를 아끼기 위해 내용을 빼버리기도 하고 멋대로 수미首尾를 바꾸거나 내용을 증손增損하는 경우가 있어 번각이 되풀이될수록 조잡하고 내용이 부정확해진다. 번각본은 이미 인쇄된 책을 해체하여 책장을 목판에 엎어 붙인 다음 그대로 새겨낸 것이므로 목판 인쇄기술이 생성됨에 따라 고안된 방법이다.

우리나라 번각판본의 시원으로 간기가 명확한 것은 『남명천화상송증도가南明泉和尚頌證道歌』의 주자본 번각으로, 1239년(고려 고종 26)에 주자본을 뒤집어 새겨 간행한 것이다. 또한 1377년(고려 우왕 3)에 청주목외淸州牧外 흥덕사興德寺에서 주자인시鑄字印施된 『백운화상초록불조직지심체요절白雲和尚抄錄佛祖直指心體要節』도 이듬해 여주驪州 취암사鷲嵒寺에서 번각 상재한 책이 국립중앙도서관에 소장되어 있어서 번각본 기원을 짐작할 수 있게 한다.[3] 우리나라의 전적은 유난히 번각본이 많은데 그것은 인쇄할 때에 판하본版下本을 다시 정서하지 않고 기간 인본既刊印本을 해책解冊하여 판목 위에 붙여 바로 판각할 수 있기 때문이다.

목판의 행간에서
조선의 지식문화를 읽다

七月拈菴吳庸天用序

南明泉和尚頌證道歌

證道歌

千頂山沙門　法泉　頌

歌此曲涅槃會上曾親囑金

色頭陁笑不休數柔青山對茅屋

君不見

是何顔擬議思量關乱山從

此曹溪門外句依前流落向人間

絶學無爲閑道人　雲歛鶴態何依挢春

深幽鳥不歸來巖畔群花自開落

不除妄想不求眞眞妄都如鏡裏塵打

破虛空光影斷此時方見本來人

無朙實性即佛性　兩處由來強立名四

海晏清時雨足不勞野老賀昇平

幻化空身即法身　若了法身無內外尓

狗泥猪却共知三世如來曾不會

法身覺了無一物　塋若晴空絶點霾因

徒之戮於其歌句句之間分爲之頌大

抵隨色而言空即定而言慧不見一相

而充滿法界不離一塵而圓具佛性其

詞罹落其旨宏遠昭昭然發永嘉之心

於數百年曠絶之後子竊幸叩師之緒

餘而因以開朙故覽師之頌慕其清風

而不能自己命之鋟扳用廣其傳庶使

導者通冥者朙而一超頓以悟乃師之

後序

賜也熙寧九年七月十日拈菴祝　况

天南明證道歌者實禪門之樞要也故後學

秦禪之流莫不由斯而入圵堂覩奧然則

其可闕塞而不傳通乎於是募工重彫鋟

字本以壽其傳焉時已亥九月上旬中書令

晉陽公崔　怡　謹誌

『남명천화상송증도가』, 보물 제758호, 권수제(위)와 권말 간기(아래), 삼성출판박물관 소장

한편 인본印本을 그대로 필사해서 다시 목판으로 인쇄하는 경우가 있다. 이 때는 간행하고자 하는 책의 원고原稿가 이미 출판되어 있는 것을 다시 필사해서 목판본으로 만들기도 하는데, 이렇게 생성된 목판본은 일반적으로 필사본에 비해 다음과 같은 특성을 가진다.

첫째, 목판본은 출판해야 한다는 분명한 목적이 있기 때문에 교정이 정확하며 문헌의 내용이 완결되어 있다. 그리고 글자의 크기나 판형의 조절, 편집상의 배려 등 체제의 외양적 정제성整齊性을 지닌다.

둘째, 사본이 동시에 같은 책을 만들 수 없어 각각의 유일본인 반면, 목판본은 종이만 있으면 같은 모양을 계속 찍어낼 수 있기 때문에 체제의 동양성同樣性과 특수한 사정이 없는 한 모양이 변하지 않는 양태樣態의 고정성을 지닌다.

셋째, 목판본은 비교적 오랜 시간을 두고 계속해서 찍을 수 있는 누인성累印性을 지님과 동시에 시간이 지나 많은 장을 인출하고 나면 책판이 마멸되거나 나중에는 판독하기도 힘든 난잡성을 가진다.

넷째, 판심이나 서체, 판형에 있어 시대에 따른 변화를 반영하는 시대성과 사회성을 가진다.

한편 목판본이 번각본일 경우에는 저본과 비교할 때 다음과 같은 특징을 찾아볼 수 있다.

첫째, 변란을 중심으로 볼 때 번각본의 경우 저본보다 그 크기가 줄어든 경우가 많다. 이는 저본의 경우 이미 판이 새겨지고 건조된 후 인출되는 과정을 거치면서 크기가 고정된 반면, 이를 바탕으로 번각할 때는 판이 완전히 마르지 않은 경우 시간의 경과에 따라 수분이 증발하여 글자나 변란 등 모든 면에서 일정 비율 축소되어 있는 것을 볼 수 있다. 심할 때는 1센티미터 이상 차이가 나기도 한다.

둘째, 번각본은 저본에 비하여 획이 굵거나 가늘어지는 등 정교함이 훨씬 떨어져 거칠고 균형이 잡히지 못한 경우가 많다. 예를 들어 조선 세종대代에 명明나라 영락永樂 시기에 만들어진 사서오경四書五經을 들여와 다시 번각한 것이 있는데, 이 판본에 현존하는 자료들을 볼 때 대단히 정교하지만 이를 다시 재번각한 중종부터 선조 연간에 여러 곳에서 번각한 판본들의 경우 획이 매우 거칠고 굵다.

셋째, 원본의 후쇄본일 경우에도 초기의 것보다 후기에 찍은 것일수록 인출면이 크기가 줄어드는 경향이 있다. 또 이때 판목 중 일부분의 분실이나 파손이 있을 경우 새롭게 새겨서 보충하는 것이 있는데 이를 보각판補刻板이라 부른다. 그 예로는 『삼국유사三國遺事』『구급간이방救急簡易方』 등이 있는데 고서의 간행 시기를 추정할 때 주의깊게 살펴야 한다. 특히 언해본의 경우 임란을 전후하여 언어현상의 변화를 보이므로 방점과 'ㅿ'의 소멸과 같은 표기법의 차이 등을 유심히 살펴야 하고 『구황촬요救荒撮要』와 같이 각 지역에서 간행되어 지역별 언어현상이 반영되어 있는 것도 있으므로 완전한 번각이 아닌 개각改刻의 현상도 주의해야 한다.

이와 같은 특성을 지닌 목판본의 발달과 변천은 형태적인 면과 사회적 현상의 반영이라는 양면적인 상호관계를 지니고 있었다.

고려시대 목판본은 초기에 판심이나 행간에 계선이 없었으나 후기에는 그것이 나타나고 판심의 형태 또한 시대에 따라 변화하여왔다. 또한 방각본의 경우는 민간의 요구에 따라 영리적으로 출판되었으며 당시의 사회계층과 사회상을 잘 반영하고 있다. 더불어 활자인쇄가 발명되었음에도 불구하고 계속해서 서적 출판을 주도하게 된 것은 필요한 경우 언제든지 원하는 부수만큼 찍어낼 수 있는 인출의 용이성容易性이 있었기 때문이다.

한국 목판의 조사와 연구

목판책판, 서판, 능화판, 시전지판, 기타 관련 연구

목판을 유형별로 구분하는 방법은 여러 가지가 있다. 보통은 주제나 내용을 기본으로 하지만 그림이나 글씨 등 표현 방법에 따라 혹은 용도에 따라 나누기도 한다. 즉 가장 많은 양을 차지하는 책판을 비롯하여 시나 서화 등 유명인의 글씨가 새겨진 서판, 편지를 쓰기 위한 양식지인 시전지판, 책의 표지를 만들기 위한 능화판, 누각이나 당호의 이름을 쓴 현판, 건물의 기둥 등에 걸어두는 주련판 등이 있다.

이러한 목판에 대하여 종교, 문학, 서지, 미술, 서예 등 관련 분야별로 정리하거나 연구된 성과가 있기는 하지만 대장경판을 제외한 영역에서는 그다지 활발한 연구가 진행되지 않고 있었다. 그러다가 2000년대에 들어 각 기관 또는 개인이 현존하는 목판들의 소재 파악과 서지 조사에 힘을 쏟고 있으며, 특히 한국국학진흥원의 주도 아래 전국의 목판을 조사하거나 기관에서 위탁 보관하고 있는 목판들을 유네스코 세계기록문화유산으로 지정하고사 하는 노력의 일환으로 목판 연구소를 설치하고 몇 년에 걸쳐 관련 분야의 연구자들과 학술 활동을 계속 진행하고 있다.

그 과정에서 한국국학진흥원이 소장한 목판을 개괄적으로 소개하고 조선 후기 영남지역의 문집 발간활동, 퇴계 학맥의 저술과 책판, 소장 목판에 대한 형태 서지적 조사, 중국과 일본, 베트남의 책판과 시전지판, 현판에 대한 소개, 책판을 새긴 각수와 목판의 기록유산으로서의 가치 등에 대한 심층적인 연구가 진행되었다.

그밖에 인근 분야에서의 연구를 살펴보면 경판과 완판의 한글 소설과 방각본 연구나 영남지역의 달성판에 대한 연구도 문학과 어학에 바탕을 두고 문헌학적인 접근을 하고 있다. 이와 관련하여 한글 서체 즉 판본체에 대한 서예 분야의 연구 성과도 있고 영남감영의 영영판嶺營版과 호남감영의 완영판完營版 간행본을 다루면서 목판에 대한 연구도 함께 병행되었다.

특히 미술사 영역에서 불교문헌의 변상도, 각종 삽도는 물론 본문의 내용과 상관이 없는 시전지판, 능화판, 떡살판 등에 대한 판화사적인 검토도 이루어져 『법화경』과 『화엄경』의 변상도, 밀교문헌의 판화에 대한 연구에서 표현 양식의 시대별 변천이나 계통화와 더불어 각수에 이르기까지 세밀하게 다루어졌다.

지금까지 진행된 각 분야별 연구 성과를 정리하면 다음과 같다.

책판 조사

• 한국국학진흥원 소장 책판 조사 목록류

① 경북지역, 2007

② 경남지역, 2008

③ 충북지역, 2011

④ 충남지역, 2012

• 한국국학진흥원 간행물 및 도록류

① 한국국학진흥원 목판연구소 편, 『동아시아 책판의 가치와 의미』, 서울: 한국국학진흥원, 2012.

· 서경호, 「儒林의 木板」

· 김종석, 「한국국학진흥원소장 유교목판의 특징과 기록유산적 가치」

· 박순, 「한국국학진흥원소장 목판의 역사적 가치부여를 위한 선행 작업」

· 전재동, 「한국국학진흥원소장 퇴계학파 관련 책판의 현황과 활용」

· 손계영, 「조선 후기 책판의 간행처와 간행 공간에 대한 연구」

· 옥영정, 「조선시대 영남 지방 책판의 보관기록과 그 의미」

· 김기화, 「한국국학진흥원소장 책판의 주석에 관한 연구」

· 남권희, 「한국국학진흥원소장 책판의 판각 형태와 책판 관련요소 연구」I

② 한국국학진흥원 자료부 편, 『동아시아의 목판 인쇄』, 안동: 한국국학진흥원, 2008.

· 장인진, 「목판본 간행을 위한 준비」

· 남권희, 「목판 제작과 간행의 실제」

· 최연주·김형수, 「각수의 세계와 동향」

· 임노직, 「목판에 새겨진 서체 예술」

·박상진·박병대, 「목판 제작에 사용된 목재」

·샤오동파萧東發, 「중국 현존 목판의 개황」

·스미요시 토모히코住吉朋彦, 「일본 목판 인쇄의 역사」

·김종석, 「한국 목판의 특징과 한중일 비교」

③ 한국국학진흥원 편, 『安東과 徽州문화 비교연구』, 안동: 聖心, 2005

·임노직, 「안동의 목판 인쇄와 휘주의 목판」

④ 한국국학진흥원 편, 『木板 선비의 숨결을 새기다』 ; 2012 한국목판특
별전, 안동: 한국국학진흥원, 2012.

⑤ 한국국학진흥원 유교문화박물관 편, 『나무에 새긴 지식정보 목판』, 안
동: 한국국학진흥원 유교문화박물관, 2008.

⑥ 한국국학진흥원 편, 『기록문화와 목판의 세계』, 안동: 한국국학진흥원,
2003.

⑦ 『한국국학진흥원 소장 목판 세계기록유산 등재를 위한 학술연구』,
2011

• 문화재청 '일반동산문화재 다량소장처 일제조사' 중 책판부분.
2003~2013년의 10년간 조사분

• 서울대학교 규장각, 『奎章閣所藏册板目錄』, 서울: 서울대학교 규장각한국
학연구원, 2004.

• 청주고인쇄박물관, 『충북의 판목 특별전』, 청주: 청주고인쇄박물관, 2001.

• 전주향교 소장 책판全州鄉校所藏完營册板, 전북대학교 박물관.

대장경 목판조사 및 간행물

- 해인사 팔만대장경보존연구회 데이터베이스
- 서수생·남권희, 세계기록유산『해인사 팔만대장경과 사간판연구』, 청주: 청주고인쇄박물관, 2009.
- 해인사 성보박물관, 『唯一』; 세계기록유산등재기념 해인사소장목판특별전, 서울: 해인사 성보박물관, 2007.
- 최범술, 「海印寺寺刊鏤板目錄」, 연세대학교 국학연구원, 『동방학지』 11집, 1970.
- 단국대학교, 「71·72年度 學術踏査報告」, 檀國大學校 國語國文學科, 『國文學論集』, 5·6 合輯, 1972.
- 무라카미 류키치, 「海印寺大藏經版調査報告書」; 『조선 해인사경판고朝鮮 海印 寺經板攷』, 1910.

불경 목판조사

- 운홍사 소장 목판 조사목록: 國立昌原文化財研究所·蔚山廣域市 공편, 『雲興寺 木版資料集』, 昌原: 國立昌原文化財研究所, 2003.
- 사찰 소장 목판 조사
  ① 박상국, 『전국사찰소장목판집』, 서울: 文化財管理局, 1987.
  ② 문화재청 문화유산발굴조사단, 『한국의 사찰문화재』, 서울: 문화재청: 불교문화재연구소. 지역 별 조사.
- 불교경판조사 ; 동국대학교 불교문화연구소, 1974.
  · 경기, 강원도 편 ; 동국대학교 불교문화연구원, 附錄「佛教經板 調査研究報告」; 京畿·江原道篇, 『불교학보』 제12집, 1975.

판화, 능화판 자료집

- 정병완, 『韓國의 冊板紋樣』, 서울: 韓國圖書館協會出版部, 1980.
- 남권희, 『능화판』, 서울: 대원사, 2006.
- 한국애서가클럽 편, 『朝鮮의 古版畵』, 서울: 한국출판무역, 1992.
- 한선학·김인숙·송석명, 『한국의 고판화』, 원주: 치악산 명주사 고판화 박물관, 2005.

서원 소장 목판 조사

- 전남대학교 문헌정보연구소 편, 『全南 書院의 木板』, 광주: 전남대학교 문헌정보연구소: 전라남도, 1998.
- 소수박물관 편, 『소수박물관의 목판과 현판』, 경상북도: 소수박물관: 경북대학교출판부, 2009 ; 소수서원 포함.

기관별 소장 목판 조사

- 계명대학교 동산도서관, 『계명대학교 동산도서관 목판자료』, 대구: 계명대학교 동산도서관, 2006.
- 정광·윤세영, 『司譯院 譯學書 冊板研究』, 서울: 고려대학교출판부, 1998.

책판목록

- 한국학진흥원, 『충북지역 목판자료 목록집』, 안동: 한국국학진흥원, 2011.
- 김종석·한국국학진흥원, 『경북지역의 목판자료』 1-4 ; 목록, 안동: 한국국학진흥원, 2070
- 김치우, 『고사촬요 책판목록과 그 수록 간본 연구』, 서울: 아세아문화사, 2007.

- 한국국학진흥원, 한국국학진흥원 소장 『목판 목록집』 Ⅰ·Ⅱ, 안동: 한국국학진흥원, 2006.

- 윤병태·정형우, 『韓國의 冊板目錄』 상·하·보유편, 서울: 保景文化社, 1995.

목판 자료집

- 김종석·한국국학진흥원, 『경북지역의 목판자료』 1, 안동: 한국국학진흥원, 2005.

  『경북지역의 목판자료』 2, 안동: 한국국학진흥원, 2006.

  『경북지역의 목판자료』 3, 안동: 한국국학진흥원, 2007.

  『경북지역의 목판자료』 4, 안동: 한국국학진흥원, 2007.

- 한국국학진흥원 기초학문육성사업단, 『경남지역의 목판자료』 1, 안동: 한국국학진흥원, 2008.

- 박경환·한국국학진흥원, 『경남지역의 목판자료』 3, 안동: 한국국학진흥원, 2010.

- 한국국학진흥원 목판연구소, 『충북지역의 목판자료』, 안동: 한국국학진흥원, 2011.

- 한국국학진흥원 목판연구소, 『충남지역의 목판자료』 1, 안동: 한국국학진흥원, 2012.

원전 자료

- 지역별 책판목록

- 지역별 읍지 등 지지류내 '책판'

- 지역별, 기관별 중기내 '책판'

목판의 행간에서
조선의 지식문화를 읽다

전국 지정문화재 목판 현황

|

전국에 현존하는 문화재로 지정된 목판의 수량을 확인하기 위해 문화재청 홈페이지(www.cha.go.kr)에서 '목판' 및 '책판'을 검색해보았다. 우선 검색을 통해 파악된 전체 목판을 토대로 하여 각 지역별로 목판명, 종목, 수량 등을 정리했으며(부록 참고), 각 목판의 유형별 종수를 파악하여 경전, 문집, 도판, 실기, 족보류 등으로 나누어 어느 지역이 어떤 종류의 목판을 보유하는지를 파악했다. 표로 나타내면 다음과 같다.

[표 1] 전국 문화재 지정 목판 유형별 종수

단위: 종

지역	불교 경전	문집	도판	실기	족보	기타	전체 종수
강원	1	0	0	0	0	0	1
경기	5	2	1	0	0	0	8
경남	4	61	1	9	1	2	78
경북	3	14	1	2	1	1	22
광주	0	5	0	0	0	0	5
대구	0	3	0	1	0	0	4
대전	0	5	0	0	0	0	5
부산	3	2	0	0	0	1	6
서울	2	1	3	0	0	0	6
인천	1	0	0	0	0	0	1
전남	0	11	2	3	1	0	17
전북	0	1	1	1	0	0	3
충남	2	5	1	0	0	0	8
충북	0	5	0	1	2	0	8
전체 종수	21	115	10	17	5	4	172

표에서 보이는 바와 같이 문화재청에 지정문화재로 등록된 목판의 전체 종수는 총 172종으로, 경전 21종, 문집 115종, 도판 10종, 실기 17종, 족보 5종, 기타 4종이다.[4] 지역별로 목판의 전체 종수를 확인해본 결과 경남 지역 목판이 78종으로 가장 많았으며,[5] 그 다음이 경북, 전남, 경기도·충남·충북 순으로 나타났다.

표에서 불교 경전과 문집류의 목판 종수를 보면 불교 경전류 목판은 경기도 5종, 경남 4종, 경북과 부산이 3종을 보유하고 있으며, 문집류 목판은 경남지역이 61종, 경북이 14종, 전남이 11종을 보유한 것으로 나타났다.

경남지역이 보유한 총 목판 종수는 78종으로 전국에서 가장 많다. 이 목판에 대해서 시대 구분을 해보면 조선시대 목판 37종, 일제강점기 목판 4종, 대한제국시기의 목판이 2종이며, 나머지 35종은 시대를 확인 할 수 없다.

목판의 과학적 연구

|

목판에 필요한 지식과 정보를 새긴 후 먹을 바르고 필요한 부수만큼 문질러 찍어내는 인출과정까지, 이 간행 단계에서 사회문화적 배경과 지적 저술활동 그리고 편찬 및 배포의 절차를 제외하고 가장 바탕이 되는 것은 목판 자체와 먹, 종이 같은 재료들이다. 이를 매개로 주어진 정보를 표출하는 행위, 즉 새기고 교정하는 단계를 거쳐, 묶고 제책함으로써 간행이라는 작업은 완성된다.

이러한 과정 가운데 오랜 경험이 축적된 전통시대의 판각에 의한 출판 관련 지식 및 기술을 오늘날의 과학적인 방법으로 분석해보는 일은 1300년을 이어온 목판 인쇄의 원천기술을 이해하는 데 도움이 될 것이다.

● 목판의 재료

목판, 판목, 책판 등으로 불리는 매체 즉 '판板'에 대한 지금까지의 연구는 수로 해인사 소장의 팔만대장경판을 대상으로 이루어졌다. 나무의 수종과 나무의 생산지, 채취과정과 이동과정을 추론하고 염수 저장 등 판목의 관리 방법과 다듬는 방법을 다양하게 연구해왔다. 그 과정에서 산벚나무, 돌배나무 등 11종이 대장경 판목의 주종을 이룬다는 사실이 밝혀졌고 나아가 판고와 판가에 사용되었던 나무의 연구도 이루어졌다.

일반적으로 불교 문헌의 권말에는 시주자 명단과 함께 책의 간행에 관여한 기능인에 대한 역할분담 기록이 있다. 여기에는 판목을 준비하는 과정에서 판을 다듬거나 판을 삶아 나뭇결을 삭이는 과정인 팽판烹板과 부판釜板 등에 관해서도 표시가 있다. 또 새기는 사람 즉 각수의 이름, 완성된 판의 좌우에 관리와 보전을 위해 부착시키는 '마구리' 작업을 하는 장두椗頭, 판의 준비에 관여하는 수판修板과 치판治板 같은 기능사에 대해서도 구분해 표시하고 있다.

특히 현존하는 책판 등을 대상으로 판목에 사용된 나무의 수종을 현미경을 이용해 조사하는 데는 목재세포학의 도움이 필요하며 나아가 불분명한 판각 시기를 추정하는 일에 목재연대학의 도움을 받을 수도 있다. 이러한 분석을 통하여 판각에 알맞은 재질의 나무가 무엇인지를 알 수 있으며 목판을 부식시키는 균과 곰팡이, 미생물을 조사함으로써 시간의 경과에 따른 표면의 마모를 방지하거나 보존을 위하여 옻칠을 하던 전통 방식에 대한 과학적 근거를 밝힐 수도 있다. 뿐만 아니라 흰개미나 좀, 딱정벌레 등도 목판을 훼손시키는 곤충으로 알려져 있어 생물학적인 조사도 필수적이다.

한편 실제 책판과 인본을 조사해보면 일차 판각된 부분 중 오류 부분을 수정하여 보각된 부분이 수분 증발 즉 나무가 마르고 체적이 줄어든 결과 글자를 새겨 끼워 넣었던 행간이 격리되어 구분되거나 빠지는 현상을 볼 수 있다. 이러한 검토에는 목판과 보각에 사용된 나무의 재질에 대한 조사가 필수적이다. 이와 더불어 목판이 휘어지거나 균열이 생기는 현상, 벌레에 의한 훼손 등의 원인 분석과 대처방안도 과학적 연구의 영역에서 다루어진다.

•먹

아직까지 이 분야의 연구에서 분명한 먹의 실체를 밝혀내지 못한 부분이 많다. 목판 인출에 사용되는 송연먹과 활자 인쇄에 사용되는 유연먹이 있지만, 전통먹이라 할 때 인쇄의 조건에 적합한 실제상의 성분이나, 어느 정도의 분량이 적정한지에 대한 데이터가 없는 실정이다.

송연먹은 보통 붉은 소나무의 솔가지나 줄기, 뿌리를 채취해서 바짝 말린 다음 이것을 태운 그을음으로 만든다. 유연먹은 대두나 피마자 등 식물의 씨앗을 쪄서 말린 후 압착하여 짜낸 식물성기름을 태운 그을음을 이용한다. 두 종류 모두 그을음에 아교와 향료를 섞어 반죽하여 먹의 형틀에 넣어서 만든다.

먹은 자연환경, 온도, 습도에 영향을 받는다. 처음 만들어질 때 40~50퍼센트이던 수분 함유량이 완성될 때에는 건조되어 16~18퍼센트가 된다. 먹의 수분이 증발하면 먹 내부에 미세한 구멍이 생기고 온도, 습도의 영향에 따라 이 구멍을 통해 수분의 흡수와 방출이 이루어지므로, 먹의 색깔은 계속적으로 변화하게 된다.

현재 국내에는 전존하는 전통먹이 적고 관련 기록도 많지 않아서, 먹의 복원과 책판의 인출에 사용되는 먹에 관해 그 산지나 사용량, 성분, 인출 시 농도 등이 자세히 밝혀지지 않았다. 따라서 인출하고 난 후 목판에 잔류한 먹을 채취하여 과학적으로 성분을 분석하여 시대별, 지역별 차이 등을 데이터화하는 작업이 필요하다.

• 종이

먹과 함께 인출에 필수적인 재료인 종이는 이미 많은 연구를 통해 검토되어 왔다. 종이는 목판 분석에 관련된 직접적인 데이터를 제공하기보다는 두께나 재질, 흡수력, 도침 정도 등, 먹과 연관하여 간접적으로 인출의 상태를 살펴볼 수 있는 재료가 된다.

• 보존처리

목판이 처음의 상태를 오래도록 유지하기 위해서는 인출에 따른 불가피한 마모를 제외한 습기나 온도 등에 의해 발생하는 자연 상태의 부식과 미생물과 해충에 의한 훼손을 최소화해야 하므로, 이를 위한 과학적 고안이 전제될 필요가 있다. 이를 위해선 물리적 측정을 정밀하게 하고 훼손 원인을 정확하게 구명하여 보존처리 방법을 결정하고, 필요할 경우 복원과 보수를 고려해야 한다.

한국 목판본 간행의 역할과 기능

목판본 간행의 역할

목판본은 커뮤니케이션 과정에서 생성되는 기록물을 정리하여 수록한 것으로 7세기 종교적인 목적의 판각을 시작으로 점차 교육 및 지식의 집적集積과 전파의 수단이 되어왔다.

조선시대에는 목판을 매개로 한 출판 가운데 전 시대를 걸쳐 개인의 학문적 성과물이라 인정되는 문집의 간행이 주를 이루었고 그밖에 성리학적 저술이나 족보 등이 보완적 기능을 했다. 한편 목판의 판각 작업은 경제적 측면에서 많은 경비와 인력, 시간을 필요로 한다는 점에서 유명 학자나 조상의 성과를 기리는 것은 물론 기존 지배세력의 과시라는 일부 측면도 배제할 수 없다. 이런 출판은 여러 지역에 산재한 서원이나 기존 학맥에 뿌리를 둔 사람들이 서책 출판을 목적으로 교유를 하고 일체감을 형성하며 학술적 정리를 이루는 순기능을 가져왔다. 반면 배타적 집단의 출현과 학술정보의 일방적 점유 등 역기능도 수반했다. 뿐만 아니라 관직과 인맥을 이용한 감영監營이나 지역 관서官署에서 이루어진 출판 활동은 권력에 따른 경제적 용이성을 향유한 것이며 주변 사찰에서 이루어진 족보나 문집의 출판은 신분적으로 제한된 수탈 구조를 이용한 것이다. 목판의 판각 기능을 가진 각수승刻手僧과 종이의 확보를 위해 사찰 소속의 지장紙匠을 이용했으며, 또한 사찰이 책판을 보관하는 장소로 용이하다는 점을 활용했기 때문이다. 물론 이는 17세기 들어 지역 세력가들이 사찰에 영향력을 행사하고 승려와 사대부가 빈번히 교류하는 일부 긍정적인 사회 분위기로 이어지기도 하지만 여전히 사찰은 기능과 기술을 일방적으로 제공하는 수준에 머물렀다.

임진왜란 후 중앙에서는 파탄된 문화를 일으키고 백성의 교화, 민심의 수습을 위하여 서책의 간행을 독려하며 사서四書, 의서, 농서의 보급에 힘을 기울였다. 그러나 17세기 이후 당쟁과 천재지변이 거듭되어 전쟁 전의 상태로 회복하기까지 많은 시간이 소요되었다. 이런 어려움에도 불구하고 국가정책과 지역의 학문적 성숙에 힘입어 백과사전 및 유서류類書類의 편찬과 간행이 활발해졌고, 중국의 학문적 성과가 전파되면서 태동한 실학實學에 학자들의 폭넓은 접근이 이루어졌다.

조선시대를 거치면서 후세의 교육을 위한 『천자문』을 비롯한 동몽류童蒙類의 서적이 간행되었고, 『경민편警民編』을 비롯한 언해류 서적이 전쟁 후의 백성 교화를 목적으로 발간되었다. 또한 이 시기 〈삼강행실도三綱行實圖〉〈속수삼강행실도續修三綱行實圖〉〈오륜행실도五倫行實圖〉〈형제급난도兄弟急難圖〉 등 판화를 출판에 이용하여 이데올로기를 대중화하는 수단도 고안되었다.

이와 같이 사상과 정보의 전달을 목적으로 한 출판행위는 여론을 주도하고 대중과 결합하여 지식과 정보를 대중화·일반화하는 단계에 이르렀고, 이러한 사회적 소통은 다음 단계로의 발전에 기여하게 된다.

목판을 이용한 전통시대의 서적 출판은 일반적으로 지역과 간행 주체라는 관점에서 살펴볼 수 있는데, 그 특징은 다음 표와 같다.

[표 2] 전통시대 출판 형태 요소별 분석

	중앙	지방	비고
목적	통치 방편 교화의 목적	대중적 요구 충족 정체성 확인	지식의 보편화에 기여 정서적·감성적 내면세계 표출(방각본)
내용	표준화, 정품화, 일반화	특수화, 지역화, 개별화	
수단	보급성 비영리	학문적 정리 사회적 인정 영리, 상업 출판 의존	
범위	집중적·집약적 간행	분산 간행(관찬서)	
주체	관주도형	학맥, 문중 주도형 (서원, 향교)	

중앙과 지방의 소통

|

왕과 백성의 소통에서 활자와 목판 출판의 역할은 무엇이었을까. 국왕의 정책적 의지를 윤음綸音이나 전교傳敎 등으로 전할 때 중앙에서는 대체로 출판량의 기술적 제한성과 사안의 시급성 때문에 교서관校書館 등에서 금속활자로 먼저 책을 찍어냈다. 그후에 이것을 필요한 지방으로 보내어 하루 이틀 내 해당 관청이 보유하고 있는 인력을 이용하여 즉시 목판으로 새겨 인출한 후 배포해야 할 지역이나 관청 혹은 개인에게 나누어주었다. 이런 방식으로 국가의 시책을 널리 알리고 국민과 소통했던 것이다.

이러한 현상은 특히 윤음을 많이 반포한 18세기 후반 정조, 순조대에 자주 나타난다. 예를 들어『내각일력內閣日曆』1783년 10월 25일조에 의하면 전라감사 조시위趙時偉가 장계를 올려 '각 읍邑·면面·리里에 윤음을 찍어 내린 숫자가 7966건'에 달한다는 언급이 있다.

전주	580	순천	234	홍양	120	진산	69	익산	103	장수	134	무장	66
나주	554	순창	240	함평	80	금산	71	만경	80	운봉	72	정읍	140
광주	249	영암	400	무안	100	무주	76	김제	155	고산	149	동복	70
능주	100	영광	405	강진	180	여산	70	고부	245	용안	60	옥과	60
남원	344	낙안	60	곡성	52	해남	102	임실	274	함열	72	태인	85
장흥	232	보성	84	광양	94	화순	60	진안	140	부안	150		
담양	230	진도	90	남평	80	창평	105	금구	106	흥덕	52		
장성	258	구례	72	옥구	100	임피	112	용담	80	고창	70		

즉 이와 같은 많은 부수는 활자본의 인출로는 불가능하므로 목판으로 빠르게 새겨 배포하게 되었던 것이다. 그 과정에서 활자본은 국가 시책을 빠르게 전달하기 위한 중앙기관의, 즉 왕과 백성 사이의 일차적인 소통 수단이었던 것이며 이를 매개로 다시 번각하는 지방 감영의 목판 인쇄가 2차적인 수단이었던 셈이다.

같은 해 11월 20일조에도 '반사된 활자본『자휼전칙字恤典則』1건을 전라감영에서 목판으로 번각하여 인출한 후 면리에 윤음의 예로 나누어주고 10건은 장황을 한 후에 내각에 올려 보낸다'는 내용이 있다.

1783년 10월 1일에는 반사된「경기민인윤음京畿民人綸音」인본印本을 강원도에서 다수 번각 인출하여 도내의 각 지역으로 보내고 있으며, 같은 달 10일에도 같은 윤음을 함경도에서 급히 새겨 지역별로 배포했다.

1784년 8월 22일에는 「각도신군포절반탕감윤음各道身軍布折半蕩減綸音」을 평안 감영에서 번각하여 도내 521개 면 4171개 리에 각 한 건씩 4692건을 반사하고, 어람용 책 10건은 궤에 넣어 올린다는 보고에서도 지역별 배포에는 목판을 사용한 것을 볼 수 있다.

1785년 1월 5일 중앙에서 반포한 「유제주민인윤음등본諭濟州民人綸音謄本」을 전

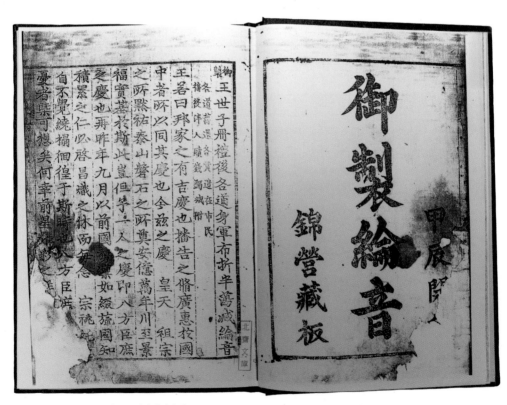

「어제왕세자책례후각도신군포절반탕감윤음」

목판의 행간에서
조선의 지식문화를 읽다

라감사가 본영으로 보내 전각 인출한 여러 건을 해당 지역으로 보낸 기록에는, 전년 말 12월 4일에 전주부로부터 받아 급히 목판으로 번각 인쇄하여 지역 곳곳에 전했으며 국왕의 지시처럼 어리석은 백성이 알기 쉽도록 언해로 번역한 부분을 덧붙여 같이 판각하여 임금의 백성을 살피는 뜻이 잘 전해지도록 했다는 내용이 있다.

당시 국왕의 윤음을 지방으로 반포하던 이와 같은 방식, 즉 원고에 해당되는 초본草本을 활자로 적당량 간행한 뒤 지방으로 나누어 보내면 지방감영에서 즉시 목판으로 새겨 인출하여 배포한 방식은 『일성록日省錄』 1776년 7월 4일 국왕과 홍국영의 대화에서도 볼 수 있다.

이러한 윤음류에는 백성의 생활과 밀접한 관계를 가진 내용이 많다. 주제별로 보면 권농勸農, 조세의 탕감, 진휼賑恤, 향음주례鄕飮酒禮, 척사斥邪 그리고 국가적 범주에서의 토역討逆 등에 이르기까지 다양하다. 이것들은 모두 왕의 교화를 백성에게 두루 이르게 하고자 한 위로부터의 소통 수단이었다.

목판본 간행의
경제적 측면과 판각 사업

목판본 간행에 소요되는 부수, 경비, 기간, 인력

•간행 부수

『조선왕조실록』과 『미암일기초眉巖日記草』 등에 나타난 책의 간행 부수는 필요에 따라 많이 인쇄되기도 했지만 관판의 경우 보통 100부 정도가 간행되었으며 사가판의 경우도 50~100부 정도 간행되었다.[7]

그러나 일반적인 경우 필요에 따라 인출의 부수가 달라져 1428년(세종 10)에는 농서를 1000부 찍어내도록 경상도에 지시했으며, 1441년(세종 23)에는 『직해소학直解小學』 200부를 향교 및 문신에게 내려주었다. 1466년(세조 12)에는 『대명강해율大明講解律』과 『율학해이律學解頤』를 양성지梁誠之로 하여금 교정하게 한 뒤 삼도三道에 보내어 500부를 인출하게 했다.

1484년(성종 15)에도 『진서陣書』 1000부를 간행하여 무신들에게 내려주었다.

또 1511년(중종 6)에는 『삼강행실三綱行實』 2940질을 전국에 배포하게 했는데, 이는 인출·배포의 수량으로서는 가장 많다. 수량 면에서는 1435년(세종 17)에 『집성소학集成小學』 1만여 본을 간행하여 팔아 그 수익을 관에서 거두게 하자는 허조許稠의 건의도 발견된다. 그러나 왕이 장차 시행하겠다는 언급은 했으나 그 시행 여부는 알 수 없다.

이와 같은 국가적인 대량 인쇄와 더불어 사찰 등에서도 1644년(인조 22) 4월에 『불정심관세음보살대다라니경관음경佛頂心觀世音菩薩大陀羅尼經觀音經』 3권을 범어사梵魚寺에서 1000여 부 간행하여 배포했다.

즉 백성 교화나 종교적 목적으로 국가와 사찰 등에서 대규모 인출을 하여 배포한 경우도 볼 수 있으나, 일반적으로는 100여 본이 넘지 않는 수준이었다.

이에 대한 기록으로 1428년(세종 10) 4월에는 경상도감사慶尙道監司 이승직李繩直이 『성리대전』 50본을 찍어 올려 2품 이하의 문신들에게 나누어주었으며 1472년(성종 3)에는 『원각경圓覺經』이나 『능엄경楞嚴經』 『유마경維摩經』 등 각종 불경 30~60본을 모인模印하게 했다. 1495년(연산군 1)에도 『법화경法華經』과 『능엄경』을 각 50본씩, 『육조해심경六祖解心經』 『영가집永嘉集』을 모두 60본씩 인출했다. 이처럼 문집이나 불경류도 보통 100여 본을 넘지 못하는 수준에서 간행이 이루어졌다.

이에 비하여 금속활자본으로 교서관에서 간행된 자료들은 간행 부수와 인쇄에 소요된 날짜 등 인쇄 효율성 면에서 차이를 보인다. 이는 교서관에서 간행된 3종에서 확인되는 바, 『약천집藥泉集』 34권의 경우 전체 1391장으로 140여 일에 300부를 찍었다. 총 41만7300장을 140일 동안 인쇄했으니 하루에 2981장을 인쇄한 셈이다. 『곤륜집昆侖集』 20권은 전체 735장이고 90여 일 동안 400부를 인쇄했다는 기록이 있다. 모두 29만4000장을 90일에, 즉 하루 3267장을 인쇄했으며, 『서파집西坡集』의 경우도 전체 1107장을 140여 일에 300부, 즉 하루 2372장을 인쇄했다. 이는 당시의 인출작업 규모와 능률을 짐작할 수 있게 하는 자료다.

조선시대 서적의 발행 부수를 세기별로 살펴보면,[8] 1종당 평균 발행부수는 15세기에 158부, 16세기에 381부, 17세기에 430부, 18세기에 279부로 나타난다.

• 간행 경비 및 기간

목판본을 간행하기 위해서는 원고의 작성은 물론 물자를 준비하고 소요경비를 마련하는 데도 오랜 시간이 걸렸다. 사찰과 개별 가문은 물론 지역의 서원이나 향교, 나아가 지방의 각 관아에서 나누어 간행할 정도로, 그 부담은 적지 않은 것이었다. 책의 간행 경과에 대하여 전해지는 자료를 통하여 이에 관한 부분적인 사실을 확인할 수 있다. 『간보개간시일기刊補開刊時日記』에는 밀암密庵 이재李栽가 이덕홍李德弘의 『주자서절요강록朱子書節要講錄』을 수정·증보한 『주서강록간보朱書講錄刊補』의 간행 배경과 각수, 간행 비용 및 완성까지 전 과정을 기록하고 있는데, 이 책의 간행 작업은 도각수都刻手 유정有淨과 경각수京刻手 등이 참여하여 1785년(정조 9)부터 이루어졌다. 준비 작업으로 간상刊床, 마구리, 판각틀을 만들고, 판 150개를 옮겨와 판각 작업이 진행되었다. 간행의 재정적인 지원은 봉화, 풍기, 순흥향교와 선산의 여러 서원에서 도와주었고 판각 후에는 박종현朴宗絢, 박종성朴宗成 형제의 교정하에 도각수와 경각수가 남은 보수 작업을 했다. 600여 냥의 비용이 들었는데 이 가운데 판각 비용이 222냥, 도각수와 경각수에게 별도로 17냥이 지급되었고 판각에 40일이 걸렸다. 판각 수정까지 포함하면 150판을 새기는 데 총 50일 정도가 소요되었다.

•간행에 소요된 인력

책의 간행 시 서사자는 1명이 담당하는 것이 보통이나 간경도감의 명으로 지방관서에서 판각한 관판의 예처럼 권수가 많으면 여러 명의 서사자가 참여하여 각 권마다 서사자가 다른 경우도 있다. 해인사에서 14권으로 간행된『사분율산번보궐행사초상집기四分律刪繁補闕行事鈔詳集記』는 12명의 서사자가 참여했고, 8권으로 된『구사론송소초俱舍論頌疏抄』는 5명의 서사자가 참여했다. 서사자의 신분은 승려이거나 관리일 경우 그 직위와 성명이 기록되기도 하며, 일반인이 서사하는 경우도 있었다. 교정의 경우도 한 명 또는 그 이상이 담당했으며 중앙의 학식 있는 학자들이 전문적으로 교감을 담당하거나 지방관서에서 판각한 것은 관리들이 교정하기도 했다. 불서의 경우는 지식을 가진 승려들이 교정을 했다.

하나의 목판본이 간행되기 위해서는 많은 인력이 동원되었다. 다양한 계층의 사람들이 참여 끝에 판각이 완성되면 간행에 참여한 사람들을 시상하기도 했다. 1789년(정조 13)『오경백편五經百篇』이 목판으로 간행되던 날 정조는 간행에 참여한 모든 사람들에게 시상했다.9『오경백편』의 간행에는 감인각신監印閣臣 3명, 교준문신校準文臣 5명, 주자감관鑄字監官과 서리書吏 각 1명, 대청직大廳直과 사령使令 각 2명, 군사軍士 3명, 방직房直 1명, 공장으로 경각수가 14명, 평양각수平壤刻手 3명, 전주각수全州刻手 1명, 장교將校 6명, 본부리本府吏 1명, 각장과 인출장이 각 1명, 소목장이 2명으로 모두 37명이 참여했고 각각 표피豹皮, 녹피鹿皮, 장피獐皮, 포布, 나무 등을 상으로 받았다.

또 다른 기록인『시강원책역소일기侍講院冊役所日記』에 수록된 시강원에서 여러 책을 간행하기 위하여 동원된 사람들의 기능과 인원수를 보면 간행 종사자로 감동관監董官 박정양朴定陽 외 4명, 서리 송형기宋亨基 외 11명, 서사관書寫官 이두

혁李斗赫 외 18명, 방직 2명, 화원畵員 2명, 사령使令 3명, 계사計士 1명, 사환군使喚軍 7명, 창준 15명, 장책제원粧冊諸員 4명, 인출장 2명, 전국 각지의 각자장刻字匠이 모두 41명이 동원되었고, 수장제원守藏諸員, 소목장, 도침장搗砧匠, 제각장除刻匠이 각각 4명, 그 외 균자장均字匠 2명, 교정장校正匠 2명, 두석장豆錫匠, 추조장推造匠, 분류장分類匠, 장두장粧頭匠, 다회장多繪匠이 각 1명씩 참여했으며 이들 역시 모든 간행의 공역工役이 끝난 후 임금으로부터 상을 받았다.

이상에서 언급한 자료뿐만 아니라 숙종 이후로 간행된 『선원계보기략璿源系譜紀略』이나 『열성어제列聖御製』의 여러 판본, 정조가 직접 편찬하여 1794년(정조 18) 내각에서 간행한 『주서백선朱書百選』 등에도 간행에 소요된 날짜, 경비, 물품, 업무분담 및 인력동원 등 간행의 전 과정을 상세히 수록하고 있다.

정조대 『국조보감』의 활자와 목판 간행 관련 기록
|

『국조보감國朝寶鑑』은 조선시대 역대 왕들의 업적 중 선정善政만을 모아 편찬한 것으로 편년체로 기술되어 있다. 몇 차례 편찬, 간행된 『국조보감』중 정조 6년(1782)에 간행된 것은 조경趙璥 등에게 명하여 정종定宗에서 영조英祖에 이르는 13조祖의 보감寶鑑과 이미 선대에 편찬된 『사조보감四祖寶鑑』『선묘보감宣廟寶鑑』『숙묘보감肅廟寶鑑』을 합하여 68권 19책으로 완성한 것이다.

이 책을 편찬·간행하면서 정조는 여러 신하들과 목판과 활판, 필사 등 간행 방법과 기간이나 작업의 중요도 및 타당성을 논의했는데, 이에 대한 기록이 의궤儀軌나 『내각일력內閣日曆』의 기사에 자세하게 수록되어 있다. 이를 간략히 정

리하면 다음과 같다.[10]

•1728년 4월 25일

정조가 인쇄비용의 충당에 대해 논의하는 자리에서 호조판서 김화진金華鎭은 경비 면에서 두 방법이 서로 차이가 없어서 목판 간출刊出은 판가板價가 1000여 냥이고 활인活印도 비슷하므로 일의 중요성으로 볼 때 목판으로 간행하는 것이 타당하다는 의견을 제시했다.

한편 서명선徐命善은 민간에서 인쇄할 때 활자는 약 100여 냥이 들고 목판의 소요 비용은 300~400냥이 넘으며 원고를 정서하는 작업도 매우 어려우므로, 우선 활자로 인출한 이후에 영영 혹은 기영箕營에 내려 보내어 100질을 한정해 번각, 인출하는 것이 좋다는 이견을 제시했다.

그러나 정조는 목판이든 활자든 지방으로 보내지 않고 본관에서 간행하는 편이 낫다는 의견과 함께 지방으로 보낸다면 왕에 관한 중요한 문헌인 만큼 왕래할 때의 절차가 불편할 것을 우려했다. 또 작업의 시작은 『문헌비고文獻備考』를 찍어낸 후에 감인당상監印堂上을 뽑아서 진행하며 실록청實錄廳의 예에 따라 전임도청前任都廳과 낭청郞廳의 두 사람이 맡도록 했다.

널리 반포하는 목적이면 목판으로 새기는 것이 좋고 이 때 동원되는 각수의 숫자는 50명 정도라는 김화진의 설명에 정조도 동의하고, 널리 반포하는 데는 목판이 활자보다 좋다고 하면서 감인당상이 호조판서와 같이 소요 물자와 비용을 계산할 것을 지시했다.

•1782년 4월 26일

정조가 다시 목판과 활자 가운데 어느 방법이 좋을 것인가를 묻자 정창성鄭

昌聖은 만약 목판으로 새기면 일이 지체되므로 대신들과 상의한 결과 『열성지장列聖誌狀』의 경우와 같이 활자로 찍는 것이 좋겠다는 의견을 제시했다.

이러한 의견에 대하여 정조는 어제御製는 대부분 목판으로 간행되었고 보감寶鑑도 어제에 비하여 소홀히 할 수 없으므로 목판으로 간행하는 것이 좋다고 했다.

한편 심념조沈念祖는 목판 판각의 진행에 대하여 일을 시작하려면 먼저 사자관에게 정서하게 해야 하는데 글씨를 잘 쓰는 자는 열에 하나도 있지 않기 때문에 하루에 두세 장도 쓸 수 없어 베껴 쓰는 일이 더디게 되며, 글자 모양도 주자鑄字만 못함을 주청했다.

이에 정조는 한양의 각수를 동원하자는 의견을 제시했으나 심념조는 경중京中의 기술자 또한 심히 부족하므로 양남양서兩南兩西의 각 곳에 있는 각수를 뽑아 올려 보내게 하는 것이 마땅하다는 의견을 제시했다. 그러나 왕은 영남이 현재 흉년이므로 독촉하지 말 것을 지시했다.

정창성은 한 사람이 3일에 1판을 새기니 일의 진척 속도는 각수의 동원 숫자에 달렸으므로 각수 동원이 어려운 상황에서 책을 빨리 간행하는 것은 불가능한 일임을 재삼 강조했다.

정조가 활자로 먼저 인출하고 이를 또 목판으로 번각하면 이것은 중복되는 일로 오히려 매우 어렵다고 하므로 대신들은 번각할 때에는 관서關西와 양남兩南에 분송分送하고 내려 보낼 때 책을 배왕陪往하는 절차에 주의하며 소요물자는 호조로 하여금 줄이고 선조와 숙종의 보감은 이미 활자로 찍은 것이 있으므로 이것으로 뒤집어 새기면 그 비용을 절약할 수 있음을 제시했다.

활자와 목판 간행의 소요물자와 비용 절감에 대한 정조의 물음에 정민시鄭民始는 활자와 목판의 물력을 비교하면 활자가 현격히 적은 면이 있으나 그 비용을 고준考準해보면 별 차이가 없음을 말했다. 호조판서의 기록에는 인판印板 수가 1500여 장이며 공비工費 합은 만 냥이 들 것으로 보고되었다.

작업과 관련된 정조의 질문 중 하루의 인출량에 대하여 심념조는 실록實錄은 매일 30장 인출했고, 지금의 인역印役은 조금 적겠지만 25장 아래로는 내려가지 않을 것이라 답하고 정창성은 9월쯤에 마칠 수 있을 것으로 보고했다.

또 정창성이 열조보감列祖寶監을 인출할 때에 자획이 잘못된 것은 깎아내었지만 옆으로 기울어진 것은 자세히 살펴보아야 하므로 창준唱準들에게만 맡기지 말고 교서관校書館 관원 한 명, 내각 검서관內閣檢書官 한 명에게 살피게 할 것을 요청했다.

•1782년 4월 28일

간행 준비과정의 계산에서 새롭게 판서본板書本을 쓰면 179냥이 들고 양조보감兩朝寶鑑을 제외해도 1천장이 소요되지만 활자로 인출하면 91냥이 소요되므로 활자로 인출하는 것이 새 판서본을 쓰는 것보다 절반의 금액이 절약된다고 했다. 또 실제 시험에서 먼저 활자로 1장을 찍고 이를 뒤집어 새긴 글자의 모양이 좋았던 까닭에 정조에게 보였다. 이에 정조는 만족하여 활자로 인출한 뒤 번각 간행할 것을 지시했다. 심념조는 책판을 공급하는 사람이 자주 오지 않아서 올릴 것을 지시했지만 믿을 수 없으므로, 본관에 구장舊藏된 질을 갖추지 못한 책판 중에 사용할 수 있는 것이 근 200판이 되므로 이를 취하여 쓰면 비용을 절약할 수 있다고 제안했다.

•1782년 5월 4일

보감을 찍는 일에 대한 정창성의 보고에서 지금 인출한 것이 35판이며 활자로 먼저 찍고 인하여 번각했으며 영묘조보감英廟朝寶鑑을 찍고 있다고 했다.

판각 작업의 각수 동원은 우선 서울에서 18인을 얻었다. 관상감觀象監이 역역曆役으로 데리고 가서 15인이 일을 하는 것에 대하여 서명선이 보감에 관한 일도 중요하나 책력의 일 또한 중요하므로 3인을 더 동원해야 된다 주장하였고 정창성은 영남에 각수승이 많으니 올라오게 하면 속히 일을 끝마칠 수 있을 것이라 주청했다. 이러한 요청에 대하여 정조는 인쇄 일도 중요하지만 승려를 입성시켜 총융청摠戎廳에 머무르게 하는 것은 불가하니 외부에서 각수를 들이는 것이 좋을 듯하다고 밝혔다. 또 성 밖 평창 등의 곳에 나누어 거처하며 새기게 하면 더욱 편리할 것이라 했다. 이어 이러한 방법의 보완책으로 막중한 책역冊役을 모리배들의 손에 맡길 수 없으니 당랑堂郎 1인을 보내서 감독하게 했다.

일의 진도에 대한 점검에서는 판각이 매우 어려워 한 사람이 새길 수 있는 것이 3일에 1판인 까닭에 마치는 예정일은 7월 그믐 사이로 보고하고 있다.

● 감인청監印廳 감결질甘結秩 (1782년 4월 26일)

『국조보감』의 인역印役에 필요한 감인당랑監印堂郎, 본청서사本廳書吏, 각 장수匠手의 소용물력所用物力으로 빨리 조치할 일

1_ 監印堂郎

登每方席 各1件 硯匣 3部 黃筆 3柄 眞墨 3丁 唾口要江 各3坐 烟爐 2坐

2_本廳書吏所用

白休紙 1斤 黃筆眞墨 各1丁

목판의 행간에서
조선의 지식문화를 읽다.

3_各匠手所用

① 刻手匠所用

刻刀 50介 5寸丁 50介 2寸丁 100介 臺狀布 50尺 登狀 20坐 中礪石 1塊

延日礪石 2塊 家楮毛 4兩 炭 3斗 膠末 1斗

② 小木匠所用

中礪石 1塊 延日礪石 1塊 木賊 1兩 魚膠 10張

③ 唱準所用

書板 5介 小幂板 5介 陶東海 3坐 白筆 1柄 磻朱紅 2兩 沙鉢 1介

④ 補字官所用

黃筆 1柄 眞墨 1丁 大書案 1坐

⑤ 守欌諸員所用

白筆 1柄 磻朱紅 2兩 沙鉢 1介 靑竹 2節

⑥ 均字匠所用

埴空災傷休紙 每板 8戔式 均刀 7介 莹執巨 各1介 靑竹 2節 頭丁 12介

登床 3坐

⑦ 印出匠所用

半眞墨每 10卷 8戔式 黃蜜 每10卷 4戔式 熟麻 每100卷 各2兩 炭 每1日 1升

尾帚 每10卷 3柄 馬鬣 每10卷 2兩 方文里 6介

⑧ 册匠所用

褙板 1立 膠篩布 9尺 綿紬手巾 3件 家猪毛 12兩 廣刀磨 4坐

※ 위에서 제시한 소용재원은 활자와 목판 간행에 모두 사용되었을 것으로 추정되지만 기록상 구분되어 있지 않으므로 부득이 원문대로 소록했다.

조선시대 목판의 판각 사업

조선 초기 명현名賢의 문집이 임금의 을람乙覽 및 왕명에 의해 간행되고 있었으나 그 배포 대상자는 극소수에 지나지 않았다. 따라서 간행된 문집이라도 수량이 적다 보니 뛰어난 명현들의 유고遺稿가 흩어지거나 유실되는 경우가 비일비재했다. 이러한 상황에서 조선 초기 조정에서는 문집 간행을 적극적으로 권장하는 입장이었고, 임진왜란과 병자호란을 경험한 조선 후기에도 국가의 기본적 운영과 학문 진흥을 위하여 서책의 간행은 시급한 국가적 사업이었다. 이에 국민 교화와 학습을 위한 기본 교재의 편찬, 간행은 물론 조선 전기와 마찬가지로 중국과 조선의 명현 저술의 간행도 진행되었다.

● 지방 관료의 사적 목적을 위한 목판 판각

명현의 문장을 보존한다는 측면에서 문집 간행의 필요성이 계속적으로 부각되었으나 명현의 유고 간행이 증가하면서 이들 유고의 보급, 확대라는 문제에 직면하게 된다. 중앙의 교서관에서는 주자鑄字 인쇄 방법을 사용하여 극히 적은 부수를 인출하기 때문에, 많은 양의 유고를 널리 배포하기에는 한계가 따랐다. 이로 인해 필연적으로 목판의 적극적 활용, 목판 인쇄로의 전환이 이루어졌다.[11] 목판 인쇄는 필요할 때마다 필요한 분량을 인출할 수 있다는 장점을 가졌지만 중앙에서 소화하기에는 물적 자원·노동력·공간 등의 제한이 존재했다. 따라서 중앙에서 주부군현州府郡縣으로 인쇄 공간이 확장되면서 활자에서 목판으로 인쇄 기술 전환이 이루어진 것은 자연스러운 현상이었다. 즉 지방에서의 문집 간행은 목판 인쇄를 통해 활성화되었고, 그 사업은 주부군현의 지방관을 중심으로 이루어졌다. 주부군현에서의 문집간행 주체였던 감사와 수령은 임금

의 대리인으로 해당 지역을 통치하는 인물이다. 일반 행정에서부터 사법·군사
권까지 관장했던 지방관들은 정식 과거를 거쳐 중앙에서 인정받은 관료 출신이
었다. 해당 지역 출신인 경우는 극히 드물었고, 대부분 임금으로부터 통치 권
한을 부여받아 해당 지역으로 파견된 인물이었다. 이들은 문집 간행 여부와 누
구의 문집을 간행할 것인지를 결정할 수 있는 권한을 가졌다. 간행 주체인 지
방관은 관찰사觀察使뿐 아니라 절도사節度使, 부윤府尹, 목사牧使, 부사副使, 군수
郡守, 현령縣令, 현감縣監, 찰방察訪 등 다양했다. 고을 수령직에 제수된 지방관 모
두 문집을 간행했으며 이들과 문집 저자와의 관계는 아들, 손자, 증손 등의 직
계후손의 경우가 가장 많은 비중을 차지했다. 또한 외손, 처조카, 손자사위, 사
돈, 문인 등 방계 가족 및 사승師承관계도 적지 않다. 이로써 국가 조정에서 명
현의 문장을 보존하고자 했던 목적이 지방으로 파견된 중앙 관료의 특권문화
로 확장되었다. 이처럼 16~18세기 전반 문집 간행이 지방의 관아를 중심으로
이루어진 현상은 문집 간행 사업에서 지방관으로서 행사할 수 있는 권한이 중
앙 관료들의 특권적 문화라는 인식이 저변에 깔려있었던 데서 기인한다.

• 서원 및 교육 기관에 의한 목판 판각

16세기에서 18세기 전반까지 이어져왔던 지방관 중심의 문집 간행 관행은
18세기 중반 이후 급격하게 줄어드는 양상을 보인다. 반면 17세기에 시작된 서
원에서의 문집 간행이 18세기 초중반을 넘어서면서부터 기하급수적으로 증가
하게 된다. 지방 관아에서의 문집 간행이 줄어든 시기와 서원에서의 간행이 증
가하는 시기가 정확하게 일치하지는 않지만 서로 맞물려 있다. 지방관이 주도
하는 문집 간행이 현격하게 줄어든 주요 원인은 조선 후기 부세賦稅제도의 변
화에서 찾을 수 있다. 조선 후기에 시행되었던 새로운 부세제도는 지방 관아의

재정에 큰 변화를 일으켰다. 대동법大同法의 시행(1608~1708)은 공물제도를 획기적으로 변화시킨 동시에 재원財源 구조를 바꿔놓았다. 중앙상납분에 비해 지방유치분이 부족하여 지방 관아의 운영이 상대적으로 궁핍해진 것이다. 또한 양역변통良役變通에 관한 오랜 논의의 결과로 시행된 균역법(1751)은 감필減匹로 인해 각급 기관으로의 재정지원책인 급대給代가 중앙기관에 집중되도록 함으로써 지방의 재정 상황을 더욱 악화시켰다.

중앙과 독립적으로 운영되었던 지방 관아의 재정은 17~18세기 부세 운영이 변한 후로 중앙에 종속되었고, 이러한 상황은 수령 및 감사의 사적 지출영역을 축소시켰다. 따라서 지방관의 사적 지출영역 가운데 비중이 높았던 문집 간행 사업이 우선적으로 중단될 수밖에 없었으며, 이에 따라 18세기 중반 이후 지방관의 문집 간행이 현격하게 줄어들게 된 것으로 판단된다. 한편 서원에서의 문집 간행이 증가한 원인으로는 18세기 초반을 전후하여 서원의 수적 증가에 비례하여 서원이 배향配享하는 인물과 선양宣揚 사업이 증가했고, 이에 따라 서원의 주요 사업 중 하나인 문집 간행이 집중적으로 이루어졌던 것으로 추정된다.

•19세기 이후 목판 판각의 확산

18~19세기 서원에서의 문집 간행은 서원에 배향된 인물 위주로 이루어졌으며 유림儒林의 동의와 지지를 받아 간행 작업이 이루어졌다. 이처럼 서원을 중심으로 이루어지던 문집 간행은 1871년(고종 8) 서원철폐령을 계기로 서원이라는 제한된 영역을 넘어 양반층 전반으로 확산된다. 물론 서원철폐령 이후에도 서원 및 서당을 중심으로 문집 간행은 계속되었고 서원 중심의 분위기와 인식은 여전히 존재했다.[12] 지역의 사족士族들은 서원의 의견에 가치를 두었고 서원의 구성원이 되고자 했기 때문이다. 그러나 서원의 특권층에 포함되지 않거나

그들의 동의를 얻지 못한 이들의 입장에서 서원 철폐는 문화의 독점 경계가 무너진 것으로 인식되었다. 이에 따라 19세기 후반부터 사가에서의 문집 간행이 본격화되어 20세기 초, 중반에는 가히 폭발적으로 간행되었다. 현재 한국국학진흥원에 소장된 문집 책판 가운데 19~20세기에 간행된 것이 70퍼센트에 육박하는 것도 이러한 사회적 분위기에서 기인한 것으로 보인다. 또한 19세기 말부터 20세기까지의 문집 간행은 지방 사족으로서 정당성을 확보하고 지역사회에서 위상을 갖추려는 노력과 밀접하게 관련된다는 점에서 간행 주체가 당시 출판문화의 중요 요소였음을 알 수 있다.

서원이 존속하던 시기에는 서원의 막강한 권력과 힘이 제약을 가할 수 있었기 때문에, 서원과의 관계가 불리한 쪽에서 문집을 간행하는 일은 거의 불가능했을 것이다. 그러나 서원철폐령 이후 지역사회에서 서원의 제도적 주도권이 흔들리기 시작함으로써 제도권에 속하지 못했던 이들은 그들의 주장과 정당성을 출판이라는 형식을 통해 알려나갈 수 있게 되었다. 이를 통해 지역 특권층의 문화였던 문집 간행이 양반층 저변으로 확산될 수 있었다.

•문집 책판의 수난

앞에서 언급한 바와 같이 조선 후기에 들어 학자들의 문집 간행이 늘어남에 따라 학문적 순기능과 함께 문집이 개인적 목적과 문중을 선양하기 위한 방법으로 전락하는 등의 역기능들도 나타났다. 그밖에 성리학적 학문의 부분 결실과 더불어 17세기 이후 정치적 요인 즉 당파와 정쟁으로 인한 저술의 수난이 그 간행의 바탕이 되는 목판과 책판의 파판破板과 훼손으로 이어지기도 했다. 조선조 때는 정책 및 국가사상에 위배된다는 명목으로 서적에까지 제재가 가해졌는데 그 제재 양상은 분서焚書나 사장私藏금지, 판목의 훼손으로까지 나타났다. 이러한 훼판毀板의 요인은 기록상 크게 '당쟁'과 '이단사설'로 나타난다. 먼저 당쟁의 경우 1498년(연산군 4) 유자광이 김일손의 사초史草 중에 김종직이 쓴 「조의제문弔義帝文」이 선왕을 비난하는 글이라 고告하여 김종직의 문집판본이 훼판되었다.[13] 숙종대에는 당쟁이 더욱 고조되어 사화로 이어졌다. 1703년(숙종 29) 5월에 김진규 등이 반대파 제거를 위해 왕에게 상소를 하여 김장생의 『경서변의經書辨疑』가 축조변파逐條辨破 되었으며,[14] 1709년(숙종 35)에는 최석정의 『예기류편禮記類編』이 주자의 설에 어긋난다는 논쟁에 휘말려 결국 판각이 부서지고 간본들이 불타 없어졌다.[15] 이 외에도 이교악 등의 계啓에 따라 판본이 훼거毀去되거나[16] 조구로 등의 상소로 정시한의 『변무록辨誣錄』이 파훼당하고,[17] 효종을 비방한 어구가 있다는 명목으로 윤선거의 『노계유고魯西遺稿』가 훼판되었으며[18] 역시 반대파의 상계上啓로 인해 박세당의 『사서사변록四書思辨錄』 등이 훼판되었다. 이와 같이 문집은 집권층의 정치적, 사상적, 종교적 탄압을 받았고 이는 서적의 간행 및 유통에 큰 영향을 미쳤다. 한 예로 「대사간권이강상소大司諫權以綱上疏」에서 권이강은 이미 간행된 책은 모두 불태웠지만 그 판은 아직 훼판되지 않아 계속 전승될 수가 있으니 그 판까지 파기해야 한다고 고하고 있어, 결국 금서로 지목된 서적은 더 이상의 간행을 막기 위해 간행본과 함께 책판까지 불태웠음을 알 수 있다.

목판의 행간에서
조선의 지식문화를 읽다.

목판의 제작과정

목판은 외형적으로 볼 때 크게 양쪽 손잡이 및 새긴 판면을 보호하는 마구리와 판면板面, 판심版心으로 나눠지며 용도에 따라 책판册板, 서판書板, 능화판菱花板, 괘판罫板, 공문판公文板, 도판圖板, 인찰판印札板, 분판粉板 등으로 구분되기도 한다. 중국 목판의 경우 좌우의 여백과 마구리 없이 변란 안쪽만을 새긴 판도 많이 보이는데 이는 재료를 절약하는 장점이 있으나 목판을 인출할 때에 종이가 더러워지기 쉽고 보관 면에서도 판면이 서로 닿아 글자가 이지러지기 쉽다는 단점이 있다.

목판의 재질

|

목판은 나무에 문자를 새긴다는 점에서 자획이나 점 등을 새길 때 서각도를

잘 받아주는 강도와 탄력을 지닌 나무가 적합하다. 또한 습도와 온도의 변화에 쉽게 쪼개지거나 뒤틀림이 없어야 하고, 많은 양의 목판을 제작하여야 하므로 주변에서 쉽게 얻을 수 있는 나무가 적합하다.

목판에 사용되는 나무의 재질을 문헌 기록에서 살펴보면, 서유구의 『임원경제지林園經濟志』[19]에는 "대추나무와 배나무, 가래나무"를 들고 있으며, 이수광의 『지봉유설芝峯類說』[20]에는 "우리나라는 오직 가래나무만 썼기 때문에 판에 글자를 새기기가 매우 어려워 널리 반포하지 못하는 것"이라고 기록하고 있다.

그러나 실제 목판에 사용된 나무의 재질을 살펴보면, 재조대장경 경판[21]에는 산벚나무, 돌배나무, 거제수나무, 층층나무, 고로쇠나무, 후박나무, 사시나무 등이 사용되었다. 이 중에서 목판에는 산벚나무와 돌배나무가 주로 사용되었고, 마구리에는 산벚나무와 층층나무가 주로 사용되었다. 또한 국학진흥원에 소장된 목판[22]에는 박달나무, 단풍나무, 돌배나무, 산벚나무 등이 사용되었다. 그중에서도 박달나무와 단풍나무가 주를 이루어 재조대장경 경판의 재질과 차이를 보이고 있다.

목판제작을 위한 나무는 늦가을이나 겨울에 벤 나무가 좋다. 봄이나 여름에는 나무에 물이 올라 수분이 많아서 쉽게 틀어지고 갈라지며, 병충해에 약하다. 무게가 무거워 벌채 후 운반이 용이하지 않다는 단점도 있다.

목판의 형태 및 크기
|

다양한 수종의 나무를 판각하기 위해서는 우선 판목을 마름질해야 한다. 판목의 크기는 책과 원고의 크기에 좌우되는 것이지만 권자본이나 절첩본일 경

우 고려시대 대장경의 23행을 비롯하여 사간본이나 중국판의 번각일 경우 많게는 30행 앞뒤까지 느나듦이 있었고 섭었을 때 글자 크기에 따라 한 면에 4~6행까지를 기본 단위로 했던 것 같다. 그러나 번각판의 경우 중국 저본의 장차張次가 고려나 조선에 맞는 체계로 바뀌어 2개의 장차가 동시에 출판되어 있는 경우를 많이 볼 수 있다.

한 장씩의 연결로 된 권자본이나 절첩본은 기본적으로 한 장씩 분리된 판목의 연결이지만, 간혹 한 판목에 두 장 이상의 판면이 새겨진 경우를 볼 수 있다. 즉 횡으로 하나의 긴 판목에 각기 다른 판하版下 두 장을 붙여서 동시에 새기거나, 세로로 긴 판목에 상하로 두 장 이상을 새기기도 했다. 고려시대 간행된 다라니류陀羅尼類의 경우 인쇄면을 2장 단위로 묶어 장차를 1개 매긴 14면의 다라니를 한 장에 새기고 같이 인출한 것도 있다. 이는 인출 후 한 면씩 종이를 잘라서 연결하려는 의도로, 큰 종이 한 장에 인출된 범서총지다라니梵書摠持陀羅尼[23] 등이 개인 소장 자료로 알려져 있다. 불경의 경우 이렇게 만들어져 좌우, 상하로 연결된 판목들이 아직까지 사찰 등지에 남아 있다. 한편 유가류儒家類 가운데는 『성학십도聖學十圖』 등 대형판을 이용한 병풍용 서판이 있고, 유명한 서예가들의 작품과 학자들의 좋은 글귀를 걸어두기 위한 목적으로 만들어진 현판이나 지도의 경우 여러 장을 연결하고 마구리도 함께 연결한 대형 판목들로 현존하고 있다. 그 인출본들 역시 여러 곳의 소장처에서 확인할 수 있다.

목판의 제작
|

재목이 구해지면 먼저 필요한 부분을 가려낸 다음 판자 형태의 목판을 만든

다. 이때 건조과정에서 수축에 따른 변형이 일어나지 않게 하기 위하여 나이테가 판재 두께 방향으로 향하도록 한다.

이렇게 판자의 형태로 만든 다음에 짠 바닷물에 일정 기간 담가두어 판각하기 쉽게 결을 삭이게 되는데 만일 짠물에 담글 수 없는 경우는 민물을 이용한다. 그런 다음 밀폐된 곳에 넣고 쪄서 진을 빼고 살충한 다음 잘 건조하여 뒤틀리거나 빠개짐을 방지하는 과정을 거친다.

재조대장경 경판에 사용한 목재의 경우도 판을 오래 보존하고 뒤틀림이나 갈라짐을 방지하기 위하여 3년간 바닷물에 담가두었다가 이것을 다시 소금물에 삶아서 그늘에 말린 다음 사용했다고 한다.[24] 서유구의 『임원경제지』에서도 "판자를 켜서 만든 다음 소금물에 삶아서 말리면 판이 뒤틀리지 않고 또한 조각하기가 쉽다栽成板子 用鹽水煮出晾乾 則板不飜瓿且易彫刻也"고 쓰고 있다.

『시강원책역소일기』에는 세자궁에 들일 책자冊子 중 『사략史略』 제6, 제7 합 166장, 『속사략續史略』 1책 78장, 『전운옥편全韻玉篇』 1질 합 158장, 도합 402장을 만드는 과정이 나온다. 간본으로 만들 판을 한 가마솥당 열 장씩 넣고 소금물로 삶아 쪄낼 때 땔나무 20단과 소금 한 말이 들어간다는 이 기록[25]을 통하여 책을 간행할 때 소요되는 목판의 장수와 목판 보존을 위하여 소금물에 찌는 과정 및 관인을 날인한 내용까지 살필 수 있다.

삶은 나무는 그늘에서 서서히 말려 판목 전체가 골고루 마르도록 한다. 또한 건조과정에서 수분의 불균형으로 판목이 틀어지는 것을 방지하기 위해 판목의 종단면에 한지를 붙이기도 한다.

이런 과정이 끝나면 목수는 판목을 적당한 크기로 재단하고 마구리를 끼울 부분을 깎아 판을 만든다. 재단이 끝나면 대패질을 하여 판목을 평평하게 마름질 하고, 사포질을 하여 마무리 한다.

제판製板

•판서본 붙이기

달필가가 저작의 내용을 깨끗이 쓴 판서본板書本을 완성하면 판목 위에 얇게 골고루 풀칠을 한 후 뒤집어 붙여주고 가운데에서부터 사방으로 문질러 판목과 판서본을 완전히 밀착시킨다. 풀기를 말린 후에는 종이의 두께를 얇게 하기 위해 사포로 문질러준다. 그후 글씨가 선명히 드러나도록 호마유胡麻油, 소등유蘇燈油, 유동유油桐油 등의 식물성 기름을 사용하여 기름칠을 한다.

•판각하기

판각을 하는 방법에는 망치로 칼등을 두드려 각자刻字를 하는 방법과 한 손으로 칼을 쥐고 다른 한 손으로 칼날을 조금씩 밀면서 각자를 하는 방법이 있다. 각刻을 하다가 획이 떨어져 나가는 경우에는 잘못된 부분을 도려내고 따로 글자를 파서 아교를 발라 끼워넣는 방식으로 보수를 한다.

판각의 순서는 먼저 초벌 판각으로 계선과 테두리, 변란의 윤곽을 가늘고 얇게 먼저 새겨 각 행의 구분을 한 다음 전문 각수가 본문의 글자를 초벌로 새긴다. 이후 여러 번 새기기를 반복하여 각의 깊이를 조절한 다음, 둥근칼이나 끌을 이용하여 바닥을 파낸다. 마지막으로 솔을 이용하여 목판에 붙어 있는 종이와 풀기를 제거하는 탈각脫刻 과정을 거쳐 새김을 마무리 한다. 그후에 먹을 발라 인출하여 글자의 새김을 살피고 교정을 한 다음 제각수除刻手가 바탕과 변란 바깥 등을 파내는 과정을 거친다.

본문의 새김을 다하면 판심과 제목, 권차와 장차를 새기고 어미나 판심의 아랫부분인 하판구下版口에 각수의 이름을 새기거나 변란 바깥의 아래쪽에 시주자 성명과 함께 각수명을 새기기도 한다. 이때 각수가 자신의 성명 외에 작업한 장소, 지역 등을 표시하는 경우도 많은데, 이는 어떤 각수가 몇 판을 새겼는지를 알기 쉽게 하기 위하여, 혹은 판각의 실수나 오류에 책임을 부여하기 위한 것으로 추정된다.

•교정

일반적으로 책의 간행 시 원고를 붙여 판각하거나 활자를 배열하고 첫 번째 시험인쇄를 한 후 그것으로 교정을 진행한다. 이때 교정 방법은 주사朱沙로 변란 밖이나 여백에 해당되는 글자에 줄을 그어 정자正字를 표시했다.

교정 방법과 판각과정을 보여주는 예로 『오륜행실도』가 있다. 여기에는 목판본 교정에 대한 기록 중 처음 교정을 초견初見, 순차적으로 재견再見, 삼견三見이라 했다. 그 중 초견을 살펴보면 교정은 매 장별로 했으며 한 장의 우측하단에 '準' '初見'이라 필사했다. 초견의 경우 글자를 중심으로 계선과 어미, 판심제, 장차만을 남기고 주위 부분을 먼저 새겨내고 나머지 변란 밖의 바탕 부분과 판심 부근은 그대로 둔 채로 교정했다. 교정사항의 표기와 교정 대상이 된 판각상의 실수 내용은 다음과 같다.

① 상하 획의 길어짐을 끊어 짧게 하라는 지시.
② 글자가 잘못되었을 경우 고칠 글자를 변란 밖으로 줄을 그어 표시한 후 정자正字를 써준다.
③ 좌우 삐침 획의 길어짐을 짧게 고치라는 지시.
④ 상하, 좌우 획이 굵어짐을 가늘게 하라는 지시.
⑤ 도각刀刻의 실수로 떨어져나간 획을 살리라는 지시.

⑥ 획의 굵기가 고르지 않다는 지시.

⑦ 그림 부분이 잘못 처리되어 인물이니 주변시 물의 표현이 과대, 과소하게 나타나 있는 경우 다시 수정하라는 지시.

• 책판 보관

목판 인쇄 후에는 책판 보관에 각별한 주의를 기울였다. 『임원경제지』에는 "매번 인쇄가 끝나면 깨끗이 씻어서 말린 다음 나무상자에 보관하거나 높은 누각에 보관하여 오랫동안 완결刓缺이 없도록 한다每刷印旣畢卽 洗淨晾乾貯之木櫃 置之高閣 苟藏護有法則 可久遠不刓缺"고 했다.

특히 『미암일기眉巖日記』를 보면 1574년(선조 7) 7월 13일 『강목綱目』의 목판을 옮겨올 때 "상上께서 옻漆을 먹여 올려오라고 명하셨기 때문에 이제 교서관에서도 약간의 외공外貢 강목지綱目紙를 두고 가을에 책판이 올라오기를 기다려 인출을 하려고 합니다"라는 기록이 있다. 판목을 잘 보관하기 위하여 목판에 옻칠을 했음을 알 수 있다.

판면 관련 사항

개각판改刻板과 보각補刻

|

목판에 판하版下를 붙여 새기고 교정을 본 후 마구리를 부착하는 과정을 거
치면 책판이 완성된다. 이 과정에서 마구리를 먼저 끼우고 먹을 칠해 초벌 인
출을 한 후 교정을 하고 그에 따라 판면의 글자를 수정한 후 완성하게 된다.

교정 작업이 쉽지 않다는 것은 옛사람들도 잘 알고 있었다. 『대계이주정문집
간역시일기大溪李周禎文集刊役時日記』 1884년 5월 28일자에는 교정의 일을 다음과
같이 논의한 부분이 있다. 식견이 높은 사람들이 수정하고 윤색했지만 독음이
비슷하고 글자체도 닮아서, 잘못 볼까 조심했음에도 불구하고 인출한 뒤 검토
하니 틀린 곳이 있다. 그러면서 교정의 어려움을 "먼지를 쓰는 일"이라 비유한
선인의 말을 인용하고 있다.

1885년 1월 3일에는 인쇄한 교정본을 검토할 때 글자가 잘못 새겨지거나 빠

목판의 행간에서
조선의 지식문화를 읽다

진 것이 많았지만 일부는 이미 등재본을 작성할 때 빠졌던 것으로, 필사한 뒤 몇 차례 돌려가며 읽었으나 오류를 찾지 못했다며 교정의 어려움을 적고 있다. 10월 3일에도 각수가 보낸 인본에 잘못 새긴 것과 자획이 빠진 것이 많았다는 기록이 자주 등장한다. 이와 같이 동서고금을 막론하고 교정이란 어려운 작업이었음에는 틀림없다.

『퇴계선생문집』 개간에 관련된 기록

보각 가운데 개간改刊내지 개각改刻의 범주에 들어가는 예로 『퇴계선생문집』의 개간과정을 들 수 있다.

1817년 1, 2월에 개간을 결정한 뒤 판목을 준비하고 다듬는 과정을 거쳤다. 등재본을 쓰고 각수를 모았는데 청량사의 각수승 보민 등이 참여했다. 3월 13일에는 순찰사 김노경이 방문하여 원장과 문답을 했는데 이때 개간하는 분량이 문집 전체가 아니라 200여 판이라 했다.

같은 해 4월 26일과 29일에는 책판을 점검하여 보존 상태와 판각 가능 여부를 살피고 상태가 나쁜 110판을 골랐다. 이어 5월 1일에도 이현풍의 집에 소장된 신인본新印本을 찾아 대조한 결과 70판을 추가하여, 총 180판이 개간 대상이 되었다. 그러나 판본이 서로 달라 글씨의 획법을 잃게 되므로 다시 등재본을 만들기로 했다.

한편 고칠 부분을 선별하니 간혹 글자 수가 많거나 적어 가지런하지 않은 곳이 많았다. 이런 부분을 개간 시 바로잡기로 한 후 행을 세고 글자를 대조한 것이 10여 장이 넘었다. 다만 '향약조'에서는 매조 각행이 조목마다 한 글자를

『퇴계선생문집』

띄우고 연서한, 즉 자수와 행수가 딱 들어맞았다는 보각 내용의 수정과정을 볼 수 있다. 이러한 결정은 다시 모임에서의 논의를 거쳐 내용과 분량이 많다는 지적으로 6장으로 한정하게 되었다.

5월 초부터 새기기 시작하여 5월 18일 각수승 원민이 처음으로 신각판의 오류를 교정했고, 의인 간임이 들어와 간역을 주간했다. 같은 달 20일부터는 원장과 교정유사 김시형 등이 참여하여 신인본을 교감하여 틀린 곳을 표시했다.

6월 11일에 이르러 각수들이 일을 마치고 돌아갈 때 "이름○○, ○○판, ○냥"이라 적어 내고 도각수와 교정각수 2~3명이 머물면서 남은 일을 처리했다.

6월 13, 14일에는 구책판을 점검하여 전면을 고쳐야 하는 160~170판과 추가 10판을 골라 두고 한 면만 고칠 것은 그 면을 따로 되돌려놓았다. 6월 17일에도 파손된 한 판을 찾아 추각追刻했다.

6월 20일에는 각수가 교정을 끝내고 구판 문집의 연보 중에 자획이 빠지고 틀린 것을 수정·보완했고, 구판의 마구리(장두)가 없어진 40여 판을 고치는 등 대장에 따라 고쳐 개간한 것이 196판이었다. 연보의 부록 신간 3판과 구판 중에 못쓰게 된 판본은 판면을 깎아서 다시 새겨 쓴 까닭에 전체 중 138판이 남아 이것은 누각 창고에 보관했다.

6월 21일에는 도각수와 교정각수가 일을 끝내고 돌아가며 공임(품삯)을 받았다. 도각수는 판각 외에 별도로 두 배를 더 받는다고 하여 공임 외에 20냥을 더 주었다. 교정각수의 경우에도 교정 일수를 계산하여 한 달 치 및 판각한 3장의 공임을 합하여 15냥을 지급했다.

이러한 보각은 교정과정을 거쳐 이루어지는 것이 많아서 『퇴계선생문집』의 「선생문집개간시일기先生文集改刊時日記」는 일차 간역소刊役所에서 16명의 각수들을 동원하여 판을 새기는 작업을 한 후 원장이 신인본의 교정에 참여하여 틀린 곳을 붉게 표시하여 고쳐 새기도록 했다.

일기자료에 의하면 판면 상단의 돌출 부분인 판두板頭 주석의 판각에 대한 기록도 문집 초본의 종이 윗부분에 문하생들이 의심나는 부분을 기록한 것이다. 판본에서는 윗부분에 주를 달아 새긴 것이 100여 항에 달한다. 또 다른 소장처의 것에도 앞사람들의 기록이 판각된 주석 밖에 묵서墨書되어 있어서, 개간 원본은 두주頭註를 보충하여 판각하고자 했다.

주석을 다른 나무에 새겨 판두에 붙이고 편철片鐵을 대어 못을 박아 견고하게 하려는 의도이지만 세월이 오래지 않아 태반이 떨어져나갈 것이므로 크게 기대할 바가 아니다. 차라리 『주자대전고이朱子大全考異』의 방법대로 권말에 별도로 붙여 참고하게 하면 오래도록 전해질 것이라 쓰고 있다.

보각의 유형

|

내용의 편찬과 수정, 교정과정을 거친 첫 판각으로 간행된 책을 초간본初刊本
이라 한다. 이후 내용을 고치거나 다시 전면적으로 판을 새기게 되면 개각改刻,
중각重刻, 중간重刊 등으로 부른다. 이 중에서 내용의 부분적 수정이 있을 때 판
목의 일부를 들어내거나 삭제하고 고칠 내용을 새로 새겨 끼워넣는 작업을 보
각이라 한다.

보각 중에서도 한 판 전체를 다시 새기는 경우 그 양상을 개각이라 할 수 있
고, 한 책 전체의 책판을 기준으로 볼 때 이는 보판補板에 해당된다.

판각의 교정 단계에서 이루어지는 보각 작업은 교정 범주에 따라 명칭을 달
리한다. 글자 단위로 잘못된 곳을 파내고 새롭게 바로 새긴 후 원자리에 끼워
넣고 고정시키는 자보각字補刻과 도판을 새겨서 끼워 넣는 도보각圖補刻, 광곽匡
廓의 변란邊欄 및 계선界線 등을 고치고 보충하는 선보각線補刻, 본문 중의 기호
나 부호를 고쳐 넣는 부호보각符號補刻 등이 있다. 문헌과 연구자에 따라서는 이
러한 작업을 '상감象嵌'이라 하여 고려청자를 만들 때의 기법을 준용하기도 하며
일본에서는 '우메키埋木'라 부른다. 여기서는 메우는 작업보다는 보완하여 새기
는 작업에 더 비중을 두어 보각을 다루기로 한다.

책판의 경우 보각의 범주는 주로 글자에 해당되므로 이를 다시 현존 책판을
조사한 결과를 바탕으로 영역별로 구분하면 획劃, 자字, 행行, 면面, 단段, 편片에
대한 보각으로 나누어 볼 수 있다.

• **획보각**劃補刻

획보각은 판각 후 교정을 통하여 개별 글자의 획 또는 부수에 약간의 수정

을 가하는 것이다. 해당 글자 획의 장단과 방향, 굵기 등을 고쳐야 할 때에 그 미세한 부분을 파낸 후 다시 정교하게 새겨 판목에 깊이 꽂아 고정시킨다.

● 자보각字補刻

교정 후 개별 글자 단위로 잘못된 부분을 파내어 제거한 후 다른 나무에 다시 새겨 끼워넣는 과정이다. 상단은 계선 높이에 맞추고 하단은 파내어진 부분에 꽉 맞물리도록 조립한다. 경우에 따라 다수의 글자가 대상이 되기도 한다.

● 행보각行補刻

자보각의 범주를 넘어 내용의 일정 부분을 교정하는 과정이다. 적게는 1행에서 많게는 여러 행에 걸쳐 고쳐야 되는 경우도 있다. 특히 추가로 삽입할 내용이나 제거해야 할 부분이 많은 경우 실행한다. 초조대장경이나 재조대장경에서도 간혹 나타난다.

● 면보각面補刻

교정의 범위가 넓어 한 면 전체를 수정하는 경우다. 행이나 문구의 도치나 연문衍文, 탈문脫文이 많은 경우 면보각을 실행한다. 이때는 넓은 전체 면을 깊이 파내거나 끼워서 고정하기 위해 나무못을 사용하여 네 모서리를 단단하게 밀착시켰다.

● 단보각段補刻

주로 족보를 수정할 때 이용되는 방법이다. 횡보橫譜의 단段 형식을 가진 자료를 수정할 때 해당 단의 부분 혹은 전체를 파서 들어내고 새로 새긴 수정 부분을 끼워넣는다.

• 편보각片補刻

본문 내용상의 문제가 아닌 훼손이나 파손, 외부 충격으로 인한 변형 등의 원인으로 수정을 해야 하는 경우 자, 행에 상관없이 특정의 일부분을 다시 새겨 끼워넣는 것이다.

주석의 형태와 새김
|

주석은 책판의 판면사항 중 형태적 변형이 가장 많은 부분이다. 그 기능은 본문과 수록 단어나 어구에 대한 설명이나 본문에 대한 교감校勘의 내용, 본문의 언해, 토, 간지나 각종 식별기록 등 다양하다. 주로 난상欄上에 테두리를 두르고 안쪽에 표시한 것이 많다.

일반적으로 주석은 난상에 표시하거나 본문과 쌍행雙行을 이룬 소자小字로 기입되는 경우도 많고 간혹 판면의 좌우변란 밖에 표시하기도 한다.

그중 난상의 주석은 돌출된 형태 때문에 판목의 새김이나 관리, 보존에 영향을 미치는 경우가 많다. 먼저 새김의 방향 면에서 앞뒤·양면의 상단부가 같은 위치인가 아니면 아래위가 바뀌는가는 인출 작업의 수월성과도 관련이 있다. 일반적으로는 한 면을 인출한 뒤 바로 앞뒤를 뒤집으면 다음 장의 아래위가 같은 위치 그대로 놓이게 된다. 그러나 앞뒷면 상단부가 같은 방향으로 위치하면 앞면 인출 후 판을 좌우로 뒤집어야 하고 좌우로 뒤집는 것은 아래위로 뒤집는 것보다 작업상 번거롭다.

목판의 행간에서
조선의 지식문화를 읽다.

또 보관 면에서도, 목판을 마구리에 끼워 세워서 보관할 때 주석이 위쪽에 있다면 지장이 없으나 아래쪽으로 돌출된 주석은 판목을 꺼내고 끼울 때나 정리할 때 부딪혀 손상되기 쉽다. 또 주석의 높이가 마구리의 높이보다 낮아야 된다는 점을 미리 고려해야 한다.

이와 같은 여러 유형의 주석이 판면에서는 다음과 같은 형태로 나타난다.

1. 판면일체형: 판면과 판목의 일부분으로 새겨진 형태.
2. 판면분리형: 별도의 나무에 새긴 후 판목에 연결한 형태.
   ① 삽입형: 판목에 홈을 파고 끼운 형태로 필요 시 나무못을 박는다.
   ② 부착형: 판목에 약간의 홈을 끼우고 테두리 고정쇠를 두르고 판두板頭와 주석편註釋片을 철정鐵釘으로 고정한다.
   ③ 조립형: ①의 형태 중 주석목편註釋木片 내부에 또 다른 주석목편을 끼운 것. 현존하는 실물은 있으나 인출 시 수평면의 유지가 어려울 것으로 추정된다.

이 가운데 판면일체형은 초기의 판목을 그대로 유지한 채 해당 주석 부분이 있는 위치의 앞면을 새기고 주석편의 뒷부분은 뒤 판면의 상란으로 연결되도록 경사지게 깎아내었다. 또 주석이 없는 연결된 판두 부분도 경사지게 처리하고 뒷면의 주석도 같은 방법으로 판각하므로 전체적으로 목판을 수직으로 세우고 보면 상하의 판두 부분이 경사진 긴 'S'자 형태로 굴곡이 진다. 이러한 처리 방법에서 약한 돌출부를 보강하면서도 판면 전체의 크기에는 그다지 영향을 주지 않도록 고안한 조상들의 지혜를 엿볼 수 있다.

판면과 각자刻字의 방향

|

글자가 새겨진 판면의 바깥에는 마구리와 이어지는 장부丈夫 부분과 새김이 없는 여백 부분이 있다. 이 여백 부분에는 간혹 각수명이나 판각된 장소, 간행에 관련된 기록이 묵서되어 있거나 음각으로 새겨져 있다. 판면 좌우의 변란 외곽 부분은 약 3~5센티미터 정도의 간격을 깎아내어, 먹을 칠하고 인출할 때 먹이 묻지 않도록 고안되었다.

이때 앞뒷면의 글자의 상하 방향은 일반적인 경우 서로 뒤집어진 형태이나 일부 목판에서는 같은 방향으로 새겨져 있다. 이미 주석 항목에서 언급했듯이 작업의 편이성과 주석 부분에 대한 고려, 작업자의 습관 내지 방향에 대한 이해부족 등이 원인으로 추정 된다.

판본의 보수와 보강

|

판본을 준비하고 새긴 후 보관하는 과정에서 판목 자체의 결함 또는 외부의 물리적 조건에 의하여 변형이 일어나는 경우가 있다. 그럴 경우 고쳐 새기거나 앞에서 언급한 여러 형태의 보각방법으로 문제를 해결해야 한다. 목판이 변형되는 요인은 파열, 균열, 휨, 뒤틀림, 충식, 천공穿孔 등이 있다. 현존 목판을 조사하다 보면 횡으로 판이 갈라지는 현상이 진행 중일 경우가 있는데, 판면의 변란 가까운 쪽 균열 끝에 '▷' 같은 모양의 홈을 깊이 파두거나 파둔 홈에 깎은 다른 나무를 채워넣음으로써 나뭇결을 따라 균열이 확산되는 것을 막기도 한다.

일부 판목에서는 파열, 손상된 부분을 다른 부재로 정교하게 메워서 판각한 것도 확인된다. 이는 재목을 구하기 힘든 사정을 반영하는 현상으로 볼 수 있다.

마구리 관련 사항

용어와 기능

일반적으로 목판관련 용어로 자주 쓰이는 '마구리'라는 용어는 한자로 '장두 粧頭' 또는 '장두裝頭', 차자표기로는 막고리莫古里, 마고리亇古里, 마고리麻古里 등으로 각종 『영건도감의궤營建都監儀軌』류에서 다른 단어와 합성되어 나타나는 경우가 많다. 『한국한자어사전』의 '마고리亇古里' 항목에 따르면 그 의미는 '길쭉한 물건의 양쪽 끝에 덮어씌우는 쇠붙이'라 한다. 한편 『표준국어대사전』에서는 마고리가 막새의 옛말이며 이때의 '막'은 한자 '防'의 훈독으로 추정한다. 또 『한국건축사전』에서는 '길쭉한 토막, 상자, 구덩이 따위의 양쪽 머리 면' 또는 '길쭉한 물건의 양 끝에 대는 것'이라 했다.

또 '막우리' '마구리'의 '우리'는 우리亐里, 우리于里로도 차자표기되며 『한국한자어사전』에 보이는 여러 의미 중 '인쇄판을 끼우는 틀, 그릇이나 물건 따위의 테두리를 둘러매거나 끼우는 테'라는 설명이 목판과 관련된 부분이다. 한편 일부 목판 조사보고서에서는 '손잡이'라는 용어를 병기한 경우도 있는데, 이는 오늘날의 용도를 강조한 표현이며 전통적인 용어는 아니다.

마구리는 판목의 관리를 위하여 다음과 같은 몇 가지 목적으로 고안된 것으로 보인다.

1. 판의 좌우에 끼워 판목을 보존할 때 판면이 서로 부딪히지 않게 한다.
2. 판을 옮기거나 인출할 때 취급이 용이하다.
3. 판을 보관할 때 보존을 위한 적당한 통기성을 보장해준다.
4. 기록된 간략 정보로 판가에서의 검색이 용이하다.
5. 기록된 각수 정보는 제작 당시 회계 관리에 편리성을 제공했을 것이다.

형태 및 판면 연결
|

마구리의 형태는 판면의 형태에 따라 바뀌기도 하지만 일반적으로는 사각기둥형이 많고 원통형이나 나무를 덧댄 부본형付本形도 있다. 부분적으로는 마구리 상하단 모서리의 각을 깎아낸 것도 있고 마구리의 고정과 보존을 위하여 금속재 조임쇠를 부착시킨 것도 있다.

현존하는 책판들 중에는 오랜 세월이 경과하면서 마구리와 판목이 서로 분리되어 전해지다가 어느 시기 다시 끼울 때 잘못 합해져서 판면의 내용과 마구리의 기록이 일치하지 않는 경우도 간혹 보인다.

한편 글자를 새긴 판면을 보호하기 위하여 부착시킨 마구리를 살펴보면 그 연결 방법은 다음과 같이 여러 형태로 나타난다.

1. 마구리에 1개의 긴 홈을 파고 두 부재部材를 연결할 때 나무못, 쇠못 등으로 고정시킨 형태. 이때 못의 위치는 아래위 2개가 일반적이나 간혹 중간 위치 1곳에 그친 경우도 있고 아예 못을 사용하지 않은 짜임 형태도 있다.

2. 1과 같은 형태로 마구리 바깥까지 관통했으나 마구리 외곽을 경계로 한 형태. 이와 같은 형태의 예는 『퇴계선생문집』의 개각판 등에서 자주 보이며 장부 끝의 노출면에는 판각 시기와 각수명을 기록했다. 간혹 서명을 적은 경우도 보인다.

3. 1형의 마구리 관통형. 마구리 외곽선에 맞춘 형태와 2~3센티미터 정도 길게 빠져 나온 형태가 있다. 이때 마구리 홈과 판면의 이격離隔을 없애기 위하여 나무쐐기를 박은 것도 많다.

4. 마구리에 2개의 짧은 요凹자 홈을 파고 판면의 좌우의 대응 위치에 철凸자 형을 만들어 삽입시키는 형태.

5. 4형의 마구리 관통형이나 마구리 외곽을 경계로 한 것.

6. 4형의 마구리 관통형.

7. 1, 4형과 같고 판목의 상단부에서 마구리 상단부까지를 고정용 붙박이 쇠로 연결한 형태.

8. 판면의 좌우 새기지 않은 끝단에 판면 높이 정도의 나무를 댄 후 못으로 판면에 고정시킨 형태.

일반적으로 전통적인 목가구 분야에서는 쇠못을 쓰는 대신 짜임법을 적용하여 장부촉을 장부구멍에 맞추는 장부짜임으로 나무 부재를 서로 연결했다. 그밖에 연귀촉짜임이나 주먹장짜임도 많이 사용되었다. 부재를 연결하는 방법으로는 길이 방향으로 잇는 '이음'과 서로 직각으로 잇는 '맞춤'이 있는데 이때 만들어지는 부재의 암수 중 수놈 역할을 장부, 암놈 역할 하는 것을 장부구멍이라 한다.

이러한 이음과 맞춤에는 여러 방법이 있지만 판목과 마구리를 잇는 데는 두 부재에 산지구멍을 내어 산지쐐기를 박아 연결하는 '산지이음'과 장부맞춤[26] 중 철凸자 모양의 장부를 내어 맞추는 '외장부'와 요凹자 모양의 돌출부 2곳을 내어 맞추는 '쌍장부'가 적용되었다. 쌍장부의 방향은 좌우 2곳 장부가 아니라 위아래라는 점이 다르다.

판목과 마구리의 장부맞춤에서 장부의 형태는 좌우의 외곽으로 경사진 형태와 판면의 높이와 같이 평행으로 마구리와 직각인 형태, 판면과 구분되도록 장부를 약간 좁게 만들어 마구리와 수직으로 연결한 형태가 있다.

수록 내용
|

•묵서와 새김

마구리의 옆면에는 검색과 보관, 관리의 편의를 위하여 판면에 관한 기본적 서지사항을 표시해두는데, 이는 묵서로 기입된 것이 대부분이며 간혹 음각으로 새긴 유형도 있다. 이때 음각된 목판들은 대체로 묵서된 유형보다 시기적으로 빠른 것으로 추정되는데, 현존 자료들 가운데는 주로 17~18세기의 판에서 나타난다.

묵서로 기록한 목판은 오랜 풍화를 거치는 동안 먹의 코팅작용에 의하여 묵서 부분이 다른 부분에 비하여 삭지 않아, 조각처럼 돌출된 느낌이 든다.

• 서명, 권차, 장차

① 서명

판목을 구분하는 가장 기본적 서지 단위인 서명을 표기할 때는 약제목略題目을 사용하는 것이 일반적이며 완전한 제목이 쓰이는 경우도 간혹 있다. 약제목의 경우 의미에 상관없이 약칭하여 사용한 경우도 있고 제목 중 1자를 사용한 것도 있다.

예를 들면『홍범연의洪範衍義』를『홍범洪範』『연의衍義』『홍연洪衍』『범의範義』와 같이 칭했다.

② 권차, 편차

서명과 함께 구체적인 내용을 식별해주는 기능으로 목록에 편성된 체계와 용어가 그대로 쓰인 경우가 많아서 서序, 목록目錄, 행장行狀, 부록附錄, 연보年譜, 별보別譜를 비롯하여 문집의 장르 표시인 시詩, 서書 등으로 구분한 경우도 있다. 그러나 기본적인 기술 단계인 서명, 권차, 장차, 각수명 순서가 주된 형태다.

③ 장차

해당 부분의 마지막 단위로서 표시되는 판면을 가리키는 용어로 '장張' '장丈' '장章' '입廿' 등이 사용되었으며 그중 '張'과 '章'이 가장 보편적이었다.

'장章'은 주로 문장이나 시가의 단락 수를 세는 데 많이 쓰이지만 여기서는

'그루'의 뜻으로, 나무의 수를 세는 단위로 볼 수 있다.

'입立'은 널빤지의 수를 셀 때 쓰는 단위로 '괴塊' '엽葉'도 같은 용도로 통용되었다. 대체로 '닢'과 같은 뜻으로, 넓적한 물건을 닢으로 세는 데 썼다.

'판板'은 목판의 수를 세는 데 쓰는 말로 '건件' '엽葉'도 같은 용도로 통용되었다. 또 '판版'의 경우 출판과 관련될 때는 출판의 횟수를 의미하지만 중국에서는 '쪽' '면'의 개념으로도 쓰인다.

간혹 장張에 대한 단위 표기 없이 숫자만을 기록한 경우도 있다.

● 출판出版 관련 사항

마구리에 묵서되거나 첨부된 기록류에는 '불용不用' '구판舊板' '신비新備' 등과 같이 판목의 유용성 관련 내용을 기록한 것도 있고 해당 판의 성립에 관한 출판사항이 기재된 경우도 많다. 예를 들면 다음과 같은 식이다.

> 『경당선생속집敬堂先生續集』舊板: '辛丑七月日 追刊'
> 『퇴계선생문집退溪先生文集』 1-47, 48: '普敏 卷四 十七八板 丁丑改刊'
> 『퇴계선생문집退溪先生文集』 7-55, 56: '鄭喜俊 七卷 五十五六板 丁丑改刊'
> 『야로송씨족보冶爐宋氏族譜』 1-3, 4: '初卷 玄黃 新備'

일부 목판에서는 판각된 장소나 동원된 각수의 출신지에 대한 기록도 발견된다. 또 각수승일 경우 해당 사찰명을 부기한 경우도 있다.

● 수록내용 관련 사항

일반적으로 서명, 권차, 장차, 각수명의 차례로 기록된 것이 보통이지만 간혹 권차에 따른 내용을 부기한 경우도 있다. 이때는 편제목을 쓰기도 하고 장·절의 약제를 표시하기기도 한다.

•교정 관련 사항

판목에 등재원고를 붙이고 새긴 후 판각에 대한 교정을 진행할 때는 먼저 변란과 계선을 얕게 새기고 본문 글자의 테두리를 확정하여 새긴 후 먹을 칠하여 인출을 한다. 그후 그 인본印本을 순차적으로 교정하는 초견初見, 재견再見, 삼견三見의 과정을 거친다. 이때 교정지에 표시된 부분을 판목에서 찾아내어 자획을 고치거나 제거 또는 보각하기 위해서는 해당 위치를 표시해두어야 하므로 좌우측의 마구리에 묵서로 해당 글자를 써두었다가 후에 제거와 삽입 작업을 했다. 이때 교정 글자는 다른 판에 새긴 후 알맞은 크기와 높이로 끊어내어 원판에 삽입하기도 했다.

이렇게 교정할 글자에 대한 표기는 물론 교정 여부와 단계를 표시한 경우도 있다. 여러 판의 마구리에서 '초교初校'라는 묵서를 볼 수 있다.

•각수 관련 사항

목판의 각수에 관련된 내용은 여러 차례의 선행연구를 통하여 소개되기도 했다. 각수의 출신성분은 전문 각수나 승려, 비록 드문 예지만 생원에 이르기까지 다양하게 나타난다.

각수명의 표기를 보면 성과 이름을 완전히 적은 경우도 있고 성을 생략하고 적은 경우도 있어서, 같은 시기에 간행된 여러 책판의 각수명을 함께 비교하여야 제대로 된 각수명을 확인할 수 있는 경우도 있다. 간혹 이름의 2자가 승려들의 법명과 구분되지 않은 경우도 있고 같은 이름을 한자 차자표기로 적은 까닭에 전혀 다른 사람으로 인식되는 경우도 있다.

각수명이 새겨지는 위치는 마구리의 아래쪽이 일반적이지만, 간혹 상단에 나타나기도 하며 드문 경우 마구리 위의 사각면에 기록한 것도 있다.

제1장

『간재선생문집』의
『문집간역시일기』
읽기

남권희

경북대 문헌정보학과 교수

『문집간역시일기』 연구

이 연구는 조선 전기의 영남 학자로서 퇴계 문하에서 수학했던 간재艮齋 이덕홍李德弘의 문집을 1766년에 목판으로 중간重刊하면서 그 과정을 일기로 적어두었던 『문집간역시일기文集刊役時日記』를 서지적으로 검토한 것이다.

현재까지 알려진 책 간행일기는 그리 많지 않다. 『퇴계선생문집』의 『선생문집개간시일기』(1877), 번암樊巖 채제공蔡濟恭(1720~1799)의 문집 간행일기에 해당되는 『간소일기刊所日記』(1824), 대계大溪 이주정李周禎(1750~1818)의 문집과 관련된 『대계집간역시일기大溪集刊役時日記』(1885), 서계西谿 김재찬金在燦의 문집 발간 기록인 『서계집간역일기西谿集刊役日記』와 『주서강록간보개간시일기朱書講錄刊補開刊時日記』 등[1] 몇 종류의 책이 알려진 정도이며 그중 일부를 대상으로 한국국학진흥원에서는 탈초脫草, 정서正書, 번역 및 연구를 진행하고 있다.

여기서 분석의 대상이 된 일기의 내용은 2개월에 걸친 판각 작업과 교정, 인출에 관한 것이지만 구체적으로는 중간을 하게 된 경위와 준비과정, 간행 작업의 주관자, 원고의 교정자, 판각을 담당한 각수와 각수승, 이를 지원하는 여러 사람과 서원 등에 대한 사항을 날짜별로 상세하게 기록했다. 특히 인출·제본된 문집을 3차에 걸쳐 나눈 배포처에 대한 기록이 상세하고, 1752년 상주에서 구한 목활자로 책을 찍었을 당시에 배포한 내용까지 참고 기록으로 남겨두었다.

『간재선생문집』의 간행을 연구하는 데는 문집의 서문과 발문을 통하여 초간본이 만들어진 경위와 체재 그리고 중간본과의 내용상 차이점을 비교하여 밝히는 것이 필수적이지만, 그 전단계로 『문집간역시일기』를 분석하여 문집의 간행과정을 살펴보는 것도 바람직할 것이다.

이 자료에 수록된 내용을 본격적으로 정리하기 위하여 관련 인물들과 각수를 분리하여 살펴보았으며 실증적으로 비교하기 위하여 한국국학진흥원에 소장되어 있는 중간본 책판을 대조해보았다. 그 결과 일기에 수록된 이름과 동일한 각수명을 확인할 수 있었다.

이와 같은 자료의 발굴과 연구는 앞으로의 목판 연구에 중요한 기초 자료를 제공함은 물론 문화콘텐츠 개발이나 활용의 자원으로 쓰일 수 있을 것이다. 또 책의 편찬과 간행을 통하여 당시 사회에서 학문적 내용과 생산적 기능이 어떻게 유기적 관계를 유지하고 소통했는지에 대한 근거를 살펴볼 수 있을 것이다. 뿐만 아니라 문집 간행의 주목적으로 간주되는 향촌 사회에서의 학문적 결속과 우월성 확보, 가문의 사회적 지위 인정 등과 같은 사회 현상에 대해서도 여러 각도로 분석해보아야 할 것이다.

『간재선생문집』과
『문집간역시일기』의 서지

간재 이덕홍의 가계와 행력

이 책의 저자 이덕홍(1541~1596)은 본관이 영천永川으로 습독習讀 이현우李賢佑[2]의 손자다. 이덕홍은 영양 남씨와 혼인하여 6명의 자식을 두었는데 그 가계는 다음과 같다.

간재 이덕홍 선생 가계도

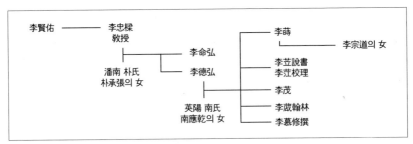

이덕홍의 자는 굉중宏仲, 호는 간재艮齋로 10여 세에 퇴계의 문하로 들어가 학문에 열중하여 이황의 고제高弟가 되었다.

그의 학문 활동으로 『논어』 『중용』 『심경』 『고문진보전후집』 『가례』 등을 주석했으며 저서로는 『주역질의』 『사서질의』 『계산기선록』 『주자서절요강록』 등이 있다. 간재의 행력은 연보에 자세하지만 학문 활동을 중심으로 간략하게 정리하면 다음과 같다.

중종 36년(1541) 10월 14일, 영천 남촌 구룡동에서 태어나다.

명종 13년(1558) 가을, 청량산에서 성성재惺惺齋 금난수琴蘭秀에게 고문古文을 수학하다. 퇴계 이황에게 수학하다.

명종 17년 12월, 청량산에서 독서하다.

명종 19년 4월, 동문과 함께 퇴계를 모시고 청량산을 유람하다.

명종 20년 8월, 동문과 함께 퇴계를 모시고 『역학계몽易學啓蒙』을 수학하다.

명종 21년 10월, 계당에서 퇴계에게 『심경의의心經疑義』를 질정質正하다.

명종 22년 12월, 편지로 퇴계에게 『심경의의』를 질정하다.

선조 1년(1568) 1월, 『심경의의』를 질정하다. 남씨와 혼인하다.

선조 2년 겨울, 편지로 퇴계에게 『가례家禮』와 「역설曆說」을 질정하다.

선조 3년 오계정사迂溪精舍를 짓다. 퇴계의 명으로 선기옥형璿璣玉衡을 제작하다. 8월, 역동서원易東書院이 낙성되자 퇴계를 모시고 돌아보다. 계당에서 퇴계에게 『계몽』을 수학하다.

선조 4년 3월, 퇴계의 장례에 참석하다. 6월, 『기선록記善錄』을 완성하다.

선조 5년 2월, 금계정사金溪精舍에서 유운룡柳雲龍과 함께 『계몽』을 강학하다. 4월, 동문과 함께 도산에서 모여 상덕사의 건립을 의논하다.

선조 6년 11월, 이산서원으로 가서 퇴계의 위패를 봉안하다.

선조 9년 11월, 「진청난심도설변陳淸瀾心圖說辨」을 저술하다.

선조 11년 7월, 집경전集慶殿 참봉이 되다.

선조 14년 5월, 창릉昌陵 참봉이 되다.

선조 15년 가을, 풍저창豊儲倉 봉사가 되다. 김해와 함께 『주역』을 강학하다.

선조 16년 봄, 현릉顯陵 참봉이 되다.

선조 21년 여름, 「부부유별도」를 저술하다.

선조 22년 겨울, 종묘 직장이 되다.

선조 23년 봄, 종묘의 보기寶器 절취사건으로 파직되고 평은역平恩驛에 유배되었다가 얼마 후 귀향하다.

선조 25년 2월, 사용원司饔院 직장이 되다. 4월, 익위사翊衛司 우부솔右副率이 되다.

선조 26년 1월, 행좌소行左所로 나아가 왜적을 막는 계책을 상소하다. 3월, 영춘永春 현감이 되다.

선조 29년 2월, 여막廬幕에서 졸하다. 5월, 예안현 북쪽 우계愚溪에 장사지내다.

광해군 7년(1615) 위성공신일등에 훈록勳錄되다.

현종 6년(1665) 10월, 영천 사람이 오계정사에 위판을 봉안하고 묘호를 '도존사道存祠'라 하다.

『간재선생문집』의 서지

|

• 『간재선생문집』, 1752년 초간본

① 형태서지

목활자본(충남대학교, 경북대학교 도서관 소장)

12권 7책, 四周雙邊, 半匡: 19.6×14.7cm, 10행 20자, 上下二葉花紋黑魚尾

문집의 서문은 목판으로 인출

序: (…) 上之十九年癸亥(1743)陽月上浣 後學平原 李光庭敍

跋: (…) 辛未(1751)臘月日後學安東權相一謹書

② 편찬과 간행

이덕홍의 저술은 외증손 김만휴에 의해 정리되기 시작했다. 그는 간재의 저술 중 『사서질의』를 1666년에 먼저 정리하고 이후 『주역질의』와 함께 다른 저작들도 정리하고 간행에 힘썼다. 이와 관련된 기록 중 『심경부주석의心經附註釋疑』의 서문[3]에 의하면, "1682년경 숙종의 명으로 간행을 진행할 때 전본이 없어 어려운 사정에서 김만휴가 편찬, 수록한 『심경질의』가 있어 이를 정리하여 간행했다"고 기록하고 있다.

그리고 1684년에 우암이 김만휴에게 보낸 답서를[4] 보면 『심경부주석의』뿐만 아니라 『기선록』, 『사서질의』 등 간재의 주요 편찬서 및 저작을 김만휴에게 요청하고 있다. 이것으로 미루어 당시 김만휴는 간재의 저술에 관한 한 주된 정보 출처의 역할[5]을 한 것으로 보인다.

문집을 간행하기 위하여 자료가 다시 정리되기 시작한 것은 1743년경부터로

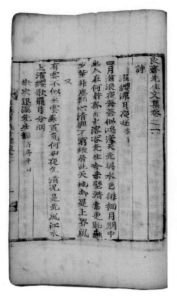

1752년 목활자본 권수제면   1752년 초간본의 표지

간재의 현손 이장진, 오세손 이경태 등의 부탁에 따라 이광정李光庭(1674~1756)이 내용을 교수校讎했으며, 1751년경에는 권상일權相一(1679~1759)이 산정刪定과 편차編次를 맡았고 연보를 증보했다. 중간서重刊序에 의하면 산정과 증보된 내용을 바탕으로 후손인 이경태와 이장태가 1752년 활자로 인행印行했는데[6] 인출된 글자가 좋지 않았다.[7]

이때의 초간본은 교정이나 인쇄 상태, 서체 등 여러 면에서 문제가 많아 다시 간행하는 것에 대한 논의가 바로 제기되었다. 다시 논의된 중간의 과정은 1766년 후손 이상태가 영천 오계서원의 산장山長 전지평前持平 김위金墇(1709~1788)와 함께 대산大山 이상정李象靖(1711~1781)에게 산정과 교정을 부탁하여 8권 4책으로 재편하고 오계서원에서 목판으로 다시 새겨 간행하게 되었다.

초간본이 인행된 지 15년 만에 중간을 하게 된 것은 처음부터 제기된 글자체, 인쇄상태뿐만 아니라 본문의 수록 내용에도 문제가 많았기 때문이다.

목판의 행간에서
조선의 지식문화를 읽다.

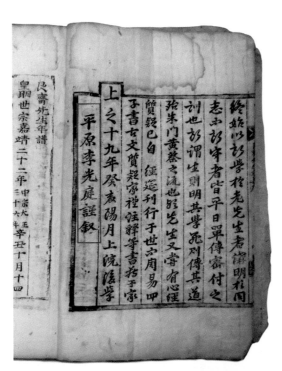

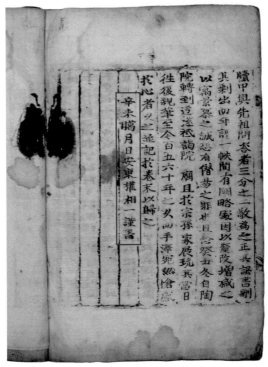

1743년 간본 이광정 서문(위)과 1751년 초간본 권상일 발문(아래)

• 『간재선생문집』, 1766년 중간본

① 형태서지

목판본, 1766년 간행(규장각 등 소장처 다수)

12권 7책, 半匡: 20.0×15.9cm, 10행 20자, 上下二葉花紋黑魚尾

序: (…) 上之十九年癸亥陽月上浣後學平原李光庭謹敍

重刊序: (…) 上之四十二年丙戌三月上浣後學東萊鄭彦忠謹書

跋: (…) 辛未臘月日後學安東權相一謹書

② 구성과 내용

이 책은 모두 12권 7책인데, 원집이 8권 4책이고 속집이 5권 3책으로 구성되어 있다. 그 중 원집의 권제8은 연보 등 부록으로, 저자의 시문은 모두 7권으로 편차되어 있다. 권수에 이광정의 서序와 정언충의 중간서가 있고, 목록이 실려 있다.

권1과 권2는 부賦, 시詩, 소疏다. 부는 「음양호근陰陽互根」과 「박복剝復」두 편이 실렸다. 시는 100題가 저작 시기순으로 편차되어 있으며, 간간이 자세한 주註가 있다.

상소上疏는 두 편이다. 「상왕세자서上王世子書」는 1592년 임란 때 올린 상소로 전술상의 대책을 건의한 것이며 1593년 1월에 올린 「상행재소上行在疏」는 왜구를 물리치고 국정을 회복시키는 계책을 상소한 것이다. 특히 거북선의 사용을 적극 권장하고 있으며 「진계도陣械圖」「침수진목전도沈水眞木箭圖」「귀갑선도龜甲船圖」등 도판을 삽입하여 설명했다.

권3은 문목問目으로, 퇴계에게 보낸 서간문 초고를 바탕으로 문목만을 골라 수록하고 퇴계의 답변을 첨부한 것이다. 권4는 서간 18편을 수록하고 있는데 대부분 성리학에 관한 것이고 그중 12편이 송소松巢 권우權宇(1552~1590)에게 보낸 것이다.

권5~6『계산기선록溪山記善錄』은 스승 이황의 언행을 종류별로 모아 엮은 것이다. 입학지서入學之序 등 16부를 종류별로 모아 엮었으며 끝에는 간재의 「기선총록記善總錄」과 학사鶴沙 김응조金應祖(1587~1667)가 1666년에 쓴 발문이 붙어 있다.

권7은 잡저雜著, 명銘, 도圖로 이루어져 있다. 잡저는 「학부통변심도설변學蔀通辨·心圖說辨」 등 대부분 성리학 관련 저술이며, 명은 호戶·창窓·등燈·척尺 등 주변의 기물을 주제로 쓴 글인데 모두 같은 시기에 지어진 것으로 보인다. 도는 「심체용도心體用圖」「위학지도爲學之圖」「위정지도爲政之圖」「부부유별도夫婦有別圖」「산법도算法圖」가 수록되어 있다.

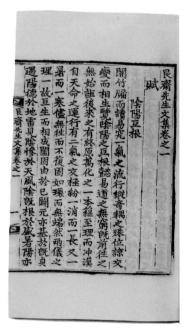 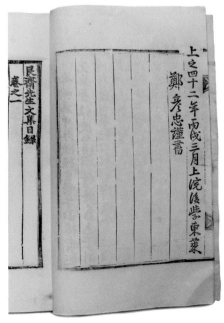

1766년 중간본 권수제면(왼쪽)과 정언충의 중간서문(오른쪽)

권8은 부록으로 연보와 만사輓詞, 영천 오계서원의 「상향축문常享祝文」 등으로 구성되어 있다.

③ 초간본과의 편차 비교

중간본 서문과 일기의 내용에 의하면 목활자로 간행된 초간본의 서체 등이 좋지 못하고 내용도 완전하지 못하여 다시 산정하고 교정했다는 언급이 있다. 현존하는 두 판본을 비교하여도 차이가 많으므로 본문의 교감은 제외하고 편차만을 비교하면 다음과 같다.

	초간본(1752)	중간본(1766)
편차비교	서문 1743년 이광정	동일함
	–	중간본 서문 1766년 정언충
	目錄	동일함
	年譜	–
	권1 詩	권1 賦·詩
	권2 長篇·賦·銘	권2 詩·疏
	권3 記善錄 上	권3 問目
	권4 記善錄 下	권4 書
	권5 問目	권5 溪山記善錄 上
	권6 疏·圖	권6 溪山記善錄 下
	권7 書	권7 雜著·銘·圖
	권8 雜著	年譜·墓碣銘·行狀
	발문 1751년 권상일	동일함

전체적으로 수록된 종류는 비슷하지만 편차의 이동이 많다. 초간본의 경우 시詩가 전부 권1에 배치되어 있는데 양적으로 다른 권과 균형이 맞지 않아 나

목판의 행간에서
조선의 지식문화를 읽다

누어진 것으로 보이며 유사항목들을 같이 모으는 방향으로 바뀌었음을 볼 수 있다. 연보의 경우 뒤에 배치하여 참고하게 했으며 초간본에서는 17개 항목이 있었던 도圖는 중간본에서 6개로 줄였다. 잡저의 경우도 초간본의 19개 항목을 11개로 줄이고 초간본에 없었던 「퇴계선생묘지명退溪先生墓誌銘」을 추가하여 12항목이 되었다.

•『간재선생속집』

① 형태서지
목판본, 1829년 간행(규장각 소장)
5권 3책, 半匡: 19.5×16.4cm, 10행 20자, 上下二葉花紋黑魚尾
跋: (…) 上之三十年己丑清和節後學豊山柳尋春謹跋
『한국문집총간』51

② 내용
속집은 간재가 퇴계에게 배운 것을 바탕으로 저술한 성리학 관계의 편저들을 합친 것이다. 스승에게 한 질문과 답변을 원저의 차례대로 주석을 모아 질의質疑라 하고 권1에 『사서』, 권2에 『주역』, 권3에 『심경』, 권4에 『고문진보』, 권5에 『가례주해』를 수록하고 있다. 영천 사림과 후손이 많은 부분을 개삭·축약하여 5권으로 편차하고 1829년에 다시 오계서원에서 간행했다. 이 책의 권말에는 유심춘柳尋春(1762~1834)의 발문이 있고 발문 끝에 '上之三十年己丑 (…) '의 기록이 있지만 정확한 간지는 순조 29년(1829) 기축己丑이 바른 표기인 것으로 판단된다.

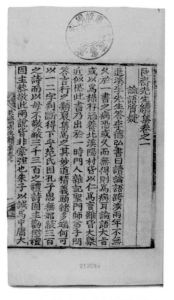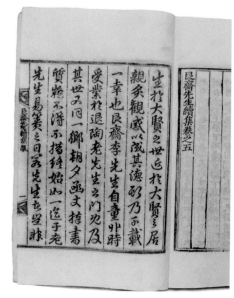

1829년 목판본 속집 권수제면(왼쪽)과 유심춘 발문(오른쪽)

『文集刊役時日記』의 형태서지

이 책은 1책의 필사본으로 책의 이면裏面을 활용하여 날짜별로 주요한 진행 사항을 간략하게 적은 것이다. 이면지의 내용은 같은 『간재선생문집』으로 1752년 목활자로 간행되었던 책을 다시 편철하여 사용했다. 책의 외형적 사항은 다음과 같다.

① 크기와 제본 형태: 32.0×21.7cm, 5針眼 裝訂
② 배면지褙面紙의 서명과 권차卷次: 艮齋先生文集 初刊本 卷五·六
③ 전 22장 중 19장에 걸쳐 묵서로 기록됨, 권말에는 3장의 백지가 있음
④ 이면지의 판종: 목활자판

『문집간역시일기』 권수부분(위)과 표지(아래)

⑤ 판식: 四周單邊, 半匡: 20.8×17.8cm, 10行 20字, 上下內向二葉花紋黑魚尾,註雙行

⑥ 지질: 楮紙, 세로발 끈 폭: 2.2cm

⑦ 표지의 능화문菱花紋은 연화蓮花와 능화菱花가 섞인 문양으로 18세기에 유행했던 것이다.

이 책의 표지에는 묵서로 '文集刊役時日記'라는 제목과 '丙戌三月初九日爲始(1766년 3월 9일부터 시작했다)'라는 기록이 있지만 일기 본문에서는 3월 9일자에 각수 이성창이 와서 일을 시작했다는 기록이 있고 앞부분에는 그 전부터 간행 준비와 관련된 기록이 날짜순대로 있으므로 이는 일기의 기록 시작 날짜가 아니라 판각 작업이 시작된 날짜, 즉 본격적인 간행 사업의 날짜를 적은 것으로 판단된다.

일기의 내용은 크게 세 부분으로 나누어져 있다. 첫째 부분은 일의 진행과정을 날짜별로 정리한 것이고, 둘째 부분은 목판을 인출하고 책을 배포한 기록이며, 셋째 부분은 1752년 목활자본으로 간행한 책을 나누어주었던 기록이다.

책의 앞면지 상단에는 산장山長과 도감都監, 별유사別有司의 성명을 기록했고 뒷면지 상단에는 1752년 간행된 구본舊本을 빌려온 순흥향교와 백운동서원의 기록이 있다.

『문집간역시일기』의 수록 내용

간행 논의와 판재 마련, 도감의 선출

1752년 봄에 상주에서 활자를 구하여 1백여 질을 찍어내었지만 글자체가 고르지 않았고 책의 크기도 너무 커서 보기에 좋지 않아 당시부터 중간해야 한다는 논의가 있었다.

다시 1764년 겨울에 본원에서 중간의 논의가 있어 다음 해 봄에 일을 시작할 예정으로 본손 이의李㠡를 별임으로 하여 전답을 팔아 목판을 사서 일이 시작될 수 있도록 했다. 그해 봄에 이해李楷가 안동 도심에서 140여 판을 매입했고 4월에 본원으로 옮겨왔으며 판재의 비용으로 30여 관전이 들었다.

1765년 본원의 정조正朝시에 간역도감刊役都監으로 성찬成瓚을 선출했다.

원고의 교정
|

1765년 1월에 이상태李常泰가 활자로 찍은 책 4책을 가지고 와 교정을 받기 위해 안동 소호의 전현감 이상정李象靖에게 가지고 가서 두고 돌아왔다. 불과 10여 일 만에 감당하기 어렵다는 서찰과 함께 책이 돌아오자 산장이 직접 가서 다시 청한 후 4월에 이의가 찾아가 책을 가지고 돌아왔다. 본 간역소의 재임 배시진裵是裖이 산장의 서찰을 가지고 책의 차례를 맞추기 위하여 소호를 방문하여 며칠을 머무른 후 책을 가지고 돌아왔다.

겨울에 각수승 체율體律을 도각수로 정하고 첩을 주었으며 이즙李檝이 중초中草를 써가지고 와 서원에 머물렀다. 이세정이 갑자기 찾아와 며칠을 머물면서 책에서 잘못 베낀 여러 곳을 찾아내어 교감했다.

1766년 1월 배재임裵齋任이 중초를 다시 교정하기 위하여 소호에 가서 수일을 머물며 앞서 발견하지 못한 부분을 완전히 교정한 후 돌아왔다.

판재 다듬기와 각수 동원
|

2월초, 도각수 체율과 목수 말희末希가 와서 처음으로 판을 다듬고 수일동안 머물렀다.

3월 1일, 도각수승이 공양승供養僧 승관升款과 유찰有察을 데리고 왔다.

3월 2일, 한 솥에 6판씩을 넣어 판자를 삶고 밤낮이 지난 후에 꺼내었다.

3월 5일, 이운태가 원중의 일을 추진하기 위하여 남았고 배재임은 간본을 베끼기 시작했다.

판각 작업

|

3월 9일, 각수 이성창이 와서 일을 시작했다.

3월 10일, 도감이 와서 각수의 일을 나누었다. 신필점이 왔다.

3월 11일, 신암각수新岩刻手 박운삼朴雲三이 왔다. 도감은 돌아갔다. 소야각수所也刻手 천귀千貴가 왔다. 진월각수陳月刻手 벽희碧希가 왔다가 다음날 돌아갔다.

3월 12일, 초방사草房寺의 각승刻僧 종연宗連이 왔다.

3월 14일, 진월각승 벽희가 왔다.

3월 16일, 도각수가 돌아갔다. 본소의 재임 이영이 각수를 청하고자 □□사에 갔다 왔다.

3월 19일, 도감이 와서 각수의 인건비를 판당 8전으로 정했다.

3월 22일, 감천각수甘泉刻手 이재환李再歟이 왔다.

3월 24일, 이영·이의 등이 와서 각수를 비롯한 관련자들에게 음식을 대접했다.

3월 25일, 봉정사鳳停寺의 승 계활桂活이 왔다.

3월 27일, 부석사浮石寺 각승刻僧 긍지殆旨, 수종守宗, 해전亥全, 설운雪云이 왔다.

3월 29일, 봉화각수奉化刻手 신악申岳이 왔다. 각수 이성창李聖昌이 집안 화재로 돌아갔다.

4월 1일, 도각수가 절로 돌아갔다.

4월 2일, 항상 머무는 각수와 목수는 20여 명이다.

4월 4일, 도각수가 돌아왔다.

4월 5일, 간본을 미처 다 쓰지 못한 부분에 대하여 산장이 독려했다. 연보 1장을 쓰기 시작했다.

4월 6일, 각수승 종연이 집으로 돌아갔다.

4월 7일, 이국태李國泰가 각수 등 20여 명에게 음식을 대접했다.

4월 12일, 각수에게 음식을 대접했다. 순흥順興과 소수향교에 구본 책자를 돌려보내었다.

4월 13일, 각수 중삼仲三이 오후에 집으로 돌아갔다. 이문李門에서 재사齋舍의 곡식을 내어 각수 15인과 목수 등 20여 명을 대접했다.

4월 14일, 도각수 체율體律이 절로 돌아갔다.

4월 16일, 이산伊山 재임齋任 박사윤朴師尹이 와서 보고 인본 1장을 베껴갔다. 별유사 이의와 이즙李楫이 간본을 여러 장 베껴갔다.

4월 17일, 각수 중삼과 천귀天貴가 돌아갔다. 도각수 체율이 순흥의 중대사中臺寺에 갔다.

4월 19일, 도각수 상좌가 와서 도각수가 병으로 올 수 없음을 전했다. 부득이 글 쓰는 것을 새기는 사람이 맡았다.

4월 20일, 별유사가 각수 등에게 음식을 제공했다. 박시룡朴時龍이 문집간본을 서사書寫하기 위하여 도착했다.

4월 22일, 우천 문중에서 각수들에게 음식을 대접했다.

4월 23일, 남간서당에서 구본 책자와 부조금 1냥을 보내오고 이산서원에서도 구책자와 부조금 1냥을 보내왔다. 우천 문중에서는 각수들에게 음식을 대접했다.

판각 작업의 종료와 인출
|

4월 25일, 이상태 등 7명이 와서 종일토록 인본을 고준考準했다.

4월 28일, 원중院中에서 일을 마치고 가는 각수 등에게 음식을 대접했다. 인건비와 잡비를 합하여 300금이 들었다.

이상에서 살펴본 바와 같이 문집의 편찬과 교정, 판각 작업 등 주된 간행 작업이 이루어진 장소는 오계서원으로 『간재선생문집』 본문 내용의 여러 곳에서도 관련 글이 수록되어 있다.

오계서원은 1570년(선조 3) 여름, 이덕홍이 30세 때 태조봉 남쪽 기슭(현재의 안동시 녹전면 원천리 오천 마을)에 건립한 오계정사에서 비롯했다. 학문과 마음을 닦고 후학을 기르기 위하여 오계정사를 짓고 동재를 관성재觀省齋, 서재를 험위료驗爲寮라 했다.

그 뒤 1592년 임진왜란 중에 병화로 정사가 퇴폐된 것을 1600년(선조 33)에 이덕홍의 큰아들인 선오당 이시李蒔가 오천마을로 오계정사를 옮겨 세웠지만 1636년(인조 14) 대홍수로 서당의 건물 몇 칸만 남기고 유실되었다.[8]

1663년(현종 4) 여름에 향내의 선비들이 간재의 사당 건립을 논의하여 1665년에 도존사道存祠에 위판位版을 봉안했다. 1691년(숙종 17)에 영천 사림에서 오계서당을 오계서원으로 승격하고 강당을 명륜당明倫堂, 정문을 입도문入道門이라 했다.

1711년(숙종 37)에 현 위치에 다시 건립하여 복설했고, 1724년(경종 4)에 영천 사림의 공론으로 간재의 큰아들 이시를 배향했다. 그 뒤 1868년(고종 5) 8월 서원철폐령에 의해 훼철되었다가 일제강점기 및 1970년대에 중수했다.

판각 장소와 더불어 이 과정에서 간행의 중심 작업인 판각에 동원된 각수를 살펴보자. 일기 내용 전체에서 언급된 각수 및 목수의 수는 20여 명이며 그중 각수는 일반인 각수로 추정되는 7명과 승려 각수로 추정되는 8명 등 15명이 확인된다. 각수들의 지역 분포를 보면 대체로 안동의 북부지역에 해당되고 사찰들도 대부분 영주, 봉화 등에 있다.

　　刻手 李聖昌, 申必占, 仲三, 千貴
　　甘泉刻手 李再歡, 奉化刻手 申岳, 新岩刻手 朴雲三, 所也刻手 千貴
　　鳳停寺僧 桂活
　　草房寺 刻僧 宗連
　　浮石寺 刻僧 矜旨, 守宗, 亥全, 雪云
　　都刻手[僧] 體律
　　陳月刻手[僧] 碧希

　이 각수들을 확인하기 위하여 현재 한국국학진흥원 장판각에 소장된 1766년 간행된『간재선생문집』목판과 비슷한 시기 간행의 다른 목판들을 조사하여보면 다음과 같다.

　① 鳳停寺僧 桂活은 판목에는 契活로 표기되어 제3권의 제26/27장판 마구리에 나타난다. 이 桂活은 한국국학진흥원 장판각 소장의 다른 문집 목판 중 1775년 간행된『고산집孤山集』에 契活로, 역시 같은 해 간행된『물암선생문집勿巖先生文集』에는 桂活로 나타난다.
　② 奉化刻手 申岳은 '辛惡'이라는 다른 표기로 문집의 제7권 제12/13장판에 나타난다.
　③ 所也刻手 千貴는 한국국학진흥원 장판각에 소장된 1772년 간행『계암선생문집溪巖先生文集』의 제4권 제7/8장판에 나타난다. 또 같은 목판의 목록 제2/3장, 제1권 제19/20장, 제3권 제11/12장판에는 한글로 '쳔귀'라 표

기되어 있으나 동일 인물이다.

④ 申必占은 『간재선생문집』 목판의 제1권 제7/8장판에서 '必占'으로 나타난다.

⑤ 仲三은 '中三'이라는 표기로 한국국학진흥원 장판각에 소장된 다른 문집 목판 중 1772년에 간행한 『계암선생문집』 제2권 제3/4장판에 나타난다. 즉 같은 문집의 책판 중 앞에서 언급한 千貴와 함께 등장하여 이들은 지역 내의 같은 범위에서 활동했던 각수로 추정된다.

⑥ 草房寺 刻僧 宗連은 『간재선생문집』 목판의 제2권 제6/7장판에 나타난다.

⑦ 陳月刻手僧 碧希는 『간재선생문집』 목판의 제1권 제13/14장판에 '碧熙'라는 표기로 나타난다.

⑧ 『문집간역시일기』에는 이름이 나타나지 않지만 실물의 『간재선생문집』 목판에만 나타나는 각수 중 自元은 제1권의 제9/10장판, 成富는 제1권 제3/4장판에 나타난다.

이와 같이 각수에 대한 일기의 기록과 실물 책판에 나타난 기록들이 서로 일치하고 있으며 또 이들이 다른 문집의 간행에 함께 참여했던 사실도 확인할 수 있다.

권말의 문집 반질頒秩 기록

책의 권말에 수록된 내용으로 볼 때 문집은 주요 서원이나 향교, 문중 등으로 3차에 걸쳐 배포되었으며 1차는 1766년 11월 9일에 20건, 2차는 1771년 7월에 41건, 3차는 1809년 3월에 75건이었다.

제1차는 책의 인출과 제본이 끝난 4월말에서 6개월이 지난 11월경, 예안과 순흥, 영주, 안동지역을 중심으로 배포되었다. 이때는 향교, 서원을 중심으로 해당 지역의 문중이나 사가에도 보내어졌다.

제2차 반질頒秩은 1차 배포가 있은 뒤 5년이 되던 1771년에 이루어졌으며 반질된 분량은 41건으로 대체적인 배포처는 1차와 마찬가지이나 관아에도 보낸 점이 다르다.

제3차 배포는 1809년 3월에 75건 이루어졌다. 도내의 여러 서원과 향교, 서당, 문중 및 사가에 보낸 것이다.

이 기록들의 마지막에는 1752년에 목활자로 찍은 초간본을 77곳에 배포했던 당시 기록이 부기되어 있다. 대체로 중간본의 배포처와 크게 다르지 않으며 지역을 중심으로 서원과 향교, 문중, 사가를 대상으로 한 점에서 동일하다. 다만 방백方伯과 관아에 보내고 서울로 올려 보낸 5건 등은 용도와 배포처를 알 수 없으나 지역외의 배포라는 점에서 구분된다.

1766년 간행 목판본의 배포 기록

• 1766년 11월 9일 20건의 배포 기록

이때의 배포처는 서원과 향교를 주 대상으로 하고 문중과 사가에도 나누어 주었다. 그중 서원으로는 예안의 도산·분강서원, 순흥의 소수서원, 풍기의 욱양서원, 안동의 삼계·청성·경광서원, 봉화의 문암서원, 본읍인 영천의 이산서원 등에 각 1건씩 배포했고 향교 중에는 예안향교와 본읍의 영천향교에 배포되었다.

문중이나 사가에서 배포 받은 경우로는 소호 이연일, 우금 김지평, 반포 성도감, 두월 배생원, 이목천, 고령 이생원 익록翊祿이 있다.

그밖에 본원인 오계서원에 1건을 보관하고 책궤冊櫃에도 1건을 별도로 두고 관리했다.

• 1771년 7월 41건의 배포 기록

영주 관아와 풍기 관아에 한 건, 부여의 정참의 댁, 산장 댁, 우금 김자인友琴 金慈仁 댁에 보내졌으며 서원으로는 삼봉·장암·의산·구강서원, 서당 중에는 남南[傳]·사계·산천·운곡서당에 각 1건씩 배포되었다. 개별 문중 가운데서는 학사

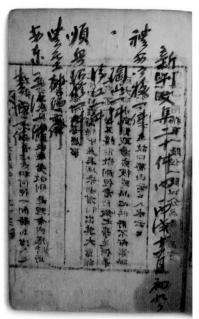

1766년 문집 20건 배포 기록

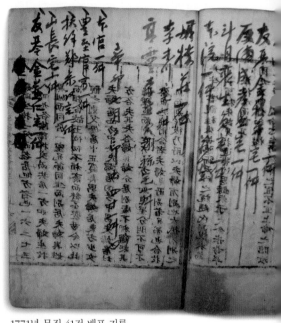

1771년 문집 41건 배포 기록

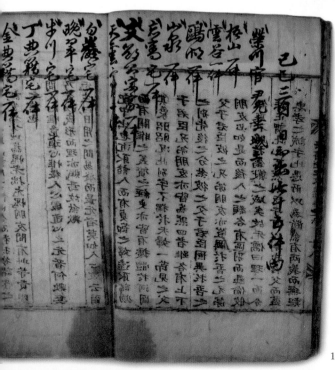

1809년 문집 75건 배포 기록

鶴沙 댁, 백암栢岩 댁, 송 재임宋齋任 댁과 임고林臯 문중, 신기 김문新基金門 문중이 포함되어있다.

순흥에는 향교와 단계서원, 풍기에는 향교와 관곡서원, 예안에는 계상종가溪上宗家와 청계·동계서당에 1건씩 배포했다. 비교적 많이 배포된 안동지역에는 서원 4곳(호계·병산·노림·도연서원)과 문중(이 지사李知事·눌은訥隱·은봉 이 원장隱峯李院長·서애西厓·겸암謙菴·학봉鶴峯·호암 권 진사湖巖權進士 댁)에 각 1건씩 배포되었다. 상주에는 청대淸臺, 봉화의 향교와 춘양春陽의 권 원장 댁, 법전法田의 강 수찬姜修撰 댁, 영해寧海에서는 이 원장李院長 댁, 산양山陽의 채 진사蔡進士 댁, 그밖에 성성재惺惺齋 댁에도 배포되었다.

• 1809년 3월 75건의 배포 기록

이때에는 75건을 인출, 제본하여 영주, 예안, 안동, 의성, 상주, 선산, 성주, 경주, 영천, 칠곡, 용궁, 여천, 영해, 영양, 봉화, 순흥, 대구, 인동, 진주 등 도내의 여러 곳에 산재된 문중에 문집을 배포했다.

먼저 영주에서는 영천관榮川官 윤광수 성주尹光垂城主를 비롯하여 네 곳의 서원 즉 오산·운곡·구호·산천서원과 문중으로는 망와忘窩 댁, 문절공文節公 종가, 천운정天雲亭, 물암勿巖 댁, 만취晚翠 댁, 우천牛川 댁, 정 전적丁典籍 댁, 김 전적 댁, 박소고朴嘯臯 댁, 신천 이씨新川李氏 종가에 각 1건씩을 배포했다.

다음으로 예안에서는 낙천서원을 비롯하여 성성재 댁, 용담 댁, 뇌석정瀨石亭, 삼백당三栢堂, 지애芝厓 김 교관金敎官 댁, 계상溪上 이 교리李郊理 댁, 신기 김씨新基金氏 종가, 분천汾川 종가, 신양申陽 이 원장 댁 등 10곳에 각 1건을 배포했다.

안동에서는 주로 문중과 사가에 배포되었다. 수곡 류씨水谷柳氏 종가, 천전 김씨川前金氏 종가, 동파 이씨東坡李氏 종가, 서곡 권씨西谷權氏 문중, 해저 김씨海底金

氏 문중, 법흥 이씨法興李氏 문중, 표곡瓢谷 유안변柳安邊 댁, 삼산三山 유 참의柳參議 댁, 구미龜尾 김 승지金承旨 댁, 풍산豊山 이 교관 댁 본가 문중으로 보냈고, 법전法田 강 참봉姜參奉 댁, 녹동鹿洞 이나은李懶隱 댁, 황전黃田 김 승지 댁 등 13곳과 노림서원이 포함되었다.

의성에서도 주로 문중과 사가에 배포되었다. 사촌沙村 김천사金川沙 댁, 산운山雲 이자암李紫巖 댁 본가 문중으로 보냈고, 교동校洞 신 주서申注書 댁 등 3곳이 포함되었다.

상주에서는 도남서원과 문중 그리고 사가를 대상으로 우산牛山 정 지평鄭持平 댁, 두릉杜陵 남 원장 댁, 자리紫里 유 익찬柳翊贊 댁, 율리栗里 홍목재洪木齋 댁, 단천丹川 이창석李蒼石 댁, 장천長川 조씨 문중에 각 1건씩 배포했다.

선산에서는 사가를 대상으로 해평海坪 최인재崔認齋 댁과 수곡壽谷 김 지평 댁에 1건씩 배포했다.

성주에서는 사가를 대상으로 정한강鄭寒岡 댁과 김동강金東岡 댁에 1건씩 배포했다.

경주에서는 옥산서원과 양동陽洞의 이 참봉 댁에 1건씩 배포했다.

영주에서는 송곡서원과 오산鳴山의 정 참의 댁에 1건씩 배포했다.

칠곡에서는 상지上枝의 이 지평 댁에 1건을 배포했다.

용궁에서는 무이武夷 이씨 문중에 1건을 배포했다.

여천에서는 금곡金谷의 박 수관 댁 본가 문중과 고평高坪의 정씨 문중에 1건씩 배포했다.

영해에서는 향교에 1건을 배포했다.

영양에서는 주곡注谷의 조 승지 댁에 1건을 배포했다(본가 문중으로 보냄).

봉화에서는 문계서원에 1건을 배포했다.

목판의 행간에서
조선의 지식문화를 읽다

순흥에서는 문중과 사가를 대상으로 화천花川의 박씨 종가, 가구可邱 성씨 종가, 사천沙川의 서씨 문중에 1건씩을 배포했다.

대구에서는 연경서원에 1건을 배포했다.

인동에서는 동락서원에 1건을 배포했다.

진주에서는 덕산서원에 1건을 배포했다.

그밖에 지역별로 배포를 한 뒤 추가적인 수요나 필요성에 따라 별도로 배포한 것으로 추정되는 것이 있다. 책을 찍어낸 오계서원과 오천종가에 1건씩을 배포하고 춘양의 영천 이씨 문중에도 1건을 배포하여 간재선생과 직접 관련이 있는 곳에 1건씩 보관시켰다.

또 산장 이고산李高山과 별임 배 생원, 신천 김 재임, 오천 이 재임 등 서원 운영에 주체가 되었던 사람들에게도 나누어준 기록이 있으며 그밖에 오천의 전의全義 이씨 문중, 영해의 익동 영천 이씨 문중, 풍산의 오미동 김씨 문중, 한저閒渚 병산屛山 댁에도 지역과 문중의 관계를 고려하여 배포했던 것으로 추정된다.

1752년 77건 분송 기록

이 기록은 1766년에 목판본으로 간행하기 전인 1752년에 목활자로 찍어내었던 12권 7책으로 편성된 책을 배포했던 기록이다. 이 기록이 목판본 간행시의 기록과 함께 기록되어 있다는 것은 앞서 목활자본을 배포했을 때도 그 전말을 기록해두었던 것이 있어 함께 전사轉寫한 것으로 판단된다.

1752년 배포 당시 지방 관아나 관리에게 우선 배포한 대외적인 범위는 방백과 영천·예안의 관아에 배포되었고 예안졸禮安倅과 영해이졸寧海李倅 즉 수령에

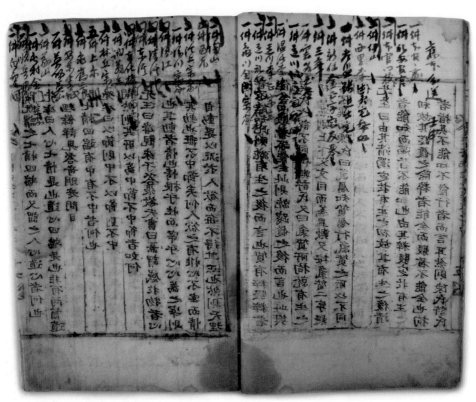

1752년 목활자본 77건 배포 기록

계도 배포되었다. 구체적인 장소나 받은 인물이 명시되지 않은 '상경上京 5건'이 있고 지역 유림의 중심체인 향교를 대상으로는 영천향교, 풍기향교, 예안향교, 영해향교, 순흥향교의 5곳과 영천의 향현사鄕賢祠, 구학정龜鶴亭에도 각 1건씩 배포되었다.

지역 내와 도내의 서원에 배포한 명단을 살펴보면 전체가 25건이었으며 대상이 되었던 서원들은 의성의 영계서원, 여천의 정산서원, 분강서원(안동), 삼계서원(봉화), 순흥의 단계서원과 욱양서원, 동계서원(예안), 사계서원(영주), 삼계·청계서원(안동), 안동의 호계서원, 상주의 도남서원, 역동서원(안동), 백운동서원(풍기), 삼봉서원(영주), 도산서원(예안), 병산서원(안동), 영양의 영산서원, 경주의 옥산서원, 의산서원(영주), 이산서원(영주), 대구의 입석서원, 안동의 청성서원, 도연서원(봉화), 남간서당, 산천서원(영주) 등이었다. 전체적으로 볼 때 영천(영주)이 가장 많고 인근의 순흥과 풍기를 포함하고 있으며, 그 다음으로 안동지역에 분포한 서원이 많다.

그밖에 서당으로는 운곡서당과 봉화교원奉化校院 양서당兩書堂 등이며 그중 후자에 대해서는 참고용 내지 내부 비치용으로 추정되는 4건이 배포되었다.

지역 내의 유력 종가나 종중에 보낸 것은 10건으로 서애 댁, 구천 김문龜川金門, 둔촌 김씨屯村金氏, 임구 종가林丘宗家, 학사 댁, 계상, 분천, 오천 종가의 종가 쪽 8건과 산운山雲 종중宗中과 영해 종중의 종중 쪽으로 2건 그리고 청대淸臺 등에 배포되었다.

또 개별적인 사가 단위로 배포한 것은 17건으로 학봉 댁, 정 감사 댁, 도감장 진사 댁, 산양 채 진사 댁, 눌옹 댁, 온계 이 생원 댁, 수곡 류 자인 댁, 강회인 댁, 오천 이 정자 댁, 오천 성저 댁, 오천 예안 댁, 호평 김 회인 댁, 거촌 김 진사 댁, 제천 이 진사 댁, 신임新任 갈산葛山 권 원장 댁, 가야곡佳野谷 유 원장 댁, 서리西里 이 생원 댁, 반금反琴 신임新任 김 정자 댁 등이다. 이 중에서 오천의 성저 댁과 서리 이 생원 댁은 지가를 받았고 오천의 예안 댁은 봄에 새 책으로 교환했다.

이 구건舊件 즉 목활자본은 1766년 목판본으로 간행할 때 내용 검토와 교정 자료로 사용되어 권말 면지의 묵서기록 중 '구본추래질舊本推來秩'에서 "순흥향교 한 건, 백운동 한 건"이라 하여 두 곳에서 가져왔던 것이다. 이 사실은 『개간시 일기』 4월 12일자에서 구본을 참고로 사용한 후 두 곳으로 돌려주는 내용, 즉 "順興紹修鄉校兩所 舊本册子還送"이라는 내용과 부합한다.

목판의 행간에서
조선의 지식문화를 읽다.

문집 간행과정 이해의 중요성

지금까지 『간재선생문집』과 간행일기, 책판 조사를 통하여 초간본이 출판될 때까지의 과정을 살펴보았다. 원고 자료의 수집과 편찬, 교정을 거쳐 목활자로 간인되었으나 책의 편집과 인쇄 상태가 좋지 못했다. 때문에 출판과 동시에 다시 목판본으로 중간본을 내고자 논의하고 준비 작업, 판각 작업, 배포에 이르는 과정을 다시 거치게 되었다.

이렇게 목판으로 책을 간행하는 과정에서 도출되는 여러 측면의 출판사회학적 성과들을 과정별로 일반화시켜 살펴보면 다음과 같다.

문집 간행의 배경과 의의

- 문집 간행에 대한 학맥, 문중 등 조직의 동의와 공감대를 형성했다.

– 문집의 간행을 통해 선학을 추모하고 학맥의 결집을 유도했다.

– 지역적인 연고는 물론 문중이나 서원, 학맥으로 연결된 새로운 네트워크가 생겨났다.

– 문집 간행을 통해 피전자 인물상을 재조명하는 효과가 있었다.

– 후손이나 학맥의 인물들이 서로 교류하는 집단을 구성했다.

대상 자료를 수집하는 과정
|

– 문중, 후손들에 의한 개인 기록물의 정리 및 기록이 이루어졌다.

– 서간문의 수집을 통하여 학맥 인물간의 교류를 확인하고 집적화할 수 있었다.

– 새로운 기록물의 발견과 수집이 이루어지는 경우가 많았다.

대상 자료를 정리하는 과정
|

– 간역도감 등에서 수집된 자료를 대상으로 선별하는 과정에서 학자들 간에 의사 교류의 장이 만들어졌다.

– 수집된 기록물의 중요도를 평가했다.

– 편찬 대상을 확정하고 대상 기록에 대한 내용상의 검토가 이루어질 때 당시 지역의 석학이나 다른 지역의 유명인사에게 의뢰하여 내용과 수준의 검토는 물론 간행 문집의 비공식적 승인 절차를 거칠 수 있었다.

초고를 작성하는 단계

|

- 선정된 내용에 대하여 유사를 선정하거나 필사자를 정하여 정서하게 했다.
- 집안, 문중, 학맥 등 여러 단계의 참여를 통한 점검과 승인의 절차를 거쳤다.

초고를 교열하고 사독査讀하는 단계

|

- 관련된 학자들이 책을 돌려 읽으면서 잘못된 부분이나 추가, 삭제할 부분을 수정하여 심도 있는 논의를 주고받으면서 원고의 완성도를 높이는 단계를 거쳤다.
- 한 예로 퇴계와 관련된 저술을 간행하고자 하면 반드시 도산서원으로부터 내용에 대한 검토를 일일이 받아야만 출판이 가능했다.
- 많은 경우에 명망이 높은 학자나 수제자급의 사람들이 원고를 검토했다.

등재본을 필사하고 확정하는 단계

|

- 편찬의 체계나 원고의 내용에 대한 검토가 끝난 후 완성본을 필사하여 확정하는 단계다. 글씨를 잘 쓰는 사람을 골라 이후 직접 판각할 때 저본으로 사용할 수 있는 등재본을 정사精寫하는 과정이다. 이때도 별도의 교정이 필요했다.

재원의 마련

|

– 문집의 간행 사업이라는 것은 당시로서는 힘도 들고 경제적 부담이 컸다. 특별한 경우를 제외하면 특정인이나 한 집에서 재원을 마련할 수 있는 일이 아니기 때문에 집안 전체나 문도門徒, 서원 등 조직이나 단체 단위로 협력하여 재원을 준비했다. 따라서 이 과정에서 명분 있는 일에 서로가 협력하는 좋은 관계를 유지하고자 상호부조를 하고 과정별로 재료비, 인건비, 식대, 기타 소모품의 비용 등을 나누어 담당하기도 했다.

목재의 마련과 나무를 다듬고 삶아내어 말리는 과정

|

– 문집 편찬과 원고의 준비는 단시간에 이루어지는 것이 아니다. 목재의 준비에만도 나무를 베고 말리는 기간이 몇 년씩 소요되는 경우가 많았다.

– 마련된 재목을 판각할 수 있는 상태로 만드는 작업도 필요하다. 적당한 크기로 만든 나무의 결을 삭이기 위하여 소금을 넣어 삶아내고 그늘진 곳에서 말린 후 책판 크기로 다듬었다.

– 목재를 선정하고 운반하고 다듬는 과정에 대한 용어로 부판負板, 운판運板, 치판治板, 수판修板, 팽판烹板 등 의미는 같으나 표현을 달리하는 단어들이 많다.

판각과 교정

|

— 각수들에 의하여 초벌, 재벌의 순차적 판각이 이루어졌다. 이때 판각은 인근지역에서 각수를 직역職役으로 하는 이들이나 사찰의 각수승 등이 맡았다. 지역의 유력 가문이나 학자의 문집을 간행하기 위하여 역내 사찰에서 협조하는 과정에서 유가와 불가가 기능적으로 교류하는 계기가 마련되었다.

— 판각에 대한 교정으로 초교初見, 재교再見, 삼교三見가 진행되었다. 이러한 작업에는 일괄 또는 분산적으로 협력하는 방식으로 단계별 판각과 초벌인쇄를 통하여 점검이 이루어졌다.

— 목판을 새기는 과정에서도 판각의 장소, 주관 기관, 감독, 각수의 기능별 구분, 작업 단계별로 다양한 용어가 많다. 교정에 관련된 것도 교정자, 교정기관, 감독, 교정의 회차와 교정의 이표기異表記 등에 따라 달리 나타난다.

인출과 제본

|

— 종이, 먹 등 기타 인출 도구의 준비는 판목, 인건비와 더불어 경비의 면에서 부담을 주는 항목이었다. 때문에 지역사찰 등의 협조를 받거나 문중에서 분담해 지원하는 경우도 많았다. 일기에서도 문집이 배포될 때 책지대冊紙貸를 제공한 경우를 볼 수 있다.

— 인출 및 제책 작업은 판각 후 필요한 수요에 맞추어 진행되었지만 시간의 경과에 따라 2차, 3차에 걸쳐 인출되었다. 이는 문집 목판 인쇄물의 배포 범위와 직접적인 연관을 가졌다.

– 이와 관련된 용어들은 의궤儀軌나 서원의 『전장기傳掌記』『전여기傳與記』 등에 나타난다. 그중 도산서원의 『전장기』에서는 책도冊刀, 책침冊針, 책의冊衣, 책추冊錐, 책사冊絲, 결책편철結冊片鐵 등 각종 도구들과 장황裝潢(종이, 비단 등으로 서책을 꾸미는 것)에 관련된 용어와 도구들을 자주 볼 수 있다.

『전장기』의 예를 보면 다음과 같다.

萬曆四十六年 戊午 正月十九日 傳掌 [1618년(광해군 10) 1월 19일]			
文集板目錄并	四書三經釋義板	鑿大中小 各一	冊錐 一
別集板目錄并	李氏族譜板	平未里 一	結冊片鐵 二
外集板目錄并	禹氏族譜板	代把 二	
啓蒙傳疑板	菱花板	邊鍚 二	
古鏡重磨方板	白楮 三斤十三兩	刀迲 一	
年譜板	皮楮 龍壽僧道憲捧	壯刀里 一	
漁父詞板	大佐耳 一	烏鐵 一	
陶山十二曲板	小佐耳 一 [奉元捧授]	曲尺 一	
陶山記板	大鉅二	冊刀 二	

배포

– 인출과 제본을 끝낸 완성된 책을 각 기관이나 문중, 개인에게 배포하는 일이다. 문집의 간행에 여러 방법으로 참여한 기관이나 개인 그리고 이전에 다른 문집을 받았던 단체에게 배포를 했고 지역의 유력 가문이나 핵심인물들에게도 책을 나누어주었다. 문집의 반질 범위는 수령과 관아, 서원, 향교, 서당, 문중, 사가 등 여러 단위로 구분되므로 그 대상을 검토하면 문집 간행 주체의 대외 교류와 배포의 목적, 학맥과 개인적 친소관계를 파악할 수 있다.

이러한 과정별로의 의미와 더불어 전체적으로 영향을 미치는 요소들은 목판본을 긴행할 때의 간역ᴴ役 제원諸員에 대한 용어와 기록으로 문집의 권말에 자주 나타난다. 주로 교정校正, 서사書寫, 감간監刊, 동역董役, 각수刻手, 유사有司 등의 용어가 다음과 같이 조금씩 표현을 달리해 나타나며 특히 불경의 경우 시주자로부터 인출에 이르기까지 영역별로 다양하게 표현된다. 『문집간역시일기』에 나타난 목판 관련 용어를 정리하면 다음과 같다.

ㄱ	勘刻	校刪	登刻	書冊	印布	冊紙	板頭
刻工	監刻	校書	ㅁ	松烟	印績	冊板	板本
刻徒	勘校	校正	縣川紙	讐校	ㅈ	添補	板子
刻手僧	監校	校正刻手	墨	修補	粧頭	草本	板材
刻手廳	監印	校正都監	ㅂ	繡梓	裝頭	初定本	板材價
刻字	改刻	校正有司	頒冊	蒐輯	藏置	追刊	烹板
刻板	改刊	校准	伐板	修板	藏板	追補	編補
刊本紙	改書	鳩財	補刊本	ㅇ	再校本	出板	編次
刊費	開板	舊板	本樣	刓板	再校正本	置簿	片鐵
刊所	結冊	剞劂	負板	有司	井間板	治板	標題
刊役都監	考校	ㄷ	ㅅ	釐正	正都監	鏤梓	ㅎ
刊役所	考出	都刻手	寫本	印本	製通	ㅍ	畫影紙
刊任	工價	都監	寫通	印上	重刊	板價	
刊錢	工匠	都都監	刪定	印匠	紙頭	板刻	
刊出	校勘	都廳	書寫	印出	直日	板校正	
刊板	校本	頭註	書役	印出紙	ㅊ	板校紙	

그밖에 목판 연구에서 빠뜨릴 수 없는 영역은 목판에 대한 자연과학적·실증적 연구 분야다. 나무의 수종이나 과학적 보존처리, 종이와 먹과의 관계, 인출의 조건 등에 대한 체계적인 정리가 필요하다.

목판을 이용한 서책의 간행 활동 가운데서도 교육과 배포를 목적으로 하는 『사서』류의 책들과 영남문집의 간행 목적은 달리 접근하여 파악할 필요가 있다. 기록물에 대한 사회문화사적인 평가에 있어서도 그 척도를 달리 적용해야 할 것이다.

지금까지 『문집간역시일기』를 중심으로 『간재선생문집』의 간행과정을 살펴보았다. 『간재선생문집』은 목활자로 찍은 초간본의 문제점이 당초부터 제기되어 중간본 간행이 논의되었고 그에 따라 원고의 수집과 판목의 준비에서 판각이 끝나 배포하기까지의 과정을 일기의 날짜와 내용별로 정리했다. 여기서 다룬 내용은 다음 몇 가지로 나누어볼 수 있다.

첫째, 초간본의 준비는 완성되기 10여 년 전인 1743년경부터 진행되었다. 간재의 현손 이장진, 오세손 이경태 등의 부탁에 따라 이광정이 내용을 교수했으며, 1751년경에는 권상일이 산정과 편차를 맡았고 연보를 증보했다. 산정과 증보된 내용을 바탕으로 후손인 이경태와 이장태가 1752년 활자로 인행했다.

둘째, 중간본은 목활자로 인출된 초간본의 글자가 좋지 않고 내용의 편차 또한 바람직하지 않아 1766년 후손 이상태가 영천 오계서원의 산장 전지평 김위金煒와 함께 대산 이상정에게 산정과 교정을 부탁하여 8권 4책으로 재편하고 오계서원에서 목판으로 다시 새겨 간행하게 되었다.

셋째, 『문집간역시일기』는 중간 과정을 날짜별로 정리해둔 것이다. 1764년 중간 논의가 시작되면서 판목 140판을 준비했고 1765년에 이상정에게 교정을 부탁했으며 1766년 1월 다시 교정을 거쳐 2월에 판을 다듬어 3월부터 각수를 동원하여 4월 말에 판각을 마치고 인출과 배포를 했다는 기록을 담고 있다.

넷째, 『문집간역시일기』의 후반부에는 책의 완성 후 1766년, 1771년, 1809년 세 차례에 걸쳐 책을 배포한 내용이 배포처별로 정리되어 있다. 배포처로는 서원과 향교, 문중과 사가가 주를 이루고 있으며 지역은 안동, 영주, 봉화 등 경북 북부지역이 대부분을 차지했다. 또 초간본을 배포했던 77개처에 대한 기록도 확인된다.

다섯째, 일기에 나타나는 각수들은 한국국학진흥원에 소장된 문집의 책판을 통하여 확인해본 결과 천귀, 신악, 종연, 계활, 신필점, 중삼 등의 이름이 일치하는 것으로 나타났다. 동시에 이 각수들이 다른 문집의 간행에도 일부 함께 참여한 기록들도 확인할 수 있었다.

이러한 『문집간역시일기』를 통해 『간재선생문집』의 간행과 배포과정을 살펴봄으로써 목판 문집 간행의 다양한 측면을 볼 수 있었다. 이와 같이 기초자료를 발굴, 검토하는 체계적 목판 연구는 목판 문집의 간행의 사회문화적 영향과 기록물로서의 가치를 새롭게 하는 계기를 마련할 수 있을 것이다.

제2장

에도시대의 목판과 한학서 출판

노경희

울산대 국어국문학부 교수

전통시대의 출판

    전통시대의 서적을 형태적으로 분류하면, 크게 손으로 베낀 필사본과 인쇄 도구를 사용해 찍어낸 간인본으로 구분할 수 있다. 이때 필사본은 작자의 원본에 해당하는 고본稿本과 2차적으로 베껴 쓴 전사본傳寫本으로 다시 구분된다. 간인본 역시 인쇄 도구에 따라 목판을 제작하여 찍어낸 목판본과 활자를 만들어 찍은 활자본으로 구분할 수 있으며, 활자의 경우 재료에 따라 금속활자, 목활자, 도활자陶活字, 신연활자 등으로 다시 분류할 수 있다. 또한 간인본은 출판 주체에 따라 관판, 사판私版, 사찰판, 방각판 등으로 구분할 수 있다. 각각의 제작 방법은 난이도, 비용, 지속성, 생산량, 효용도 등 여러 가지 측면에서 차이가 있다. 때문에 서적의 내용이 아닌 제작 형태를 통해서도 당시 서적 출판의 사회문화적 배경에 대한 많은 정보를 얻을 수 있다.

    특히 종이나 먹, 붓, 필사 경비 등 책을 만드는 기본적인 요소들에도 비싼 값을 지불해야 했던 전통 시대에는 필사본을 하나 만드는 것도 쉬운 일이 아니었다. 그러한 상황에서 활자, 그것도 정교한 기술과 값비싼 금속을 필요로 하는 금속활자를 주조하거나, 재목을 마련하고 각수를 고용하여 대량의 판목을 제작하는 일은 쉽게 이룰 수 없는 일이었다. 이에 '출판'을 하기 위해서는 출판할 서적이 있기 이전에 출판 비용을 감당할 물질적 기반과 출판한 서적을 수용할 독자층의 형성이 필수적으로 요구되었다. 이 지점에서 출판의 기반을 연구하는 일은 곧 그 시대의 물적 토대와 지식인층의 성격을 살피는 일과 상통하게 된다.

조선시대의 출판은 왕실과 정부 기관의 주도로 이루어진 관판본이 중심이 되었다. 관판본은 중앙과 지방의 출판으로 구분할 수 있는데, 중앙은 '교서관'이라는 출판기관을 중심으로 금속활자의 출판이 큰 비중을 차지했고, 지방의 경우 지방 감영을 중심으로 목판 출판이 주를 이루었다. 필요한 책이 있으면 먼저 교서관에서 금속활자로 인쇄하고, 이를 널리 보급할 필요가 있으면 그 인본을 지방으로 보내어 목판으로 번각해서 전국적으로 보급한 것이 조선의 공식적인 출판 경로였다.[1]

다음으로 민간 출판을 살펴보자. 조선시대의 민간 출판에서 기본적인 방식은 목판본과 목활자본이라 할 수 있다. 목판본의 경우 조선의 민간 출판은 그 주체에 따라 크게 사판, 사찰판, 방각판으로 구분된다. 사판은 다시 서원판과 사가판私家板으로 구분할 수 있다. 우리나라 민간 목판본에서 특징적인 사항은 사판, 그중에서도 서원과 문중에서 제작한 것들의 비중이 크다는 점을 꼽을 수 있다.[2] 그런데 이 점은 한편으로 동아시아 출판문화 발달의 일반적인 상황에서 예외적인 모습을 보이는 것이라 주목된다.

목판본을 만들기 위해서는 판목의 제작부터 인쇄에 이르기까지 고비용이 들기 때문에, 다수의 독자가 확보되어 일정 수준의 판매가 보장된 경우에 제작하는 것이 일반적이다. 이는 곧 대량판매가 가능한 상업 출판의 발달이 전제된 상황에서 목판본의 제작이 더욱 활발하게 이루어짐을 의미한다. 민간 상업 출판이 발달한 중국의 명청시대와 일본 에도시대의 출판 형태가 대부분 목판본인 것은 바로 이러한 사정을 반영하고 있다. 중국의 경우 명말 이후 강남지역을 중심으로, 일본의 경우 에도 후기에 이르러 상업 출판이 크게 발달하면서, 대중들에게 잘 팔리는 책들을 중심으로 대량생산을 위한 목판본이 발달했다. 이렇게 중국과 일본의 출판은 그 거시적 흐름이 상업 출판의 발달과 밀접하게 관련되어 있다는 점에서 우리의 출판환경과 차별화된다.

조선의 민간 목판 출판에서는 서원과 문중 중심의 '비영리적' 출판이 큰 비중을 차지하고 있다. 이에 따라 중국과 일본의 경우 출판 대상이 되는 서적 역시 상업적 출판을 목적으로 한 흥미 위주의 패관잡기나 소설류, 판화집 등의 비중이 큰 반면, 우리의 경우 유학 관련 서적이나 선현과 조상의 문집이 민간 목판본의 대부분을 차지한다. 물론 조선에서도 19세기에 판매를 위한 방각본이 출현하기도 했고, 중국과 일본에서도 영리를 목적으로 하지 않은 민간 목판본이 등장했으나, 그 비중으로 볼 때 조선의 목판, 특히 민간의 목판은 유학서와 개인 문집 등의 한적漢籍이 주요한 출판 대상이라는 점이 특징적이다.

앞서 언급한 대로 출판문화를 살피는 것은 곧 그 나라의 사회문화적 기반을 살피는 일과 연결된다. 이 글에서는 일본 에도시대의 한적 출판 상황을 살펴보고자 한다. 에도시대의 유학서와 한학자의 문집 등이 편찬·간행된 경로를 살피고, 그와 함께 유학 교육이 이루어졌던 제도적 기반을 고찰할 것이다.

목판의 행간에서
조선의 지식문화를 읽다.

에도시대 교육 기관의 한학서 출판

에도시대의 교육 기관으로는 막부와 각 번藩들의 공식 교육 기관인 쇼헤이코昌平黌와 번교藩校를 주축으로 향교鄉校, 사숙私塾, 가숙家塾, 데라코야寺子屋[3] 등이 있다. 에도시대에는 무사는 물론 상인이나 농민들까지도 글을 배우고자 하는 욕구가 높았다. 아이들에게 읽고, 쓰고, 셈하는 것을 가르치는 데라코야부터 저명한 학자가 지도하여 인재를 배출하던 사숙에 이르기까지, 민간 교육 기관도 다양했다.[4] 각 기관에서는 교육에 필요한 교과서 등의 서적들을 자체적으로 출판하기도 했다. 에도시대 간행된 서적들을 출판 주체에 따라 크게 구분하면 조정이나 막부에서 간행한 관판官版과 각 번의 학교인 번교에서 간행한 번판藩版을 비롯해 사원판寺院版, 사숙이나 개인이 간행한 사각판私刻本, 영리 출판을 목적으로 서점에서 간행한 방각본으로 나눌 수 있다. 여기서는 유학 교육이 이루어지는 공간을 중심으로 하여 각각의 교육 기관과 출판 사업에 대해 살피기로 한다. 대표적으로 막부의 교육 기관인 쇼헤이코와 지방 번들의 교육 기관인 번교 그리고 저명한 학자가 운영하는 사설 교육 기관인 사숙을 중심으로 각 기관에서 이루어진 교육활동과 그와 관련된 출판 사업에 주목할 것이다.

쇼헤이자카가쿠몬죠와 관판

|

● 쇼헤이자카가쿠몬죠

쇼헤이자카가쿠몬죠昌平坂學問所는 에도 막부가 막부 신료들의 자제를 교육하기 위해 설치한 막부 직영의 유학 중심 교육 기관이다. 쇼헤이자카昌平坂라는 명칭은 공자의 탄생지인 창평昌平에서 따온 것이다. 쇼헤이자카가쿠몬죠는 보통 쇼헤이코昌平黌(또는 昌平校)라고도 하는데 이는 1797년 이후의 명칭으로, 그 전에는 '세이도聖堂'라고 불렀다.[5]

1630년 막부의 유관儒官 하야시 라잔林羅山이 우에노上野에 세이도를 건립하여 가숙家塾(弘文館)을 개설한 것이 그 시초다. 막부에 출사한 라잔은 에도의 시노부가오카忍岡에 가숙을 수여받아 숙사와 서원, 서고를 갖추고 여기서 문인 교육을 담당했다. 1632년에 도쿠가와 일족의 하나인 오와리尾張 번주 도쿠가와 요시나오德川義直가 이곳에 공자와 사현四賢(안회·증자·자사·맹자)의 목상木像과 제기, 곧 '문묘文廟(공자묘, 先聖殿)'를 기부했다. 도쿠가와 요시나오는 그 문묘에 '선성전先聖殿'이라고 직접 글씨를 쓴 편액을 주었다. 이상의 선성전과 가숙이 쇼헤이코의 기원이 된다.

4대 쇼군 이에쓰나家綱는 1660년에 500량兩을 하사하여 공자묘를 전면적으로 개수하고 동시에 서원, 숙사, 서고의 규모를 확대하여 쇼헤이코를 크게 확충했다. 1663년 가숙에 '홍문원弘文院'이라는 명칭이 허가되면서, 하야시 가문에서는 서원을 '홍문관弘文館'이라고 부르기 시작했다. 유학을 애호한 5대 쇼군 쓰나요시綱吉는 1691년에 에도의 시노부가오카에서 유시마湯島로 이전하여 장대하고 화려한 세이도를 신축하고 하야시 가문의 3대 당주 하야시 호코우林鳳岡를 대학두大學頭로 임명했다.

세이도 전경
하세가와 셋탄長谷川雪旦의 〈세이도聖堂〉, 『江戸名所図会』 권5, 1836

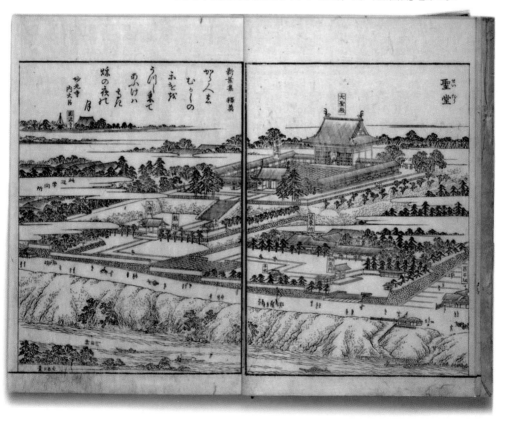

쇼헤이자카가쿠몬죠의 강의 풍경
〈聖堂講釋の圖〉, 쓰쿠바筑波대 소장

    11대 쇼군 이에나리家齊의 시대에는 마쓰다이라 사다노부松平定信(1759~1829)를 중심으로 '간세이寬政개혁'이 수행되었다. 1787년에 집정執政이 된 마쓰다이라 사다노부는 강기숙정綱紀肅正·재정정리財政整理·문무장려文武獎勵를 강령으로 삼은 간세이개혁을 단행했다. 그중에서도 '문무의 장려'는 개혁의 근본정신을 기르기 위한 것으로 가장 진력을 기울인 부분이었다. 이에 문무의 장려, 학술시험인 소독음미素讀吟味와 학문음미學問吟味의 실시, 이학異學의 금지, 가쿠몬죠 개축, 학제 갱신 등의 개혁을 실시했다. 이때부터 세이도와 가쿠몬죠가 막부 직할이 되면서 막부의 대학으로서의 위치가 확립되었다.

    또한 마쓰다이라 사다노부는 '간세이 이학異學의 금禁'을 통해 주자학을 유일한 정학正學으로 섬기는 방침을 정했다. '이학의 금'이란 1790년(간세이 2)에 개혁을 통해 학문을 통제한 사건으로서, 주자학을 막부 공인의 학문으로 정하고 하야시 가문의 세이도에서는 양녕학과 고학古學의 강의를 금지했다. 이러한 금지는 일단 세이도에 한정된 것이었지만 여러 번들의 번교에 영향을 끼쳐, 이후 주자학을 정학으로 삼고 다른 학문을 이학으로 금하는 경향이 전국적으로 일반화되었다.

그리고 1797년 막부에서는 세이도를 관학으로 바꾸어 '가쿠몬죠學問所'즉 학문소라 칭하며 학사·학문소 체제를 정비했다. 원래는 서민들 중에 영재들도 입학할 수 있었으나, 이때부터는 일반 생도들은 받지 않고 학생은 막부의 신하와 그 자제들에 한정하였으며, 이들에게는 관비를 지급하여 가쿠몬죠는 오직 막부 관료의 교육기관으로서만 역할을 하게 되었다.

● 관판

관판官版이라고 하면, 넓은 의미에서는 조정과 막부에서 직접 간행한 책을 모두 포함한다. 에도시대 조정에서 간행한 책을 보면, 학문을 좋아했던 고요제이 천황後陽成天皇이 니시노토우인 도키요시西洞院時慶 등에게 명하여 조선에서 가져온 활자를 사용해 인쇄한 『고문효경古文孝經』 등(분로쿠 칙판文祿勅版'이라고도 불린다)과 1597년에 대형 목활자를 가지고 찍은 『금수단錦繡段』 『권학문勸學文』, 1599년의 『일본서기신대日本書記神代』 등 7종(게이쵸 칙판慶長勅版)이 있다. 이후 고미즈노오 천황後水尾天皇이 1621년에 동활자로 『황조류원黃朝類苑』 78권(15책)을 찍은 것 이후로는 조정에서 간행한 책은 보이지 않는다.

막부의 쇼군이 주관한 출판사업으로는 도쿠가와 이에야스의 명으로 이뤄진 '후시미판伏見版' '쓰루가판駿河版'의 제작을 들 수 있다. 후시미판은 1599년에 교토의 엔코우지円光寺에서 목활자로 간행한 서적들로, 『공자가어』를 시작으로

『삼략三略』『육도六韜』『정관정요貞觀政要』『주역』『칠서七書』 등 약 8종 80책 정도가 1606년에 이르기까지 8년간 개판되었다. 다른 하나는 1606년부터 10년간에 걸쳐 완성한 동활자를 사용하여 만든 쓰루가판의 인쇄·출판 사업으로, 『대장일람집大藏一覽集』『군서치요群書治要』 등을 간행했다. 이후 5대 쇼군 쓰나요시가 『사서직해四書直解』와 『사서집주』『주역본의周易本義』 등을 간행했고, 8대 쇼군 요시무네吉宗는 서당의 교과서로 사용된 『육유연의六諭衍義』를 비롯하여 『도량형고度量衡考』 등을 출판했다.[6]

그러나 에도시대에 '관판'이라고 하면 일반적으로 간세이寬政 연간 (1789~1800) 이후 막부의 쇼헤이코에서 출판된 서적들을 지칭한다. 18세기 말

관판본 『논어』
관판본은 제첨의 상부에 가로로 '官版(혹은 官板)'이라 새겨져 있다.

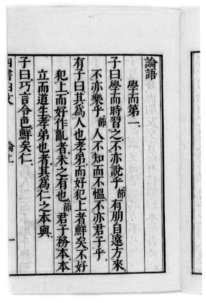

막부 쇼헤이코가 관학으로 확립되어 학교의 기능을 충실히 하게 되면서, 막부의 출판 사업은 오로지 쇼헤이코에서만 이루어졌다. 관학 쇼헤이코에서 교과서로 쓰기 위해 간행했기 때문에 경·사·자·집의 한적이 주를 이루었고, 또한 쇼헤이코가 정학으로 삼은 주자학파 계보의 저작들이 많이 출판되었다. 쇼헤이코의 좨주祭酒 하야시 줏사이林述齋는 1799년부터 사서오경의 백문본白文本을 비롯한 8종의 한적을 출판했고, 이것을 시작으로 쇼헤이코에서는 1799년부터 1867년까지 69년간 경사자집 4부의 책들 200여 종 1,000책 이상을 간행했다. 경부 46종, 사부 31종, 자부 68종, 집부 52종에 이르는데, 저본으로 삼은 서적의 정밀함, 간각 기술의 정교함 등은 물론 학술적으로도 높은 평가를 받고 있다.

이후 이 책들은 에도의 서점에 판목을 빌려주어 널리 발매되었고, 각 번들의 학교인 번교에도 보급되었다. 쇼헤이코의 규모와 제도, 조직 등의 학풍은 전국 번의 번교에도 상당한 영향을 끼쳤는데, 각 번들은 쇼헤이코를 모범으로 삼은 경우가 많아 교학教學에서도 그 영향이 매우 컸다. 특히 하야시 가문은 대대로 세이도와 쇼헤이코의 좨주로서 막부의 교학을 장악하여 여러 번의 출판물을 승인하는 역할을 했고, 이에 여러 번들도 책이 출판되면 그 서나 발문을 쇼헤이코에 청하는 경우가 많았다.

번교藩校와 번판

● 번교藩校

에도시대 봉건제 아래서는 전국적으로 통일된 교육제도가 없고, 각 번들은 각기 독자적인 교육제도와 기관을 지니고 있었다. 그중에서 번주가 번사(번 소

아이즈會津 번교 일신관日新館, 1803년 건립

속의 무사)들과 그 자제들의 교육을 위해 설립한 학교가 바로 번교다. 번사의 자제는 거의 강제적으로 번교에 입학한 데 반해 서민의 아이들은 입학할 수 없었는데, 후에는 서민에게 개방된 번교도 나타났다. 번주의 친척 또는 가로家老 등이 자신의 땅에 학교를 세워 가신의 교육을 맡은 것이 향학(향교)이다. 또한 특별히 의사 자제들의 교육을 맡은 의학교나 막부 말기에 발흥한 양학교洋學敎(난학소蘭學所), 병학소兵學所, 국학소國學所 등도 번교의 일종이다.[7]

　간에이寬永 연간(1624~1643)에 설립되기 시작한 번교는 메이지유신 이전까지 대략 278교가 설립되어, 약 300개의 전국 번들 대부분에 학교가 설립되었음을

목판의 행간에서
조선의 지식문화를 읽다

알 수 있다. 그러나 에도시대 초기인 17세기 초중엽 간에이 연간부터 덴와天和 (1681~1683) 연간에 이르는 60년 동안은 겨우 일곱 개의 학교가 설립되었을 뿐이다. 절반에 가까운 131교가 덴메이天明(1781~1788), 간세이寬政(1789~1800)부터 분카文化(1804~1817), 분세이文政(1818~1829)를 지나 덴보天保(1830~1843)에 이르는 63년 동안 설립되었다.

18세기 후반 이후로 번교의 숫자가 급격히 증가하고 이 시기부터 학과목 수도 점차 증가하여, 문무文武 두 가지를 통합하여 가르치는 경향이 나타났다. 기존의 소규모이고 사숙적인, 혹은 강당식의 성격을 벗어나 '학교'로서의 조직을 정비했고, 건물 규모와 시설 면에서 종합대학으로 볼 수 있는 성격의 번교가 창설되기에 이르렀다. 간세이 연간(1789~1800)에 번교의 개설이 가장 많았던 데는 앞서 언급한 간세이개혁의 영향이 있었을 것이다. 이러한 중앙으로부터의 개혁은 지방의 여러 번에도 영향을 끼쳐 이후 각 번들은 학교를 세우고 문무를 장려하여 교육의 힘으로 번의 개혁을 이루고자 했다. 마에다 하루나가前田治脩가 1792년(간세이 4) 번교 명륜당明倫堂를 세우고 히코네彦根 번주 이이 나오나카井伊直中가 1799년(간세이 11)에 홍도관弘道館을 창설한 것은 이러한 배경과 무관하지 않다.

번교가 본격적으로 보급되기 시작한 것은 에도 중기, 거의 18세기 후반의 일이었다. 그 이전에는 번교의 설립이 일반적인 일이 아니라 오히려 예외적인 일에 속했다. 무사가 학문을 하는 것이 당연하다는 인식은 19세기에 들어서야 널리 퍼지게 되었다. 그 이전까지 대부분의 번에서는 무사들이 꼭 유학을 공부해야한다는 의식이 없었다. 읽고 쓰는 정도의 초보적인 교양을 익히는 데 만족할 뿐 본격적인 유학 공부의 필요성을 느끼지는 않았던 것이다. 즉, 유학에 정진하는 것과 출세는 그다지 관계 없는 일이었다.

그러나 18세기 후반 이후 유학 교육의 필요성이 부각되면서 번교에서는 '문무겸비'를 기치로 내걸었다. 7~8세에 입학해서 먼저 문을 배우고, 후에 무예를 배운 뒤, 14~15세부터 20세 정도에 졸업했다. 교육 내용은 사서오경의 강독과 습자를 중심으로 했고, 에도 후기에는 난학(서양 학문)이나 무예(검술, 창술, 유술 柔術, 사술射術, 포술砲術, 말 타기) 등도 배웠다.

●번판

번교는 교육 기관인 동시에 번의 출판국으로서의 역할을 겸하기도 했다. 주로 간행한 것은 번교에서 사용하는 교과서였으나, 그밖에 번주나 교관의 저술, 번의 기본 이념에 관한 책들도 간행했다. 자체적으로 교과서를 출판한 덕분에 번교의 학생들에게 저렴한 가격으로 교재를 제공할 수 있었으며, 번에 따라서는 수강생 이외의 희망자에게도 신분과 상관없이 종잇값 정도만 받고 인쇄해주거나 가난한 이들에게는 무료로 책을 나눠주기도 하여, 번에 학문을 널리 보급하는 역할을 담당했다.

번교가 설치된 이후에는 서적의 편집·출판 사업이 주로 이곳에서 이루어졌다. 미토水戶 번과 같이 일찍부터 창고관彰考館이라는 편집·간행 시설을 설치한 곳도 있으며, 많은 번교에서 학내에 편찬국·개판소·인행소 또는 장판국 등의 명칭으로 편집·출판기관을 설치했다. 번부藩府(번의 관청)나 다이묘大名의 원조를 받아 출판한 서적을 '번판'이라고 부르는데, 대부분이 번교의 이름으로 개판되었기에 명륜당장판明倫堂藏版, 학습관장판學習館藏版, 양현당장판養賢堂藏版 등 번교의 이름을 넣어 부르는 경우가 많다. 때문에 번판은 '번교판'이라 부르기도 한다.

여러 번들의 출판 사업의 취지는 다음과 같다.

가나자와金澤 번의 『흠정사경』 중 『서경전설휘찬書經傳說彙纂』, 교토대 소장
1842년 10만석 이상의 번들에 거질의 서적의 출판을 맡기는 막부의 문교정책에 따라
출판된 서적. 당시 가나자와 번에서는 막부가 제시한 서적목록 중에서
『흠정사경』과 『문헌비고정속』를 선택했는데, 그중에 『흠정사경』이 1851년에 완간되었다.

1) 교과서를 출판하여 싼 가격으로 번의 사민士民들이 사용하게 하여 학문교육의 보급과 사상의 통일을 꾀하기 위한 것. 이 경우의 책들은 권책이 적고 소량 부수인 것이 많다. 2) 번주가 학문을 좋아하고 학예를 존중하여 고서와 저명한 학자들의 저서 중 산일될 염려가 있는 것들을 수집하여 교간한 것이나, 번주가 자신의 저술을 후세에 전하기 위한 의도로 출판한 것. 3) 번의 학자(주로 번의藩醫와 번유藩儒)의 저서 중 학문과 교육 혹은 민생에 가치가 있는 것. 4) 막부의 장려나 내명內命에 따라 출판한 것.

18세기 후반 이후부터 번교의 학교 조직이 정비되고 교육활동이 활발해지면서 교과서의 수요가 증대하여 자급자족의 필요성이 제기되고, 거기에 간세이 개혁 이후 학파 통일의 사상이 더해지면서 이를 위한 교과서 출판이 성행했다.

번교의 교과는 한학을 중심으로 하면서 습자習字·산학算學·황학皇學·의학·양학·병학·무예 등을 병행한 문무양도文武兩道에 관련된 것들이었다. 그러나 역시 유학을 근간으로 했기 때문에 각 번의 출판에서도 쇼헤이코와 같이 한학(경사자집)에 관계된 것들이 가장 많았다.

번판과 번교판 중에는 막부의 문교정책에 부응하여 판각하게 된 책도 있다. 일찍이 아라이 하쿠세키新井白石(1657~1725)나 마쓰다이라 사다노부 등은 전국 여러 번을 대상으로 서적 간행을 장려했는데, 막부에서 직접 여러 번에 출판 장려를 명한 것은 1842년 6월의 일이다. 십만 석 이상의 번들에 거질의 서적 출판을 맡긴 것은 문교정책인 동시에, 번들의 재력을 소진시키려는 간접적인 목적도 가지고 있었다. 이에 따라 가나자와金澤 번에서『흠정사경欽定四經』, 마쓰에松江 번에서『남북사南北史』, 다카마쓰高松 번에서『수서隋書』, 다카다高田 번에서『명사고明史稿』, 쓰津 번에서『자치통감』의 출판이 이루어졌다.[8]

사숙과 사각판

|

● 사숙과 가숙

사숙私塾(혹은 가숙家塾)은 막부나 번이 설치한 공식적인 교육 기관이 아니라 저명한 유학자 등이 자신의 집이나 별도의 공간에서 학문을 가르치기 위해 설립한 사설 교육 기관이다. 에도 후기에 널리 설립되었으며 유능한 인재를 다수 배출했다. 처음에는 기본적으로 유학을 가르치고 배우기 위한 곳이었으나, 막부 말기에는 병학숙, 의학숙 및 서양의 학문을 배우는 난학숙 등 다양한 학문을 배울 수 있는 사숙이 나타났다. 이러한 사설 교육 기관이 교육을 담당한

목판의 행간에서
조선의 지식문화를 읽다

시기는 짧았지만 후대에 큰 영향을 끼쳤으며, 메이지시대 이후에도 근대 교육 제도 안에서 그 전통이 이어지는 경우가 있었다.

'사숙'이란 학문적으로 일가를 이룬 유학자가 있고, 그의 학덕을 사모하여 배움에 뜻을 둔 학생들이 그 유학자를 스승으로 맞이해 제자로 들어가면서 만들어진 곳이다. 유학자가 처음부터 사숙의 경영을 직업으로 삼는 것은 아니다. 처음에는 가르치기 위한 공간이 따로 있지 않으며 대부분 자택을 교실로 삼아 제자들을 가르치게 된다. 자택에 출입하는 제자들이 점차 증가하면 스승과 제자가 함께 학문을 하는 학문의 공간이 형성되는 것이다. 여기서 스승은 처음부터 직업적인 교사로 존재한 것이 아닌, 어디까지나 학문을 추구하는 한 사람의 학자였다. 그러나 결과적으로 스승과 제자로 구성된 교육의 공간으로서 사숙이 생겨나게 된다. 자택에서 통학하며 배우는 제자들도 있지만 먼 지방에서 온 경우 스승의 집에 거주하며 배우기도 했으며, 그들을 후에 '서생書生'이라 부르게 되었다. 서생이 증가하면 이들을 수용하기 위한 학료學寮(기숙사)를 마련하게 된다. 전국에서 제자들이 모여드는 저명한 사숙에는 대부분 기숙사가 준비되어 있었다.

에도시대 대표적인 사숙 중 하나로 규슈九州의 간기엔咸宜園을 들 수 있다. 간기엔은 에도시대의 유학자이자 한시인인 히로세 단소広瀬淡窓(1782~1856)가 1805년 분고노쿠니豊後國(현재의 오이타 현)에 창설한 전원 기숙사제의 사숙이다. 간기엔은 일본 최대 규모의 사숙으로서, 단소 한 세대에만 전국에서 3천 명 가까운 학생들이 모여들었다. 입학금을 납부하고 명부에 필요한 사항을 적기만 하면 신분에 상관없이 누구라도 들어갈 수 있었으며, 그를 위한 충분한 학료를 마련했다고 한다.[9] '삼탈三奪 법칙'에 의해 신분·출신·연령 등의 배경을 따지지 않고 모든 학생이 평등하게 배울 수 있는 곳이었다. 간기엔에서는 사서오경 이

외에 수학·천문학·의학과 같은 다양한 분야의 강의도 이루어졌다. 매월 시험을 치르고 그 성적에 따라 1급에서 9급까지의 등급으로 나누었다. 전국 각 지방에서 온 학생들이 많아서 기숙사가 병설되었는데, 그중에는 여학생도 있었다고 한다. 1897년에 문을 닫기까지 약 80년간 여기서 배운 학생들이 5,000명에 이르렀다고 전해진다.[10]

● 사각판

에도시대 중기에 이르러 유학자가 자신의 학설을 펼치고, 사숙을 열며, 자신이 쓴 책을 출판하여 학사의 교재로 삼거나 시장의 출판 서사에 위탁하여 세상에 내놓고 서로의 학설을 비판하는 근세적 학문이 성립했다. 에도시대 한학자로 성공한 이들은 대체로 사숙에 문하생을 모아 자신의 학설을 전수하는 활동을 했다.

아시모리足守 번 영주의 가신이었던 야마자키 안사이山崎闇齋(1618~1682)는 1644년에 교토에 돌아와 가숙을 열고 강설을 시작했다. 그는 주자학에 심취하여 '기몬崎門'이라는 학파를 만들었다. 이 학파의 강의록은 출판되지 않았지만 그 대신 안사이가 『사서집주』를 교정하고 훈독점을 붙였으며 교토의 서점 다케무라시 우에몬武村市右衛門이 간행한 판본 『왜판사서倭版四書』가 제자들의 교과서로 널리 사용되었다.

교토의 상인에서 시작하여 독학 끝에 세상을 풍미한 한학자 이토 진사이伊藤仁齋(1627~1705)는 교토에 고의당古義堂을 짓고, 한漢대 이전의 언어를 연구하고 당송 이후의 해석을 배척하며 경전을 고어로 해독하고자 하는 고의학古義學을 개창하여 문하생들에게 전수했다. 진사이는 여러 저술을 남겼는데 그중 『대학정본大學定本』 『논어고의論語古義』 『맹자고의孟子古義』 『중용발휘中庸發揮』 등이 출판되

야마자키 안사이(왼쪽)와 이토 진사이(오른쪽)의 초상
하라 요시타네原義胤 편, 『선철상전先哲像伝』

어 문하의 교재로 사용되었다. 또한 진사이의 아들 도가이東涯는 진사이의 고의학을 전승하여 가학의 보급과 가숙의 발전에 힘을 쏟았다.[11]

5대 쇼군 쓰나요시의 시의侍醫 집안 출신 유학자인 오규 소라이荻生徂徠(1666~1728)는 1709년 에도에 사숙인 겐엔주쿠蘐園塾를 열어 일가를 이루었다. 그의 문하는 당시唐詩나 고문을 중시하고 모방하는 태도로 인해 고문사파古文辭派로 일컬어졌다. 소라이 학파의 저작은 소라이의 여러 작품 외에 고전을 교정하고 구두점을 덧붙인 판목이나 『당시선』 등의 한시 학습서, 문인들의 시문집 등 다양한 분야에 이르는데, 에도의 스하라야 신베에須原屋新兵衛(숭산방嵩山房)에서 그 대부분을 간행했다.

스하라야須原屋의 고바야시 신베에小林新兵衛는 에도 남조南組 서점 상인들에 대한 주도권을 지니고 있던 스하라야 계열의 서점들 중 하나다. 스하라야 계열의 서점들은 교토 서점들의 '유판類板 금지'에 맞서 싸우며 에도 서점들의 자주적 운영을 강조하는 운동에 주도적으로 참여한 집단이었다. 이에 이후에도 서점 상인들의 조합에서 주도적인 역할을 담당했다.[12] 이 서점은 특히 오규 소라이의 사숙에서 나온 책들을 주로 맡아 편찬하던 것으로 유명하다.

고바야시 신베에는 '숭산방嵩山房'이라는 가호로 불리기도 했는데, 이 가호는 오규 소라이가 지어준 것이다. 하라 넨사이原念齋의『선철총담先哲叢談』에 다음과 같은 기록이 있다.

> 서점 상인 고바야시 신베에가 소라이에게 청하며 말했다. "제 집에는 가호家號가 없습니다. 원하건대 선생님께서 정해주십시오" 이에 소라이가 대답하기를, "서적상들 중에 내 문하에 출입하는 이들이 5명 있는데 그대가 파는 책의 가격이 가장 높으니, 오악五嶽 중의 숭산嵩山과 같다. 숭산방嵩山房이라 이름 하는 것이 좋을 것이다"라고 했다.

당시 소라이의 겐엔학파는 에도의 학술과 시풍의 발전을 이끌어가고 있었으며, 이들의 활동에 에도의 서점 상인들 또한 깊게 관여하고 있었다. 고바야시 신베에의 경우 오규 소라이를 비롯하여 다자이 슌다이太宰春台, 핫토리 난카쿠服部南郭 등 그의 수제자들과 교유하고 그들의 저서 대부분을 간행한 인물로 유명했다.

소라이의『정담政談』등은 필사본의 비서秘書로 고바야시 신베에의 손에 의해 상당히 고가에 팔렸다고 한다. 또한 쇼군 요시무네吉宗의 측근인 가노 히사미치加納久通가 『경제록經濟錄』을 쇼군에게 바치기 위해 소라이의 제자 슌다이에게 그 필사본의 제공을 요청했다가 거절당한 적이 있는데, 그 가운데서 일을 중재한 것이 고바야시 신베에였다고 한다. 여기서도 슌다이와 신베에의 친밀한 관계를 살필 수 있다. 신베에는 슌다이의 책 『성학문답聖學問答』 『시서고전詩書古傳』 『논어고훈論語古訓』 『논어외전論語外傳』 『화독요령和讀要領』 『변도서弁道書』 『공자가어증주孔子家語增註』 등을 출간했다.

오규 소라이의 초상
하라 요시타네 편, 『선철상전』

그 외로도 숭산방에서는 『소라이선생학칙』 『당후시唐後詩』 『난카쿠선생문집南郭先生文集』 『당시품휘唐詩品彙』 『대동세어大東世語』 『동야유고東野遺稿』 『이창명척독李滄溟尺牘』 등 소라이학파의 책을 다수 출판했다. 그중에서도 난카쿠가 교정한 『당시선唐詩選』은 에도시대 최고의 베스트셀러가 되었다. 이미 호레키寶曆 연간(1751~1763)에 "에도의 서점 숭산방, 난카쿠가 교정한 당시선을 판각했다. 그 첫 번째 발행에서 1000부를 팔아치우고, 해마다 파는 부수가 2000~3000 아래로 떨어지지 않는다(『선철총담』 후편, 아라이 하쿠가新井白蛾의 언급)"라는 평판이 있을 정도였다. 1796년 숭산방 주인 고바야시 타카히데小林高英는 숭산방의 번영은 겐엔학파 덕분이라 추모하며, 다자이 슌다이 50주기를 맞아 슌다이의 묘 옆에 작은 비를 세우면서 그 은혜를 기리는 기문을 새기기도 했다.

이상에서 에도시대 여러 학파의 사숙과 민간의 서점 상인들이 연계되어 있는 모습을 살폈다. 전국의 사숙에는 서점 상인들의 출입이 빈번했고, 그중에는 특정 사숙의 전문출판사 역할을 한 서점도 있었다. 이들은 사숙의 유학자들과 연계하여 그들의 편찬서를 독점적으로 출판했고, 그중에는 그를 통해 큰 부를 축적한 서점도 많았다.

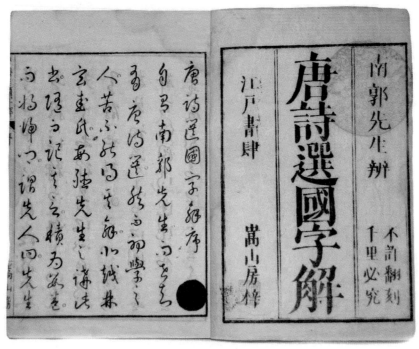

숭산방 간행 『당시선국자해』
핫토리 난카쿠가 편찬한 『당시선』에 히라가나 해설을 더한 것이다.

목판의 행간에서
조선의 지식문화를 읽다

에도시대 유학자의 한학서 출판

오타 젠사이의 『한비자익취』 간행

|

에도시대에는 문교의 보급과 함께 학자가 배출되면서 가숙이 발달하고 홋쿠發句, 센류川柳, 교카狂歌 등 새로운 시가 형식이 유행하면서 자신의 학설이나 시문 작품을 발표하는 풍조가 생겼다. 이에 따라 자비를 들여 직접 자신의 저술을 출판하는 일이 성행하게 되었다. 학술서나 한시문집부터 시가집에 이르기까지, 에도시대에는 다양한 형태의 사가판이 출판되었다. 그중에서 상업적 이익을 얻을 수 없는 학술 출판이나 기념 출판, 또는 시가집 등은 자가출판을 하거나 저자가 출판비용 전액 또는 일부를 부담하는 형태로 서점을 통해 출판되는 경우가 많았다.

당시의 출판은 조판과 인쇄에 많은 기술적인 어려움이 있었고, 판매조직이 아직 제대로 정비되지 않아 자금 회수에 시간이 걸리는 등 그 경제적 부담이 상당히 컸다. 이러한 사정에서 학자나 문인들에게 자신의 저작이 출판된다는 것은 매우 혜택 받은 일로 여겨졌다. 다음에 소개하는 일화는 명저가 출판되기까지 오늘날에는 상상할 수도 없는 어려움이 따랐음을 보여주는 사례다.[13]

에도 후기의 후쿠야마福山 번유 오타 젠사이太田全齋(1759~1829)는 음운학에 정통하여 오늘날에도 학자들에게 높이 평가받고 있는 『한오음도漢吳音圖』를 저술했다. 또한 그의 주요 저술인 『한비자익취韓非子翼毳』(20권)는 한비자 주석서의 백미로 평가받고 있다. 그가 이 저술에 뜻을 두고 연구에 매진한 10년이 되던 해, 큰 화재를 만나 원고가 전부 불타버릴 위기에 처한 일이 있었다. 이후 그는 이 책을 후세에 전하기 위해 간행할 필요를 느꼈다. 그러나 이렇게 잘 팔리지도 않을 거질의 책을 출판해줄 서점을 찾기란 쉽지 않았고, 녹봉도 적은 한미한 신분인 그로서는 스스로 비용을 부담하여 서점에 의탁해 출판하는 것도 불가능한 일이었다. 이에 인쇄가 간편한 목활자를 구입하고 직접 소수의 수량을 인쇄하여 부본을 만들어 재난에 대비하고, 일부는 석학들에게 보내 교정을 부탁하여 개정을 위한 자료로 쓸 결심을 했다. 드디어 1801년에 목활자 2만여 개를 구입하여 인쇄에 착수했다.

그러나 이때 구입한 활자는 상태가 매우 불량하여, 5일 동안 1장도 채 인쇄하지 못할 정도였다. 이에 기술자에게 부탁하여 활자를 전부 정비하고 부족한 활자를 새로 만들어 다시 인쇄에 착수하려 했는데, 부인이 병이 들어 생활이 어려워지면서 더 이상 작업에 전념할 수 없게 되었다. 2년 후 지인으로부터 원조를 받고 당시 열세 살이었던 장남이 활자 주조 일을 물려받아 다시 인쇄 작업을 진행하려 했으나, 번의 근무가 바빠지면서 몇 년이 또 그냥 흘러갔다.

목판의 행간에서
조선의 지식문화를 읽다

결국 이 책의 출판이 완료된 것은 처음 작업에 착수한 지 8년만의 일이 되었다. 차남과 삼남이 장성하여 젠사이는 식자를, 장남과 차남은 활자의 주조, 삼남은 인쇄를 담당하는 등, 일가가 총력을 기울인 결과 이룰 수 있었다. 마침내 1808년 윤 6월, 20권 11책의 인쇄 작업이 가까스로 끝났다. 부자가 각고로 인내하고 일가가 총동원되어 8년이라는 세월이 걸려 인쇄된 이 책의 발행부수는 겨우 20부에 지나지 않았다. 이 책은 메이지시대에 이르러 신식 활자로 번인翻印되는데, 빽빽한 활자로 조판된 총 776페이지의 대작이었다. 젠사이의 노력과 학술적 양심은 여기에 멈추지 않아 그는 활자 판본에 다시 교정 작업을 했다.

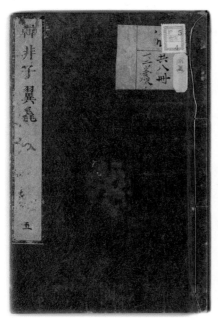

오타 젠사이의 목활자본 『한비자익취』(1808)

그러나 이 개정본은 간행되지 못하고 필사본으로만 전래되었다.

이렇듯 에도시대에 자신의 저술을 정식으로 출간하는 것이 누구에게나 가능한 일은 아니었다. 그럼에도 각고의 노력과 불굴의 집념으로 끝내 자신의 문집을 간행했던 사례를 통해 당시 문인들의 출판에 대한 열의를 엿볼 수 있다.

가이바라 에키켄의 유학서 출판
|

일본 근세 초기에 활동한 유학자, 가이바라 에키켄貝原益軒(1630~1714)의 서적 출판활동을 살펴보자. 특히 『대학』의 주소본인 『대학집요大學集要』와 『대학신소大學新疏』를 출간하고자 했던 그의 노력과 이에 대한 당시 서점 상인들의 냉담한 반응을 통해 이 시기 유학자들의 유학서 편찬 사정의 일면을 엿볼 수 있다.[14]

에키켄은 1630년 후쿠오카福岡 번사의 다섯째 아들로 태어났다. 19세에 구로다黑田 번(후쿠오카번)에 출사하나 번주의 노여움을 사서 수년간 로닌浪人 생활을 하게 된다. 이 기간에 에키켄은 '민생일용民生日用의 학'에 뜻을 두게 된다. 그 후 교토로 나와 기노시타 준안木下順庵, 야마자키 안사이 등 많은 학자들과 교류하며 본초학本草學과 주자학을 배운다. 1664년에 번의 유관儒官으로서 후쿠오카로 돌아가 방대한 지식을 바탕으로 번주와 번사에게 유학을 강의한다. 경험적 실학을 지향하면서 『대의록大擬錄』을 저술하여 주자의 이기이원론을 부정하고 기일원론을 설파하며 천성적으로 타고난 성性을 확충하자는 독특한 실천철학을 주장한다. 또한 『구로다가보黑田家譜』와 『지쿠젠국속풍토기筑前國續風土記』를 편찬하고 조선통신사의 접대에 참여하기도 했다. 자연과학 분야에서는 『대화본초大

和本草』『화보花譜』『채보菜譜』 등을 간행
했고, 농학자인 미야자키 야스사다宮
崎安貞에게 중국의 농서를 강의했다. 또
한 교훈서인『양생훈』『화속동자훈和俗
童子訓』을 집필하여 독자적인 정신 수
양법을 드러내기도 했다.

그는 다방면에 걸쳐 105종에 이르
는 저작을 남기는 등 왕성한 저술활
동을 벌이지만, 그 저작들이 모두 출
판에 이른 것은 아니다. 유학서 가운
데 출판에 이른 저작들을 보면『근사
록비고近思錄備考』(14권),『소학구두비고
小學句讀備考』(6권) 등이 있어 세상에 크
게 유행했다고 하는데, 이들 저작은

가이바라 에키켄의 초상
하라 요시타네 편, 『선철상전』

자신의 사상을 펼친 것이라기보다는 초학들이 주자학에 입문하기 위한 참고서
로서의 역할이 강했다. 즉 유학 경전과 관련된 에키켄의 저작은 초심자 교육을
위한 서적이 주로 출판되었다고 할 수 있다.

에키켄은『대학』이야말로 초학자가 성인의 학문에 입문하기 위해 반드시 배
워야 하는 책이라 생각하여, 여러 차례에 걸쳐『대학』의 주석서를 편찬했다. 먼
저 1679~1680년 주자의 주석서인『대학장구大學章句』에 대해 원명대의 여러 학
자들이 편찬한 주소본을 취사선택하여『대학집요』라는 주소본을 편찬했다. 여
기에 참고한 명대 주소본들은『주자어류』『장도章圖』『중정사서집석重訂四書集釋』)
『대전大全』『몽인蒙引』『존의存疑』『천설淺說』『강술講述』『익주翼註』『대학계발집大學啓

發集』 등이 있다. 책을 완성한 후 에키켄은 교토로 상경하여 서점 상인들을 만나 이 책의 출판에 대해 의논했으나, 책의 판매를 자신할 수 없던 상인들이 소극적으로 반응하면서 결국 이 책은 출간되지 못했다.

이후 1698년에 에키켄은 다시 교토를 방문하여 이번에는 『대학신소』의 출간을 위해 서점 상인들과 교섭을 시도한다. 처음에는 교토의 서점인 도베에藤兵衛에 출판을 의뢰하지만 그들의 미온적인 반응에 실망하고, 다시 오사카의 서점 상인 모리다毛利田에게 출판을 부탁했다. 기록에 따르면 1699년에 『대학신소』의 판목이 만들어지고 순조롭게 출판이 이루어지는 듯했지만, 결국 이 책 또한 실제로 출판되지는 못한 것으로 보인다.

『대학』의 주소본을 출판하고자 한 에키켄의 오랜 노력은 결국 이루어지지 못했다. 그 이유로는 여러 가지가 있을 것이나, 우선적인 원인으로는 당시 아직 원명대의 주석서를 모은 유학 서적을 흥미롭게 읽을 만한 독자층이 형성되어 있지 않았다는 점을 들 수 있다. 책이 팔리지 않을 것이라 예상한 서적상들은 본격적인 유학서의 간행을 망설일 수밖에 없던 것이다.

이렇듯 에도 초기의 서점 상인들에게 『대학』의 주석서는 팔릴 만한 책으로 인식되지 못했으며, 이런 상황에서 사숙을 열어 제자를 거느리지 못한 에키켄과 같은 유학자들은 책을 내기가 쉽지 않았다. 만년의 에키켄이 편찬한 책들을 보면 통속서와 교훈서, 학습서가 주를 이루고 있다. 이렇게 시장에서 팔리는 책들을 출판하면서 그는 일반 대중의 교육 계몽활동에 주력했던 것으로 보인다.

이 시기 유학자들의 책은 상업 출판과 깊이 연계되어 '팔릴 만한 서적' 중심으로 간행이 이루어지고 있었다. 이에 어린아이들의 학습서나 유학 경전을 쉽게 이해할 수 있는 참고서 중심으로 출판이 이루어졌으며, 유학자들이 심혈을 기울인 독자적인 경전 연구서는 수요의 부족으로 인해 쉽사리 출판되지 못하는 상황이었다.

오규 소라이의 저술 간행

오규 소라이는 18세기 이후 에도의 문단에서 가장 큰 영향력을 행사했던 겐엔학파護園學派 즉 고문사파를 이끈 대학자였다. 그 명성에 걸맞게 수많은 제자들을 거느리고 있었고, 문단에서 상당한 학문적 영향력을 행사했다. 그의 저술은 그의 문하생들의 교과서로도 활용되었으며 소라이의 학덕을 흠모하는 일반인들에게까지 널리 유행했던, 상당한 수요를 보장하는 베스트셀러였다. 이에 당시 에도의 서점들은 그와 그의 제자들의 저술을 앞다투어 출판하고자 했는데, 앞서 살핀 바대로 그 대부분이 에도의 숭산방에서 전담하여 간행되었다.

오규 소라이의 경우는 앞서 살핀 오타 젠사이나 가이바라 에키켄 같은 보통의 유학자들과는 사정이 전혀 달랐다. 그의 저술들은 생전에 상당수가 정식 출판되었고, 원고만 남아 있던 저술들 또한 그의 사후에 제자들의 노력으로 교정·감수되어 출판되었으며 심지어 서점가에는 그의 위작僞作이 나타나기까지 했다. 다음은 소라이의 저술에 대한 그의 수제자 핫토리 난카쿠의 기록이다.

(전략) 여러 세대에 이르러 문명이 더욱 융성해져 선생님(오규 소라이)께서 나타나셨으니 곧 한 시대의 뛰어난 그릇으로 널리 박람하는 재주를 내달려, 저작과 찬술 모든 것을 갖추었다. 경술문장에서부터 여러 유학자들이 깨달은 바와 잡가에 이르기까지, 무릇 전하는 바는 적었지만 천지가 만물

을 감싸는 것처럼 다 갖추었다. 또한 탁월한 식견을 펼친 바와 학문의 업적이 우주에 새로운 것이었다. 이때에 해내의 문사들이 우러러보는 것이 풍미하여, 진실로 책을 읽는 자들이라면 한번 그 제목을 보기만 해도 서로 옷깃을 여미며 공손히 하고 그것을 공경하며 '이는 진실로 선생님의 책이다'라고 말하지 않는 이가 없었다.

이렇게 귀하게 숭상한 것을 넘어서 또한 간교하게 이익을 도모하는 자들이 나타나, 다른 사람들의 말을 수습하여 모아서 한 책으로 만들고 심지어 근거도 없는 말을 만들어 붙이고 선생님의 이름을 가탁하는 자들이 있었으니, 속이는 자들은 그것을 만들고, 어리석은 자들은 그것을 유통시켜서 경수와 위수가 서로 섞여 청탁을 구분하기 어려웠다. 선생님께서 임종할 당시에 친히 저술을 받은 무리들, 그중 2~3명이 함께 이처럼 혼란한 상황을 근심하여 그 평상시에 들은 바를 서로 여러 번 토론하고, 그 서목을 정해 기록하여 간교한 위서들을 막고자 했다. 이미 간행한 책들이 있고, 간행 후 스스로 폐기하신 것들이 있으며, 숨겨두고 전하지 않은 것이 있고, 대략 서두만 구상하고 다 끝내지 못한 것이 있으며, 한때의 희작이 있다.[15]

이하로 난카쿠는 소라이 생전에 이미 간행된 서적, 사후에 제자들이 수습해서 간행한 서적, 소라이가 간행했다가 만년에 폐기한 것을 일부 무리가 몰래 간행하여 유통시킨 책들, 미완성으로 둔 책, 수제자들에게만 보이고 다른 사람에게는 절대로 공개하지 말 것을 당부한 책, 한때의 희작戲作으로 간행하지 말 것을 당부한 책들의 목록을 나열하고 있다. 그리고 이 기록에서 나열한 책 36부 191권 외의 것은 모두 진짜가 아니라 단언하며, 세상에 위서가 떠돌고 있음과 스승이 간행하지 말라고 당부한 책을 훔쳐 숨긴 후 비싼 값이 되기를 기다리는 이들이 있음을 경고하고 있다.[16]

위의 기록을 통해서 확인할 수 있는 사실은 다음과 같다. 첫 번째는 소라이 생전에 이미 소라이의 저술 일부가 간행되었다는 사실이다. 당시 에도의 출판 풍토에서는 저자 생전에 서적들이 이미 간행되는 경우가 종종 있었고, 그 작업에 저자가 직접 참여하기도 했다. 또한 이미 출판된 서적들 중에는 저자 자신이 만년에 폐기할 뜻을 드러내며 판목을 모두 거두는 일도 있었다. 그러나 어떤 책들은 저자의 뜻과는 달리 쉽사리 폐기되지 못하고, 저자의 사후에도 여전히 유통되었던 것으로 보인다.

두 번째는 소라이의 명성을 업기 위해 그의 이름을 빌려 다른 사람들의 저술을 덧붙이거나, 근거도 없이 소라이의 이름으로 책을 내는 일이 빈번했다는 사실이다. 이는 상업 출판의 속성을 잘 보여주는 사례라 할 수 있는데, 유명 저자의 명성에 기대어 책의 판매를 늘리고자 한 것이다. 여기서 가짜 서적의 출판이 빈번했던 에도의 출판 상황을 엿볼 수 있다. 이에 그의 제자들은 스승의 저술이 아닌 책들이 스승의 이름으로 민간에 떠돌고 있는 상황을 한탄하며, 저술 목록을 작성하여 그 진위 여부를 분명히 하고자 한 것이다.

세 번째는 저자 본인이 공개를 원하지 않는 저술의 경우에도 상업적인 이익을 위해 저자의 허락 없이, 저술을 훔쳐내기까지 하면서 출간하는 경우가 있었다는 사실이다. 이 또한 상업적 성격이 강한 출판문화에서 온 폐해다.

마지막으로 저자 생전에 완성하지 못한 원고나 제대로 간행되지 못한 저술들을 제자들이 수습하여 저자 사후에 출간하는 사례가 있다. 이 경우 주석서와 국자해國字解 같은 히라가나 해설서 등 다양한 형태로 간행되었으며, 하나의 저술에 대해 여러 종의 후속 작업이 출간되기도 했다. 한 예로, 목록의 자료 중

에도의 서점 풍경
가츠시카 호쿠사이葛飾北斎의 『에혼아즈마아소비画本東都遊』 중 〈에조시다나絵草紙店〉(1802)
'쓰타야코쇼도蔦屋耕書堂'라는 서점 앞을 묘사한 그림이다. 가게 입구에는 쓰타야 쥬자부로蔦屋
重三郎의 이름이 들어 있는 간판이 서 있고, 산토우쿄덴山東京伝 저작이나 교카본狂歌本의 광고
판이 늘어져 있다. 또 한쪽 구석에서는 떠돌이 무사가 풍속화를 고르고 있다.

『절구해』를 보면, 원책은 소라이가 명대 문인 이반룡과 왕세정의 절구시 자료들을 직접 선발한 「오언절구」 「창명칠언절구해」의 일부분을 삭제하고 거기에 주석을 붙여 3권으로 출간한 것인데, 소라이 사후에 제자들이 그 빠진 내용들을 안타까워하며 나머지 자료를 모아 『절구해습유』 1권으로 다시 간행했다. 그 이후로 다시 제자 중 우사미 신스이宇佐美灊水와 후쿠시마 쇼코福島松江가 『절구해고증絶句解考証』이라는 주석서를 간행했다. 이에 더해 다나카 고난田中江南이 히라가나 해설을 덧붙인 『당후시절구해국자해唐後詩絶句解国字解』(1777)도 출간되었다. 이상에서 스승의 저서를 수습하여 출간하는 것을 넘어 그에 대한 해설서를 여러 형태로 간행하여 스승의 학문을 전파하는 데 힘썼음을 알 수 있다.

한일 한학서 출판의 차별적 지점

에도시대의 한적들은 유학 교육 기관들이 주체가 되어 출판하는 것이 일반 적이었다. 막부의 공식 교육 기관인 쇼헤이코가 설립되고 주자학이 유일한 정학으로 인정되면서 유학 교육은 전국적으로 확대되어갔다. 지방의 여러 번교에서는 각 지역의 무사들과 일부의 경우 서민들에게까지 유학을 비롯한 다양한 과목을 가르쳤으며, 저명한 유학자들이 설립한 사숙에는 학문을 배우고자 하는 이들이 전국에서 모여들었다. 이들 기관을 중심으로 유학 교육에 필요한 경전을 비롯하여 경전의 주석서와 해설서 그리고 스승의 문집 등을 간행했던 것이다. 에도시대 출판문화는 기본적으로 서점 상인이 출판 주체가 되는 상업 출판을 바탕으로 하지만, 한적 출판의 경우 예외적으로 상업 출판과 일정한 거리를 두고 있던 것이다.

그러나 이미 서점 상인들을 중심으로 한 민간의 출판이 큰 비중을 차지하고 있었기에 이들 한적들을 실제로 간행할 때는 결국 민간의 상업 출판과 연계되

158

기도 했다. 쇼헤이코에서 에도의 서점에 의탁하여 유학 서적을 출판하거나 유학자들의 사숙에서 전문 서점과 연계하여 사숙 문인들의 저술을 독점적으로 간행하는 모습 등이 그 예다. 이러한 현상은 앞서 유학서와 문집들 대부분이 서원과 문중의 연합을 통해 출판되던 조선의 상황과 비교할 때 대비되는 지점이라 할 수 있다.

현재 우리나라에서 가장 많은 민간의 목판을 소장하고 있는 곳은 안동의 국학진흥원이다. 진흥원 소장 목판의 대다수가 개인문집인데, 이 문집들의 간행은 서원과 문중 중심으로 이루어진 것이 대부분이다. 또한 그 대상 인물들을 보면 저명한 유학자이거나 집안을 현창한 인물, 시문이 뛰어난 인물 등으로 구분된다. 이러한 문집들의 간행은 선현이나 조상의 위업을 기리고 후대에 전하기 위해 이루어졌다는 점에서 모두 공통적이다. 목판 제작의 일반적인 목적이 다량의 수요에 따른 대량생산을 하기 위함이었다는 점을 고려할 때, 과연 이들 서적이 다량의 수요를 갖고 있는가에 대해서는 의문이 있을 수 있다. 그러나 이렇게 상업적인 목적과는 상관없이 제작되고 있다는 점이 진흥원 소장 목판의 가장 특징적 국면이기도 하다.[17]

진흥원 소장 목판은 대부분이 경상도 지역의 목판이다. 조선시대에 서울을 제외한 지방에서 가장 많은 출판이 이루어진 곳이 경상도 지역이었다. 특히 안동을 중심으로 한 경북지역은 조선시대 향촌 사대부들의 대표적인 거주지였다. 이황을 필두로 조선 유학 학파의 종장들이 거주했고, 이들 문하로 수많은 유학자들이 배출된 조선 유학의 본산지라고도 할 수 있다. 이러한 문화적 배경 속에 이들 지역에서는 유학 경전 및 학파 내 중심인물들의 시문집과 관련 기록 등을 대거 목판으로 간행했다. 이 작업은 보통 서원의 연합으로 이루어졌는데, 이는 조선시대 유학 발달의 한 모습을 살필 수 있는 중요한 자료가 되기도 한다.

그밖에 경상도 지역에서 목판으로 간행된 책들을 보면, 학식과 덕행으로 이름이 높은 집안 인물의 시문집이나 집안의 족보 등이 있다. 목판을 만들어 인쇄하기까지는 막대한 비용과 자원이 소요되기 때문에, 이 역시 문중 사람들이 힘을 합쳐 진행하거나, 집안에서 지방 수령에 부임하는 사람이 나올 경우 관아의 인력과 재원을 동원하여 만들어지는 경우가 일반적이었다.

민간 출판의 주체가 서원과 문중이라는 점은 시사하는 바가 크다. 서원 중심으로 목판이 제작되었다는 사실은 조선 사회에서 유교의 영향력이 향촌 사회에 어떻게 미치고 있는지를 잘 보여준다. 또한 문중을 중심으로 목판 간행이 이루어지고 있는 모습은 조상을 숭배하는 의식이 목판의 제작과 밀접한 관련이 있음을 알려 준다. 이와 같은 유형의 목판 제작은 대량 출판을 통해 출판물을 널리 보급하고 이익을 꾀하고자 한 목판 제작의 일반적인 목적과 그 성격을 달리한다. 즉, 이들 목판은 '보급과 판매' 보다는 '기념'을 위해 제작되었던 것이다. 이렇게 하나의 기념물로서 목판을 제작하는 모습이 조선시대 서원과 문중을 중심으로 이루어진 민간 목판의 가장 큰 특징이며, 상업출판의 영향력 아래 있던 에도의 민간 출판과 대비되는 지점이라 할 것이다.

한일 양국의 한적 출판문화에서 또 하나의 큰 차이점은 저자가 출판에 직접 관여할 수 있는지 여부에 있다. 일본에서는 상업 출판의 발달로 민간 출판이 활성화되면서 서적을 출판하는 일이 조선에 비해 어렵지 않았다. 판목의 제작과 인쇄를 위한 사회적 기반이 상당히 형성되어 있었기에, 출판이 비교적 쉽게 이루어졌던 것이다. 때문에 작자 생전에 자신의 저술을 출판하는 경우가 많았다. 이는 저자 사후에 비로소 출판이 진행되는 조선의 풍토와 비교할 때 큰 차이점이다. 물론 조선에서 저자 생전에 문집을 출판하지 못했던 이유를 반드시 출판 여건의 미비함 때문만으로 볼 수는 없을 것이나, 그것이 주요한 요인

중 하나였음은 부인하기 어렵다. 이러한 차이로, 일본에서는 출판과정에 저자의 의견이 반영될 수 있었던 반면, 우리는 후손과 제자들의 주도로 출판이 이루어졌기에 저자보다는 출판에 관여하는 이들의 '의견 조정 과정'이 더욱 중시되었다.

마지막으로 서점 상인들과 목판 제작 및 인쇄를 담당한 장인들의 위상이 각기 다른 점도 주요한 차이점의 하나다. 일본의 경우 출판업자들이 그 전문성을 인정받고 출판에서 주도적인 역할을 할 수 있는 있었던 데 반해, 조선의 경우 출판과정의 주체는 서원과 문중의 인물들 즉 사대부 계층이었고, 실제 작업에 종사하는 장인들은 하층민에 속하는 이들이었기에 그 존재가 거의 드러나지 않았다. 이들에 대한 기록 또한 일본에 비해 제대로 전해지고 있지 않다.

이상에서 간단히 살핀 바, 조선과 에도시대 문단의 한적 출판은 여러 지점에서 차이점을 보이고 있다. 이렇게 양국 간의 출판문화의 차이점을 고구하는 것은 상대방의 문화를 살피는 동시에 자국의 문화적 특징을 돌아보는 계기가 된다. 앞으로의 과제는 이러한 차이점이 동아시아 출판문화사에서 지니는 의미가 무엇인지를 고찰하는 일이 될 것이다.

제3장

『누판고』를 통해 본
정조대의
책판 현황

성봉현

충남대 연구교수

『누판고』란 무엇인가

『누판고』에 대하여 정조는 『홍재전서弘齋全書』「군서표기群書標記」에 다음과 같이 적고 있다.

나는 병신년(1776, 정조 즉위년)에 내원內苑에 규장각을 설치하고 관리를 두어 서적을 관리하도록 했는데 이는 대부분 양성지가 건의했던 내용을 따른 것이다. 2년 뒤인 무술년(1778, 정조 2)에 각도에 하유下諭하여 공사간公私間에 소장한 책판을 모두 기록해 올리도록 하여 규장각에서 그 보존 상태를 관리하도록 했으니, 이때에 이르러 성조聖祖께서 뜻하신 일과 어진 재상의 계책이 비로소 질서정연하게 모두 갖추어져 환하게 구비되었다. 병진년(1796, 정조 20)에 다시 각신 서유구徐有榘에게 명하여 중외中外의 『장판부藏板簿』를 가져다 유별로 분류하고 목록을 작성하되 매 책마다 반드시 편찬자의 성명과 의례義例의 대략적인 내용을 표시하고 권질卷帙의 수효와 판본의 소재를 빠짐없이 자세히 기재하도록 했다. 그런데 이 책은 오로지 목판본만을 대상으로 했기 때문에 서명을 『누판고鏤板考』라고 했다.[1]

정조는 1778년(정조 2)에 공사간에 소장된 책판 모두를 기록하여 올리게 하여 규장각에서 관리하도록 하고, 다시 1796년(정조 20) 서유구에게 명하여 중외의 『장판부藏板簿』를 가져다 정리하여 책판만을 기록한 『누판고鏤板考』를 편찬했다는 것이다. 즉 『누판고』는 1778년에 정조의 명으로 조사된 공사간의 책판 목록에 중외의 『장판부』를 가져다 정리한 것이다.

이런 점에서 보면 『누판고』는 정조대의 책판 현황을 가장 정확히 보여준다는 점에서 출판문화사적으로 대단히 중요한 서적이라 할 수 있다.[2] 때문에 그간 많은 연구자들이 『누판고』가 갖는 중요성을 검토했다.[3] 그러나 『누판고』가 조선 후기 책판 현황을 가장 정확히 보여주는 자료임에도 수록 책판의 현황에 대한 세밀한 분석은 이루어지지 않았다. 그러다 보니 정조대에 어떤 종류의 책판이 어디에 얼마큼 소장되어 있었는지 하는 가장 기본적인 질문에 답을 할 수 없었다. 따라서 이 글에서는 『누판고』에 수록된 책판 관련 기록을 정리하여 18세기 조선의 책판소장 현황을 통계적 방법으로 설명하고자 한다.

『누판고』의 내용과 연구방법

『누판고』의 내용

『누판고』는 1796년에 정조의 명으로 서유구徐有榘가 전국 공사公私 각처의 소장 책판과 『장판부』에 수록된 책판을 종합 정리한 책이다. 따라서 누판고는 당대의 어떤 책판 목록보다 광범위하고 정확한 책판 소장 현황을 보여준다고 할 수 있다.

『누판고』에 수록된 책판은 조사 당시 유판처留板處이지, 책판의 제작처는 아니다. 조선시대에는 제작된 책판이 다른 곳에 옮겨져 유판되는 경우가 많았다. 예컨대 『능성구씨성보綾城具氏姓譜』는 1576년(선조 3)에 청주 보살사菩薩寺에서 개간하여 면천군(지금의 충청남도 당진군 면천읍)에 각을 지어 이장했다.[4] 『누판고』에 한산 문헌서원에 장판된 것으로 되어 있는 『가정선생문집稼亭先生文集』도 1422년에 강원감사 유사눌柳思訥이 개간하여 충청도 한산으로 판목을 옮겨둔 것이다.[5]

누판고, 국사편찬위원회 소장

『구당집久堂集』도『누판고』에는 해인사에 장판된 것으로 되어 있으나 경상도 감영의 객사에서 개간한 것이다.[6] 이처럼 조선 후기 지방관으로 나아가 선조의 문집을 간행한 경우 장판처를 해당 후손의 근거지로 옮기는 일이 많았던 것 등도 같은 예가 될 수 있다.[7] 그럼에도 대부분의 경우에는 책판의 제작처와 유판처가 같았을 것으로 생각된다.

　『누판고』의 책판 기록 형식은「누판고범례鏤板考凡例」에 자세히 나와 있다.「범례」에서는『누판고』에 수록되는 내용과 편찬 체제에 대하여 설명하고 있다. 수록된 내용은 '서명, 권질, 간각 연월, 찬자의 관직과 성명, 간략 해제, 책판의 상태(완·결·완결), 해제, 소장처, 인지印紙' 등을 기록한다고 되어 있다.[8] 이는 실제의 목록에 다음과 같은 형식으로 정확히 반영되어 있다.

近思錄十四卷

宋朱子呂祖謙同撰. 書成於淳熙二年. 取朱子·程子·張子之言. 擇其切要
者. 得六百二十二條 (…) 淳祐中葉. 采爲之集解. 表進于朝.

慶州玉山書院藏印紙六牒六張 關北觀察營刊印紙五牒六張 成川府藏缺印
紙七牒.

누판고의 편찬 체제도 당나라 서견徐堅의 『초학기初學記』에 태종의 어제御製를
역대의 앞에 나열했던 「범례」의 예를 본받아 어제를 앞에 놓았다. 그리고 어제
는 초굉焦竑의 『국사경적지國史經籍志』와 주이존朱彝尊의 『경의고經義考』 등의 예를 본
받아 어제·어찬을 2목으로 별도 분류했다. 책판의 분류는 당의 경·사·자·집
사부 분류법을 본받되 경·사·자·집 앞에 어찬과 어제를 놓았다. 실제 『누판고』
의 편찬 체제를 간략히 정리하면 [표 1]과 같다.

[표 1] 『누판고』의 편찬 체제

	분류	내용	계
	범례	5조	
권1	御撰·御定	御撰 20종, 御定 46종	66종
권2	經部	總經類 4종, 易類 6종, 書類 3종, 詩類 2종, 禮類 20종, 春秋類 2종, 四書類 5종, 小學類 5	47종
권3	史部	通史類 11종, 雜史類 2종, 傳記類 44종, 掌故類 14종, 史評類 3종	74종
권4·5	子部	儒家類 40종, 兵家類 15종, 醫家類 7종, 天文籌法類 4종, 術數類 10종堪奧之屬陰3部,占筮之屬1部,命書之屬4部,陰陽五行之屬 2部 포함, 雜纂類 3종, 設家類 5종, 類書類 3종, 譯語類 17종, 道家類 3종, 釋家類 12종.	119종
권6·7	集部	楚辭類 2종, 總集類 17종, 別集類上 145종, 別集類下140종.	187종
	총계		610종

목판의 행간에서
조선의 지식문화를 읽다.

범례 5조를 두고 그다음에 어찬·어제를 독립하여 두고, 다시 경·사·자·집으로 분류했음을 볼 수 있다.

『누판고』에 수록된 총 책판 수는 위 표에서 보이듯, 표제서명_{表題書名}의 종수로는 610종이다. 그러나 이것이 조사된 책판의 전수는 아니다.[9] 예컨대 표제서명이 『근사록』인 경우에 유판처 즉 소장처가 "慶州玉山書院藏印紙六牒六張 關北觀察營刊印紙五牒六張 成川府藏缺印紙七牒"라 하여 책판이 경주 옥산서원, 관북관찰영_{關北觀察營}, 성천부_{成川府} 등 3곳에 소장되어 있음을 표기하고 있다. 이처럼 『근사록』이라는 표제서명은 하나이나 실제 책판은 각기 다른 곳에 있었던 것이다. 이는 『누판고』가 조사된 전국의 책판을 경·사·자·집 사부분류로 표제서명을 정리하고, 그 아래에 전국에 소장되어 있는 『근사록』 책판을 수록했기 때문이다. 따라서 『누판고』에 수록된 책판의 종수와 전국적인 분포를 알기 위해서는 『근사록』에 수록된 경주 옥산서원, 관북관찰영, 성천부 등 소장된 3개 책판을 별개로 파악하여야만 한다. 이러한 방식으로 계산하면 『누판고』에 수록된 책판의 종수는 표제서명 610종에 총 책판의 종수는 840종이 된다. 참고삼아 유판처가 3곳 이상인 서책을 보면 아래와 같다.

[표 2] 유판처가 3곳 이상인 서책의 목록

어찬	경부: 雲漢編 5, 자부: 百行源 3
어정	경부: 周易·書傳·詩傳·大學·論語·孟子·中庸諺解 3, 사부: 闡義昭鑑6, 國朝喪禮補編 圖說, 明義錄諺解 續明義錄諺解 4,欽恤典則 4, 大典通編 4, 史記英選 3, 자부: 三綱行實圖 5, 兵將圖說 3, 朱書百選 3.
경부	周易·書傳·詩傳·大學·論語·孟子·中庸大全 5, 詩傳正音 3, 喪禮備要8, 增補三韻通考 5, 華東正音通釋韻考 4.
사부	通鑑節要 6, 十九史略通考 7, 二倫行實圖 3.
자부	近思錄 3, 童蒙先習 5, 擊蒙要訣 8,三略 5, 兵學指南 13, 火砲式諺解 4,千字文 7, 種德新編諺解 3.

이 표는 비록 목판본에 한정되기는 하나 당시 어떤 서책들이 전국적으로 많이 간인되었는지를 보여준다. 대체로 성리학 기본서인 사서삼경, 통치의 법적 기반인 법률서, 사부에서는 중국 통감절요와 19사략, 자부에서는 기초학습서와 실용서인 병서 등이 많이 간행되었음 알 수 있다.

『누판고』에는 조사 당시 각 책판의 상태를 '완刊' '결缺' '완결刊缺'로 기록했다. 위 인용된 『근사록』의 장판서 기록에도 "關北觀察營刊印紙五牒六張 成川府藏缺印紙七牒"에서처럼 책판의 상태를 기록했다.[10] 이를 표로 제시하면 아래와 같다.

[표 3] 『누판고』 수록 책판의 상태 표시

	缺	刊	刊缺	계	총종수	비율(%)
강원도	1	1	1	3	11	27.2
경기		1	3	4	29	13.8
경상도	24	52	21	97	343	28.3
서울	9	18	4	31	109	28.4
전라도	11	21	7	39	101	38.6
제주			10	10	19	52.6
충청도	4	2	3	9	38	23.7
평안도	14	13	16	43	83	51.8
함경도	4	31	20	55	84	65.5
황해도	2	9	3	14	22	63.6
미상	1			1	1	
총합계	70	148	87	306	840	36.4

[표 3]에서처럼 전체 840종의 책판 가운데 36.4퍼센트에 해당되는 306종이 완·결·완결 등 완전하지 않은 책판이었다. 지역별로 보면, 함경도 65.5퍼센트,

황해도 63.6퍼센트, 제주 52.6퍼센트, 평안도 51.8퍼센트 등은 절반 이상이나 완전하지 않았던 셈이다. 또한 함경도·황해도·평안도의 책판 보존 상태가 타 지역에 비하여 좋지 않았는데 그 이유는 앞으로 연구가 필요한 부분이다.

각 도별 소장 책판의 종수는 아래와 같다.

[표 4] 도별 소장 책판의 종수

	강원도	경기	경상도	서울	전라도	제주	충청도	평안도	함경도	황해도	미상	총합계
책판	11	29	342	109	102	19	38	83	84	22	1	840
비율 (%)	1.3	3.5	40.8	13.0	12.0	2.3	4.5	9.9	10.0	2.6	0.1	100

경상도가 343종 40.8퍼센트로 압도적으로 많았고, 다음으로 서울(109종 13.0퍼센트), 전라도(101종 12.0퍼센트),[11] 함경도(84종 10.0퍼센트), 평안도(83종 9.9퍼센트), 충청도(38종 4.5퍼센트), 경기도(29종 3.5퍼센트), 제주(19종 2.3퍼센트)의 순서다. 이러한 통계로 볼 때 조선 후기 목판본 간인은 경상도와 서울, 전라도, 함경도, 평안도 지역에서 활발했다고 할 수 있다.

한편 충청도와 경기도는 조선 중후기에 유명인을 많이 배출한, 전형적인 사족들의 거주 공간이었음에도 소장된 책판이 상대적으로 적었다. 그렇다고 충청 지역 출신 사족들의 문집 간행이 적었던 것도 아니다. 오히려 영남지역 관아에서 간행된 관판본이 주로 노론계 인물의 문집이라는 연구도 있다.[12] 이처럼 경상도지역에서 기호지역 인물들의 문집 책판이 제작되었다는 것은 책판 제작에 유리한 사회문화적 배경도 있지 않았나 생각된다. 이 문제에 대해서는 앞으로 더 검토가 필요하다.

이 글에서 활용한 『누판고』의 판본은 규장각 소장본[13]과 『한국의 책판목록』에 수록된 풍산豊山 홍명희洪命憙 교정본을 이용했다.[14]

누판고 분석을 위해 엑셀에 해제를 제외한 전체를 입력하였다. 입력의 항목은 부部, 류類, 서명, 권수, 저작시기, 저자명, 간행처(중앙관서, 지방관서, 사찰, 서원), 간행지(관찰영, 부·목·군·현, 서원, 사찰), 도별, 인지, 완결 등으로 나누어 입력하여 통계자료로 활용했다.[15] 원편과 속편의 경우에도 『누판고』에 표제서명이 하나로 작성된 경우에는 하나의 열로 입력했다. 앞에서 설명한 바와 같이 하나의 표제서명에 소장처가 3곳인 것은 각각 분리하여 3개의 열로 입력했다. 그리고 자부 병가류의 관서관찰영의 『육도』『손무자』『오자』『사마법』『삼략』『이위공문답』 등은 하나의 소장처에 2본씩 소장되어 있었다. 이 경우에도 지역별, 간행처별, 소장처별 현황을 파악하기 위하여 2개의 열로 입력했다. 서원판인 경우에는 서원의 배향 인물을 모두 파악하여 기록했다. 이는 서원판의 특징을 알기 위함이다.

이렇게 파악하면 『누판고』에는 표제서명 610종에 840종의 책판이 수록되어 있다.

『누판고』 책판의 분류별 분석
|

『누판고』의 편찬 체제는 앞에서 언급한 바와 같이 어찬서御撰書, 어정서御定書, 경부經部, 사부史部, 자부子部, 집부集部 등 6개 분야로 나누고, 경·사·자·집의 각 부에서 다시 유類로 분류하고 그 하위개념인 속屬으로 세분하여 분류했다. 먼저 『누판고』 소재 책판을 분류하면 다음과 같다. 『누판고』의 분류에는 어찬

목판의 행간에서
조선의 지식문화를 읽다

서, 어정서를 별도로 분류했으나 여기서는 당시 책판의 분류상 특징을 파악하기 위하여 어찬서, 어정서도 경·사·자·집으로 나누어 분류했다. 이를 표로 제시하면 [표 5]와 같다.

[표 5] 유별 책판의 지역 분포

	경부	사부	자부	집부	총합계
강원도	1	1	7	2	11
경기	10	5	6	8	29
경상도	40	47	70	186	343
서울	27	15	55	12	109
전라도	4	19	13	65	101
제주	8	4	5	2	19
충청도	6	7	2	23	38
평안도	22	15	28	18	83
함경도	20	16	42	6	84
황해도	1	4	10	7	22
미상	1				1
총합계	140	133	238	329	840
(%)	16.7	15.8	28.3	39.2	100

분류상으로 본다면 경부가 140종 16.7퍼센트, 사부가 133종 15.8퍼센트, 자부가 238종 28.3퍼센트, 집부가 329종 39.2퍼센트다. 이는 조선 후기 책판은 집부 즉 문집류가 단연 많았고, 다음으로 자부, 경부, 사부 순서였다. 분류상으로만 보아도 조선 후기 문집 간행이 활발했음을 알 수 있는데, 이는 기존 연구와도 부합된다. 집부 즉 문집 간행이 활발했음에도 서울과 함경도는 상대적 비율에서 문집 책판의 숫자가 적다. 서울은 책판 제작의 여건 때문에 부진했

던 것 같고, 함경도는 사족적 배경이 약했던 것이 아닌가 하지만 별도의 검토가 필요하다.

●어찬·어정서

어찬은 임금이 친히 찬술한 것으로 모두 32종(3.9퍼센트)이다. 분류하면 아래와 같다.

[표 6] 어찬의 분류

부	류	중앙			강화부	대구부	원주목	개성부	함흥부	관찰영					북한태고사	남한개원사	총합계
		교서관	봉모당	종부시						경기	광동	영남	해서	호남			
경부	시류							1		1	1	1	1				5
사부	소령주의류	1	2														3
자부	유가류		3		1	1			1			2		1	1	1	11
집부	별집류		5											1			6
	총집류		3	1			1										5
총합계		1	13	1	1	1	1	1	1	1	1	3	1	2	1	1	30

어찬은 자부에 유가류가 11종이었고, 집부에 별집류 6종, 총집류가 5종이었

목판의 행간에서
조선의 지식문화를 읽다.

다. 어찬에 자부가 많은 것은 실용서 위주로 간행되었기 때문으로 보인다. 어찬 가운데 『열성어제列聖御製(인조)』『광국지경록光國志慶錄(숙종)』『관동빈흥록關東賓興 錄(1793, 정조)』을 제외한 나머지 27종은 영조가 1741년에 찬한 『대훈大訓』에서부 터 1773년 『기구연회록耆耈宴會錄』 사이에 찬술되었다. 이처럼 대부분의 어찬이 영조에 의해 간인되었다는 사실은 영조가 서적 출판에 많은 관심을 가지고 있 었음을 반영한다. 간행처로는 중앙관서인 봉모당과 교서관·종부시에서 간행한 책판이 17종으로 가장 많다. 지방의 계수관이 13종의 책판을 유판했고, 남한 산성의 개원사와 북한산성의 태고사가 1종씩이었다. 어찬의 경우에는 지방 관 아에서 간행할 시에 계수관에서만 간행한 것이 아닐까 짐작된다. 어찬을 간행 한 지방 관아는 관찰영 10개소, 부府 4개소 등으로 군현이 없기 때문이다. 이는 어찬서 가운데 자부가 14종으로, 유교적 교훈서를 지방 계수관의 수령들에게 간인해 보급케 했기 때문이라 생각된다.

어정은 왕명을 받아 찬한 것으로 118종이다.

[표 7] 어정의 분류

	도	사찰 경기	사찰 서울	서원 경기	중관 서울	지관 강원	지관 경기	지관 경상	지관 전라	지관 충청	지관 평안	지관 함경	지관 황해	총합계
경부/ 24종/ 20.3 %	사서류		4					4			4			12
	서류		1					1			1			3
	소학류				2									2
	시류		1					1			1			3
	역류		1					1			1	1		4

부	류													합계
사부/40종/33.9%	별사류							1						1
	보계류				1									1
	사표류				1									1
사부/40종/33.9%	잡사류	1			1			3	1	1	2	1	1	11
	전기류			1										1
	정법류				5		1	4	3	3	3	1		20
	지리류											1		1
	초사류							1	1		1			3
	편년류				1									1
자부/50종/42.4%	농가류												1	1
	병가류				5			1			1			7
	술수류				1									1
	예술류				1									1
	유가류					2		19	3		7	2	3	36
	의가류							1	1					2
	천문산법류				2									2
집부/4/3.4%	사곡류							2						2
	총집류				1			1						2
	합계	1	7	1	21	2	1	40	9	4	21	6	5	118
	총합계	8		1	21	88								118

어정은 경부가 24종에 사서류 12종이고, 사부는 40종에 잡사류가 11종이고 정법류는 20종이며, 자부는 50종 가운데 유가류가 36종이다. 어정으로 서책을 간행한 왕은 문종 1종, 예종 1종, 세조 1종, 세종 11종, 성종 2종, 중종 14종, 선조 23종, 영조 33종, 정조 32종이다. 즉 어정서는 선조·영조·정조 때 활발히 간행되었음을 알 수 있다.

어정 경부의 사서류는 주로 성리학 기본서다. 이는 국가적 관심 아래 간행·보급한 것이라 할 수 있다. 사부에 잡사류의 『천의소감闡義昭鑑』『천의소감언해闡義昭鑑諺解』6종과 『명의록구언해明義錄具諺解』『속명의록구언해續明義錄具諺解』4종은 당쟁과 관련이 있는 것으로, 간행 당시의 정치적 상황을 반영한다. 『천의소감』은 1721년(경종 1)에 왕세제 책봉과 관련하여 일어난 신임사화에서부터 1755년(영조 31)에 발생한 나주 괘서 사건에 이르기까지, 역모와 정치사건을 기록하여 영조 정권의 정당성을 밝혀놓은 것이다.[16] 이 책은 1755년(영조 31)에 영조의 명에 의하여 활자본으로 완성된 것을 보급하기 위하여 1756년 광주부에서 목판으로 복각해 재간하면서 언해본도 간행했다.[17] 『명의록구언해』『속명의록구언해』는 1776년(정조 즉위년)에 세손 정조의 대리청정을 반대하던 홍인한·정후겸 등을 사사賜死하고 세손을 옹위한 홍국영·정민시·서명선의 충절을 선양·중용한 후 이 사건의 자초지종을 공표하여 충역忠逆을 밝히고자 한 정조의 명에 의해 간행된 책의 언해다.[18] 이와 같은 『천의소감언해』와 『명의록구언해』『속명의록구언해』는 영·정조시대의 왕권의 정당성을 홍보하기 위한 책이라 할 수 있다.

어정의 자부는 병가류가 7종, 유가류가 36종이다. 유가류 중에서도 1518년(중종 13)에 간행한 『소학언해』가 12종, 1744년(영조 20)에 간행한 『훈의소학대전訓義小學大全』이 15종으로 대부분을 차지한다. 2종의 소학이 간행된 지역은 각 지방 관아이다. 즉 중종과 영조는 『소학언해』와 『훈의소학대전』을 각 지방 관아에서 간행하여 보급토록 했던 것이다. 1518년(중종 13)에 어정으로 간행한 『소학언해』는 16세기 주자학적 재편질서를 시도한 '소학실천자들'이 정계에 진출하면서 주자학 입문서인 『소학』 이해를 새로이 하고 보급을 확대하기 위하여 언해하여 간행한 것이다.[19] 1744년(영조 20) 영조가 무신변란 등을 성공적으로 극복하고 정치적 안정을 이루었을 즈음 『훈의소학대전』이 어정으로 간행되었다. 이는 유교적 규범을 백성들이 익혀 제반 사회질서를 유지하고 왕조 질서를 강화하려는 방안의 일환이었다.[20]

• 경부

경부는 140종이다. 이를 유별로 나누고 책판 소재 도별로 분류하면 아래 표와 같다.

[표 8] 경부의 분류

	강원	경기	경상	서울	전라	제주	충청	평안	함경	황해	미상	총합계
사서류		4	7	8				4				23
서류		1	1	2				2				6
소학류			3	5	2	1	1	1	2			15
시류	1	3	3	2				1	1		1	12
역류		2	3	1				3	1			10
예류			14	1	2	3	5	4	2			31
총경류			9	7			4	7	14			41
춘추류				1						1		2
총합계	1	10	40	27	4	8	6	22	20	1	1	140

경부 140종 가운데 경상도가 33종, 함경도가 19종, 서울이 18종, 경기·제
주·평안도가 8종의 책판을 유판하고 있다. 이 중에서 총경류가 35종, 예류禮類
31종, 소학류가 13종, 사서류가 11종의 순서로 많았다. 총경류와 사서류는 성
리학의 기본서인 사서삼경 등이므로 많은 것은 당연하다고 할 수 있다. 그러나
예류가 31종인 것은 주목할 만하다. 이는 조선 중후기에 예서 보급이 활발했음
을 보여준다. 15세기 『당개원례唐開元禮』 『송정화례宋政和禮』 『대명집례大明集禮』 『예
기』 『주례周禮』 등의 보급은 전장典章으로서의 예와 주자가례 등 생활관습으로서
의 예의 공존을 보여준다. 양자가 서로 보완하여 국가의 예인 국조오례의國朝五
禮儀가 탄생했으며, 주자가례는 사례私禮로서 역할을 계속했다. 16세기 후반에
서 17세기 전반에 이르면 주자가례 이외의 예서도 주목을 받게 된다. 이 시기
의 학자들은 예의 실천적인 면뿐만 아니라 학문적인 면에서도 관심을 가졌다.
예서의 활발한 간행은 이러한 시대상을 반영한다고 할 수 있다.[21]

경부의 유판처를 보면 아래와 같다.

[표 9] 경부의 유판처

	사서류	서류	소학류	시류	역류	예류	총경류	춘추류	총합계
영남 관찰영						4	7		11
관북 관찰영			2	1		1	7		11
관서 관찰영			1	1		2	7		11
호남 관찰영			1						1
남한 개원사	4	1		1	2	1			8
북한 태고사			1			1	7		9
성주 쌍계사						2		1	3
니성 노강서원			1			1			2
경주 옥산서원	1					1			2
성주 회연서원					1	2			3

연산 돈암서원						2			2
영천 도잠서원	1					1			2
예안 도산서원			1				1		2
인동 동락서원			1						1
임천 칠산서원						1			1
전주 석계서원						2			2
청도 선암서원		1							1
청도 자계서원							1		1
고령현						1			1
사역원	4	1	1	1				1	8
성천부						1			1
순창군			1						1
안동부	1								1
영변부						1	7		8
영천군						1			1
용담교궁						1			1
울산부			1						1
의흥현義興縣						1			1
제주목			1			3	4		8
주자소			1						1
청도군			1			1			2
평양부					1	1			2
미상		1							1
총합계	11	3	13	6	4	31	41	2	111

• 사부

사부는 전체 133종이다. 이를 유별로 나누고 책판 소재 도별로 분류하면 아래 표와 같다.

[표 10] 사부의 분류

	강원	경기	경상	서울	전라	제주	충청	평안	함경	황해	총합계
별사류			1								1
보계류				1							1
사평류			1						2		3
사표류				1							1
소령주의류				2							2
잡사류		1	5	1	2		1	2	1	1	14
장고류			3	2	2	1		4	2		14
전기류	1	1	24		7		3	4	6	3	49
정법류		1	4	5	3		3	3			20
지리류									1		1
초사류			1		1			1			3
통사류		2	8	2	3	3		1	3		22
편년류				1	1						2
총합계	1	5	47	15	19	4	7	15	16	4	133

  사부는 경상도 47종, 전라도 19종(제주 제외), 함경도 19종, 서울·평안도
가 15종의 책판을 유판하고 있었다. 사부 가운데는 전기류가 49종, 통사류가
22종, 장고류가 14종의 순서로 많았다. 사부 가운데 어찬·어정서는 43종이고
전기류는 연보, 유사遺事, 실기實記 등 선비들의 사적과 관련된 것이었다. 이는
조선 후기 서원의 창건이 활발해지면서 배향된 인물들의 연보·유사·실기를 활
발히 간행했기 때문이다.[22]

  통사류 22종 가운데는 『통감절요』가 6종, 『십구사략통고』가 7종으로 대부분
을 차지한다.

唐紀

宣宗 名忱憲宗第三子以察為明無精於聽斷自是而唐衰矣 在位十二年 壽五十

大中元年初李德裕執政引白敏中為翰林學士及武宗崩德裕失勢敏中乘上下之怒言力排之敏中秉政凡德裕所薄者次用之德裕尋貶潮州司馬

戊辰 二年二月以知制誥令狐綯為翰林學士上嘗以太宗所撰金鏡錄授綯使讀之至

『통감절요』와 『십구사략통고』

[표 11] 통감절요와 십구사략통고의 유판처

通鑑節要	남한 개원사, 북한태고사, 제주목 안동부 관북관찰영, 관서관찰영
十九史略通考	남한 개원사, 북한 태고사, 호남좌절도영, 제주목, 경주부, 관북관찰영, 영변부

이렇게 조선 후기에 『통감절요』와 『십구사략통고』가 전국적으로 간인·보급된 것은 17세기에 들어와 『통감절요』 및 『사략』이 사류들의 초학교재이자 중요한 정치교양서로 인식되었기 때문인 듯하다.[23] 특히 『통감절요』는 임진왜란 이후 성리학적 질서를 재편하는 과정에서 경사체용의 성격을 띤 교화서로 국가적 주목을 받았다. 또한 조선 후기에는 『통감절요』가 주희의 정통론인 대명의리론을 보급한다고 인식되어 초학자의 필수 교재로 보급되기도 했다.[24]

장고류는 조선 중후기 각 지방에서 사찬한 읍지류 등을 말한다. 조선 전기에는 국가 통치력을 강화하고 지방 실정을 파악하기 위하여 국가 주도로 전국지리지를 간행했다. 또 16세기 후반에 이르면 수령들이 지방통치를 원활히 하기 위해, 혹은 편찬자의 개별적 목적과 필요성 등에 따라 사찬 읍지를 전국적으로 편찬했다.[25] 장고류의 책판 역시 이러한 시대 상황을 반영하는 것이라 할 수 있다.

이를 사부의 판원으로 분류하면 아래와 같다.

[표 12] 사부의 판원별 분류

	사찰	서원	재실	중관	지관	사가판	총합계
계	15	31	2	10	73	2	133

목판의 행간에서
조선의 지식문화를 읽다

사부의 책판은 서원과 지방관서에서 주로 제작·장판되었다. 서원에서 간인한 사부는 유사·연보·실기 같은 서책으로, 이는 배향된 인물이나 유명인의 생애를 기록한 것이었다. 지방 관아에서 유판한 책판이 73종인 것은 지방 관아에서 장고류 즉 읍지와 전기류 가운데『기자지箕子志』와 같은 '지志'와『효행록』『삼강행실도』와 백성을 교화하는 서책, 선비들의 유사·연보·실기 등을 간행했기 때문이다.

● 자부

자부는 전체 238종이다. 이를 유별로 나누고 책판 소재 도별로 분류하면 아래 표와 같다.

[표 13] 자부의 분류

	강원도	경기	경상도	서울	전라도	제주	충청도	평안도	함경도	황해도	총합계
농가류										1	1
도가류			1						2		3
별사류			1						1	1	3
병가류		2	6	8	1	2		18	10	2	49
석가류			1						11		12
설가류		1	7					1	1		10
소령주의류				1							1
술수류			1	11							12
역어류				17							17
예술류				1							1
유가류	6	2	43	8	10	2	2	9	15	6	103
의가류			5	2	2				2		11
잡찬류	1	1	4	2		1					9

천문산법류				2							2
천문주법류			1	3							4
총합계	7	6	70	55	13	5	2	28	42	10	238

자부는 유가류가 103종, 병가류는 49종, 역어류 17종, 석가류 12종, 술수류 12종, 의가류 11종, 설가류 10종, 잡찬류 9종 등의 순서다. 병가류에는 『삼략三略』 5개소, 『병학지남』 13개소, 『화포식언해火砲式諺解』 3개소, 『신전자초방新傳煮硝方』 2개소 등이 있다. 『병학지남』은 중국에서 도입한 병서인 『기효신서』에서 가장 중요한 부분을 골라 다섯 권으로 편찬한 책으로, 조선군의 전투와 훈련 등 모든 사항은 거의 전적으로 이를 기준으로 했다.[26] 따라서 장용영, 훈련도감을 비롯한 각 지방의 계수관에서 『병학지남』의 간행 책판을 유판하고 있었다. 임진왜란 이후 화약의 사용은 전쟁의 양상을 바꾸는 중요한 변화였다. 그래서 조선에서도 1635년(인조 13) 이서李曙가 『화포식언해』를 편찬했는데, 이 때 간행된 『화포식언해』 책판이 정조가 책판 조사 시에 군시기와 관북관찰영과 해서절도영 등 3곳에 유판되어 있었던 것으로 보인다.

자부의 역어류譯語類는 사역원에서 17종의 책판을 유판하고 있었다. 이는 조선 후기 사역원이 역관을 양성하는 교육 기관으로 외국어 학습을 위한 교재를 꾸준히 개발했음을 반영하는 것이다.[27]

자부를 판원별로 분류하면 다음과 같다.

[표 14] 자부의 판원별 분류

	사찰	서원	중관	지관	향교	총합계
계	22	18	52	142	4	238
비율(%)	9.2	7.6	21.8	59.7	1.7	100

자부는 중앙관서가 52종(21.87퍼센트), 지방관서가 142종(59.7퍼센트)이다. 중앙과 지방관서에서 간인한 것이 194종에 81.5퍼센트나 된다. 이는 자부가 실용서 위주라는 측면에서 중앙관서와 지방관서에서 실용서를 제작·보급한 것이라 할 수 있다.

• 집부

집부는 전체 329종이다. 이를 유별로 나누고 책판 소재 도별로 분류하면 아래 표와 같다.

[표 15] 집부의 분류

	강원	경기	경상	서울	전라	제주	충청	평안	함경	황해	총합계
별집류				5	1						6
별집류상		4	95		30		11	5		5	150
별집류하		3	81		30		11	13	5	2	145
사곡류			2								2
초사류			1						1		2
총집류	2	1	7	7	4	2	1				24
총합계	2	8	186	12	65	2	23	18	6	7	329

집부 329종 가운데 초사류 2종을 제외하면 모두 사류들의 문집이다. 조선 후기에는 책판을 통해 선조의 문집을 간행하고자 하는 사족들의 열의가 매우 높았으며, 실제로 이러한 문집이 가장 활발히 간행된 서책 종류였다. 조선 후기 문집 간행 열기는 문집이 가문의 사회적 지위를 나타낸다고 여기던 당시의 사회적 분위기를 반영한다. 특히 『누판고』 소재 집부 329종 가운데 경상도가 186종으로 57.4퍼센트나 차지한다. 집부의 대부분이 문집이었으므로 이는 영남 지방에서 문집 간행이 활발했음을 뜻한다.

조선 후기 영남에서 문집 간행이 활발했던 데는 서인의 장기집권이라는 정치적 이유가 클 것으로 보인다. 홍한주洪翰周(1798~1868)의 글에 따르면 영남 선비들이 사대부의 신분을 유지하기 어려운 경우에는 세상에 전혀 알려지지 않은 자기 조상의 시문을 모아 문집을 간행하고, 이 문집을 토대로 사당祠堂을 세워 평민과 구별을 꾀했다고 한다. 인조반정으로 서인 정권이 등장하면서 중앙 정계에서 물러나게 된 남인들이 향촌사회에서의 신분 유지 방편으로 이용한 것이 조상의 문집 간행과 사당의 건립이었던 셈이다.[28]

이는 경기·충청지역에서 책판의 제작 즉 서책의 간행이 많지 않았음을 설명해주기도 한다. 신승훈의 연구에 따르면 책판 목록에 채록된 문집 571종 가운데 경상도에 장판된 것이 57.3퍼센트인데, 이는 영남 지방에 수령으로 부임하면 자기 선조의 문집을 개판한 뒤 영남에 그대로 보관했기 때문이라고 한다.[29]

집부의 간인처는 아래와 같다.

[표 16] 집부의 판원별 분류

	사가판	사찰	서원	지관	중관	향교	총합계
계	16	87	116	97	10	3	329
비율(%)	4.9	26.4	35.3	29.5	3.0	1.0	100.1

집부 즉 문집의 책판은 서원이 116종에 35.5퍼센트, 사찰이 87종에 26.4퍼센트, 지방 관아에서 97종에 , 민간에서 16종의 책판을 유판하고 있었다. 이와 관련하여 조선 후기에 영남지역에서 문집간행에는 막대한 자금이 들어갔으므로 대체로 자손들이 외관 즉 수령으로 나갔을 경우에 관의 힘을 빌어 간행하는 경우가 많았다.[30] 그래서 지방 관아에서 많은 문집 책판을 유판하게 된 것이다. 서원은 배향 인물의 저작을 모아 문집을 간행했다. 조선 후기 서원이 남설되면서 자연히 서원에서 많은 문집이 간행되었다.

『누판고』 소재 책판의 판원별 분석

『누판고』 수록 책판 840종을 판원별로 나누어 표로 제시하면 아래와 같다.

[표 17] 누판고 수록 책판의 판원별 분류

판원	사가판	사찰	서원	중관	지관	향교	총합계
종수	19	150	184	85	394	8	840
비율(%)	2.3	17.9	21.9	10.1	46.9	0.9	100

책판의 경우에 지방관서에서 장판한 것이 전체 840종 가운데 394종으로 절반에 가깝다. 다음으로 서원이 184종(21.9퍼센트), 사찰이 150종(17.9퍼센트), 중앙관서가 85종(10.1퍼센트)이다.

●서원판

『누판고』에 수록된 서원판은 전국 76개 서원 184종이다. 세부적으로는 경상
도가 50개 서원 128종, 충청도가 7개 서원 22종, 전라도가 13개 서원 19종, 황
해도가 3개 서원 7종, 평안도가 1개 서원 2종, 함경도가 2개 서원에 2종이다.
전체 서원에서 소장한 장판은 평균적으로는 2.4종에 불과하다.

책판을 많이 장판한 곳을 서원별로 보면, 경상도 예안의 도산서원(배향 인물:
퇴계 이황과 월천 조목)이 17종, 성주 회연서원(배향 인물: 정구와 김우옹)이 6종, 선
산 낙봉서원(배향 인물: 김숙자, 김취성, 김취문, 박운, 고응척)이 5종이다. 충청도
논산의 노강서원(배향 인물: 윤황, 윤문거, 윤선거, 윤증)이 7종, 돈암서원(배향 인
물: 금장생, 김집, 송준길, 송시열)이 5종이다. 전라도 광주 포충사(배향 인물: 고경
명, 고종후, 유팽로, 고인후, 안영)가 5종, 황해도 해주 소현서원(배향 인물: 주자朱子,
조광조, 이황, 이이, 성혼, 김장생, 송시열)이 5종이다.

분류별로는 경부가 19종(10.3퍼센트), 사부가 31종(16.8퍼센트), 자부가 18종
(9.8퍼센트) 그리고 집부가 116종으로 62.5퍼센트를 차지한다. 경부 19종 가운
데 예류가 10종으로 가장 많은 것은 16세기 이후 예에 대한 학문적 관심이 높
아지면서 서원 배향 인물들이 예에 관해 쓴 저작을 주로 간행했기 때문이다.
사부 31종 가운데는 전기류가 26종으로 많다. 이는 서원에 배향한 인물들의
연보, 유사, 실기, 지誌 등을 간행했기 때문이다. 자부 18종 가운데는 유가류가
17종으로 거의 대부분을 차지하는데, 이 역시 배향한 인물의 저술을 간행한
것이다. 집부 116종은 서원에 배향한 인물들의 문집이다.

이상으로 보면 서원은 명백히 조선 후기 출판문화의 중심지 중 하나다. 그러
나 서원은 전문적으로 서적을 간인한 것이 아니라 필요에 의하여 책판을 제작
하고 서책을 간행했을 따름이다. 서원에서 주로 간행한 것은 위 통계에서 보이

목판의 행간에서
조선의 지식문화를 읽다.

듯 배향 인물의 문집과 그들의 저술이다. 서원이 책판을 제작한 것도 이를 위한 것이었다.

[표 18] 서원판의 유별 분포

경부19	사서류	2
	소학류	2
	시류	1
	역류	2
	예류	10
	총경류	2
사부31	잡사류	1
	장고류	2
사부31	전기류	26
	통사류	2
자부18	설가류	1
	유가류	17
집부116	총집류	1
	집부상	79
	집부하	36
	총합계	**184**

[표 19] 서원판의 지역별 분포

도	군현	서원	종수	도	군현	서원	종수	도	군현	서원	종수
경상도 (128)	경주	구강서원	2	경상도 (128)	예안	도산서원	17	전라도 (19)	고부	도계서원	2
		귀도서원	1		통영	충열사	1		광주	포충사	5
		동강서원	1		선산	금오서원	3		나주	미천서원	1
		서악서원	2			낙봉서원	5		순천	옥천서원	2
		옥산사원	7			송산서원	2			지봉서원	1
		용산서원	1		성주	안봉영당	1			충민사	1
		근암향현사	3			유계서원	1		여산	죽림서원	1
	상주	도남서원	3			청천서원	1		영암	녹동서원	1
		서산서원	2			회연서원	6		장성	필암서원	1
		연악서원	1		진주	대각서원	2		장흥	연곡서원	1
		옥성서원	3			덕천서원	1		전주	석계서원	2
		홍암서원	2			신당서원	3		금산	종용사	1
		경광서원	1			임천서원	1	충청도 (22)	니성	노강서원	7
		노림서원	1		밀양	예림서원	2		문의	검담서원	1
		묵계서원	3		사천	구계서원	1		보은	상현서원	2
		병산서원	3		산청	서계서원	1		연산	돈암서원	5
		삼계서원	1		신령	귀천서원	1		임천	칠산서원	2
		작계서원	1		안의	용문서원	3		청주	화양서원	2
		주계서원	3		의성	장대서원	4		한산	문헌서원	3
		호계서원	2		인동	동락서원	4	황해도 (7)	해주	소현서원	5
		구강서원	1		청도	선암서원	1		평산	구봉서원	1
		도잠서원	4			자계서원	3		연안	현충사	1
		매곡서당	2		풍기	우곡서원	1	평안도(2)	용강	오산서원	2
		삼봉서원	2			욱양서원	1	함경도(2)	경성	창열사	1
		오계서원	1		함안	덕암서원	1		북청	노덕서원	1
		의산서원	2			서산서원	3	경기(3)	광주	의열사	1
		환구세덕사	1			송정서원	1		개성	송양서원	1
		임고서원사	1							화곡서원	1
계							184				

목판의 행간에서
조선의 지식문화를 읽다

●사찰판

『누판고』에 수록된 사찰판은 전국 41개 사찰에 151종의 장판이다. 세부적으로는 경상도가 21개 사찰 64종, 전라도 8개 사찰 24종, 충청도 6개 사찰 8종, 황해도 1종, 평안도 1종 함경도 1개 사찰 11종, 경기도가 3개 사찰에 19종이다.

사찰 가운데 책판을 많이 장판한 곳은 서울 북한산의 태고사(24종)와 경상도 대구의 동화사(5종), 대구 용연사(7종), 대구 용천사(4종), 성주 무흘사(8종), 쌍계사(4종), 합천 해인사(14종)이다. 전라도 전주 위봉사(13종), 함경도 영변 보현사(11종), 남한 개원사(17종) 등도 많은 수를 차지한다.

사찰판 가운데 불경의 경판이라 할 수 있는 것은 사찰판 전체 151종 가운데 12종으로 7.9퍼센트에 불과하다. 반대로 사찰판 가운데 사류들의 문집이라 할 수 있는 집부는 87종으로 무려 57.6퍼센트를 차지한다. 사찰에서 석가류 즉 불경보다 사류들의 문집을 주로 간행했다는 것을 알 수 있다. 조선 전기에는 사찰에서 주로 불경을 간행했으나 조선 후기에 이르면 사찰에서도 문집을 주로 간인하게 되는데, 특히 사찰 가운데도 북한산의 태고사, 남한산성의 개원사, 대구 용연사, 성주 무흘사, 합천 해인사, 전주 위봉사, 영변 보현사 등이 많은 책판을 장판하고 있다. 이는 이들 사찰이 당대의 전문 출판소와 같은 역할을 했음을 짐작하게 한다.

[표 20] 사찰판의 유별 분포

	사서류	8
	서류	2
경부27/17.9%	소학류	1
	시류	2
	역류	3

경부27/17.9%	예류	3
	총경류	7
	춘추류	1
사부15/9.9%	잡사류	1
	장고류	2
	전기류	8
	통사류	4
자부22/14.6%	병가류	2
	석가류	12
	유가류	5
	잡찬류	3
집부87/57.6%	별집류상	27
	총집류	9
	별집류하	51
	총합계	151

[표 21] 사찰판의 지역별 분포

도	군현	사찰	종수	도	군현	사찰	종수	도	군현	사찰	종수
서울	북한	태고사	24		창평	서봉사	2	전라도	태인	상두사	1
경상도 (64)	고성	운흥사	1		창평	용흥사	1		단양	상선암	2
	금산	직지사	1		칠곡	송림사	1		면천	화봉사	1
	남해	용문사	1	경상도 (64)	칠곡	천규사	1	충청도 (8)	예산	천방사	2
	대구	동화사	5		통제영	용화사	1		청주	보살사	1
	대구	용연사	7		하양	환성사	4		충주	덕주사	1
	대구	용천사	4		합천	해인사	14		홍주	용봉사	1

목판의 행간에서
조선의 지식문화를 읽다.

경상도(64)	상주	남장사	2	전라도(24)	무주	산성사	4	황해도	평산	운봉사	1
	상주	용흥사	2		보성	개흥사	1	평안도	평양	영명사	1
	성주	무흘사	8		순천	송광사	1	함경도	영변	보현사	11
	성주	쌍계사	4		영암	강씨가	1	경기(19)	강화	전등사	1
	성주	안봉사	1		영암	도갑사	2		광주	등심사	1
	안동	봉정사	2		전주	위봉사	13		남한	개원사	17
	진주	청곡사	1		태인	보림암	1	계			151

• 지방관서판

조선시대에는 지방 관아에서 많은 서책을 간인했다. 『누판고』에 수록된 각 지방 관아 책판의 분포는 아래와 같다.

[표 22] 지방관서판의 지역별 분포

강원도	경기	경상도	전라도	제주	충청도	평안도	함경도	황해도	총합계
13	6	136	48	19	9	79	71	13	382

경상도가 136종, 평안도 79종, 함경도 71종, 전라도 48종 등이다.

다음으로 지방 관아에 소장된 장판을 유별로 분류하면 다음과 같다.

[표 23] 지방관서판의 종류

	경부	사부	자부	집부	집부상	집부하	총합계
농가류			1				1
도가류			3				3
별사류		1					1
별집류				1			1
별집류상					39		39
별집류하						46	46
병가류			31				31
사곡류				2			2
사서류	9						9
사평류		3					3
서류	2						2
설가류			8				8
소학류	8						8
술수류			1				1
시류	9						9
역류	4						4
예류	17						17
유가류			72				72
의가류			8				8
잡사류		11					11
잡찬류			5				5
장고류		9					9
전기류		13					13
정법류		15					15
지리류		1					1
천문주법류			1				1
초사류		3			2		5
총경류	32						32
총집류				2	6		8
통사류		17					17
편년류		1					1
총합계	81	74	130	5	47	46	382

경부가 81종, 사부 74종, 자부가 130종으로 가장 많고, 집부가 98종이다.

[표 24] 지방관서판의 지역별 분포

도	군현	종수	도	군현	종수	도	군현	종수
경상도 (136)	영남관찰영	56	경상도 (136)	통제영	2	황해도(13)	평산부	1
	영남우절도영	2		함양군	1	강원도 (13)	관동관찰영	1
	영남좌절도영	1		절도사	1		간성군	2
	통제영	3	전라도 (48)	호남관찰영	24		영월부	1
	간성군	1		호남관찰영	1		원주목	3
	개령부	1		호남좌절도영	1		정선군	2
	개령현	1		곡성현	1		철원부	2
	거창현	1		남원부	1		풍천군	2
	경산현	1		능주목	1	평안도 (72)	관서관찰영	49
	경주부	15		무안현	3		관서절도영	1
	고령현	1		순창군	1		능주목	1
	대구부	1		순천부	2		성천부	6
	동래부	2		영광군	2		영변부	7
	상주목	6		옥과현	1		종성부	1
	선산부	1		운봉현	1		평양부	5
	성주목	2		장성부	2		강서현	2
	안동부	8		장흥부	1	함경도 (66)	관북관찰영	43
	양산군	1		전주부	4		관북남절도영	1
	영천군	3		화순현	1		경성부	4
	예안현	1	제주도	제주목	19		안변부	2
	예천군	1	충청도(9)	호서관찰영	4		영변부	15
	용궁현	1		금산군	1		함흥부	1
	울산부	2		청주목	1	경기도(6)	경기관찰영	1
	의령현	1		청주부	1		강화부	1
	의성현	10		청풍부	1		개성부	1
	의흥현	2		충주목	1		광주목	3
	철원부	1	황해도(13)	해서관찰영	10	계	군현 82	382
	청도군	7		해서절도영	2			

• 중앙관서판

중앙관서에서도 12개 기관에서 71종의 책판을 장판하고 있었다. 어째든『누판고』에 수록된 중앙관서의 장판 현황은 아래와 같다.

[표 25] 중앙관서판의 장판 현황

관상감	교서관	군기시	내부	사역원	장악원	장용영	장용영원편	종부시	주자소	혜민서	훈련도감	
16	12	3	1	27	1	1	2	1	3	2	2	71

사역원이 27종으로 가장 많고, 관상감 16종, 교서관 12종 등이다.『누판고』에 장판처로 수록된 국방부 직할부대 및 기관은 주로 기술관이라 할 수 있다. 조선 후기에는 중앙관서에서도 많은 책을 간인했는데, 상당수가 당시 발달했던 금속활자본이나 목활자로 간인되었다. 따라서『누판고』에 수록된 중앙관서의 책판은 주요 관서가 아닌 곳이 많았다. 즉 조선 후기 중요 관서의 서책 간행은 주로 금속활자나 목활자를 이용했고, 그렇지 못한 기술관에서는 책판을 이용하여 서책을 간행했던 것으로 보인다.

기술관아에서 장판한 중앙관서본은 그 고유 업무와 관련이 있는 것들이었다. 관상감에서는 술수류와 천문산법류를, 교서관은 정법류 5종을, 유가류는 『이정전집二程全書』『동몽선습童蒙先習』『서사윤송書社輪誦』3종을 간행했다. 군기시에서 자부 병가류 3종, 사역원에서 자부 역어류 17종을 간행한 것도 고유 업무와 관련이 있다.

[표 26] 중앙관서판의 종류

		관상감	교서관	군기시	내부	사역원	장악원	장용영	장용영원편	종부시	주자소	혜민서	훈련도감	계
경부 11종	사서류					4								4
	서류					1								1
	소학류					2					2			4
	시류					1								1
	춘추류					1								1
사부 10종	보계류									1				1
	사표류		1											1
	잡사류		1											1
	장고류					1								1
	정법류		5											5
	편년류		1											1
자부 49종	병가류			3	1			1	2				2	9
	술수류	11												11
	역어류					17								17
	예술류						1							1
	유가류		3											3
	의가류											2		2
	잡찬류		1											1
	천문산법류	2												2
	천문주법류	3												3
집부 1종	총집류										1			1
	총합계	16	12	3	1	27	1	1	2	1	3	2	2	71

『누판고』와 정조대의 책판 현황

정조는 1778년(정조 2)에 "공사간에 소장된 책판 모두를 기록하여 올리게" 함으로써 1796년(정조 20) 『누판고』 편찬을 완성시켰다. 때문에 『누판고』가 정조대의 책판 현황을 가장 정확히 보여주는 자료라는 것은 이미 언급했다.

『누판고』의 책판 기록은 서명, 권질, 간각 연월, 찬자의 관직과 성명, 간략해제, 책판의 상태, 해제, 소장처, 인지'의 형식을 따랐다. 조사 당시 각 책판의 상태를 완刊·결缺·완결刊缺로 기록했는데 840종의 책판 가운데 36.4퍼센트에 해당되는 306종이 완전하지 않은 책판이었다. 『누판고』에 수록된 책판은 경상도가 343종으로 가장 많고, 서울 109종, 전라도 101종, 함경도 84종 평안도 83종, 충청도 38종, 경기도 29종, 제주 19종 순서로 수록되었다. 편찬 체제는 어찬서, 어정서, 경부, 사부, 자부, 집부 6개 분야로 나누고, 경·사·자·집의 각 부에서 다시 유類별로 분류하고, 그 하위개념인 속屬으로 세분했다.

분류상으로는 경부가 140종으로 16.7퍼센트, 사부가 133종으로 15.8퍼센트를 차지했으며, 자부가 238종 28.3퍼센트, 집부가 329종 39.2퍼센트로 비중이 높았다. 어찬 중에는 자부가 많았는데, 이는 대부분 영조가 찬한 것으로 실용서 위주로 간행되었다. 자부에 유가류는 11종, 집부의 별집류 6종, 총집류가 5종이 있었다. 어정은 경부 24종에 사서류 12종, 사부 40종에 잡사류가 11종이고 정법류는 20종이다. 자부는 50종인데 그 가운데 유가류가 36종이었다.

경부 총 140종 가운데는 경상도가 33종, 함경도가 19종, 서울이 18종, 경기·제주·평안도가 8종의 책판을 유판하고 있다. 종류별로 분류하면 총경류가 35종, 예류 31종, 소학류가 13종, 사서류 11종의 순서였다. 경부 중에 예류가 31종인 것은 조선 중후기에 활발한 예서 보급을 보여 주는 것으로 학자들이

목판의 행간에서
조선의 지식문화를 읽다

예의 실천적인 면뿐만 아니라 학문적인 면에서도 관심을 가지면서 예 관련 서책 간인이 활발해진 상황을 반영한다.

사부 전체 133종 가운데는 경상도 47종, 전라도 19종, 함경도 19종, 서울·평안도가 15종의 책판을 유판하고 있었다. 종류별로 보면 사부 가운데는 전기류가 49종으로 많은데, 이는 조선 후기 서원이 많이 창건되면서 배향된 인물들의 사적과 관련된 연보·유사·실기 등을 활발히 간행했기 때문이다. 통사류 22종 가운데는 『통감절요』가 6종, 『십구사략통고』가 7종이 되었으며 특히 『통감절요』는 임진왜란 이후 성리학적 교화서로 국가적 주목을 받기 시작해 17세기 후반에는 초학자의 필수교재로서 보급되었다. 장고류는 조선 중후기 각 지방에서 사찬한 읍지류 등이다. 이런 사부의 책판은 서원과 지방관서에 주로 제작·장판되었다.

자부 전체 238종을 종류별로 보면 유가류가 103종으로 가장 많고, 병가류 49종, 역어류 17종, 석가류 12종, 술수류 12종, 의가류 11종, 설가류 10종, 잡찬류가 9종이다. 자부는 주로 기술관에서 소장된 책판으로 각 기술관의 고유업무와 관련된 필요에 의해 서책을 목판으로 간행·수장한 것이다. 자부는 중앙관서판이 52종(21.87퍼센트)이고 지방관서판이 142종(59.7퍼센트)이었다.

집부는 전체 329종으로 초사류를 2종을 제외하면 모두 사류들의 문집이라 할 수 있다. 이는 조선 후기 문집 간행 열풍을 반영하는 현상이다. 『누판고』 소재 집부 329종 가운데 경상도가 186종으로 57.4퍼센트나 되는 것은 영남 지방에서 문집 간행이 활발했음을 여실히 보여준다. 역으로 경기·충청지역에는 당시 정치적 집권세력으로 많은 인물을 배출했으나 이들의 문집은 오히려 경상도 등에서 제작되었다. 이는 영남 지방에 수령으로 부임한 이들이 선조의 문집을 개판한 뒤 영남에 그대로 보관한 것이 원인이라 보기도 한다. 그러나 이와 같은 지역적 편차보다 근본적인 설명이 필요할 듯하다. 경상도가 경기·충청지역에 비하여 책판 제작을 위한 문화적 바탕 및 사회적 기반이 잘 갖추어졌기 때문에 경상도에 가서 책판을 제작 간인했다는 추측도 가능하다. 집부의 책판은 서원이 116종(35.5퍼센트), 사찰이 87종(26.4퍼센트), 지방 관아에서 97종(29.5퍼센트), 그밖에 민간에서 16종의 책판을 장판하고 있다. 조선 후기 문집 간행에는 막대한 자금이 들어갔으므로 대체로 자손들이 외관 즉 수령으로 나갔을 경우에 관의 힘을 빌려 간행하는 경우가 많았다. 그래서 지방 관아에서 많은 문집의 책판의 장판하게 된 것이다. 서원에서는 배향 인물의 저작을 모아 문집을 간행했는데 조선 후기 서원이 급증하면서 자연히 서원에서 간행된 문집의 비중도 커지게 되었다.

한편 『누판고』에 수록된 책판 840종을 판원별로 나누면 지방관서가 840종에서 394종, 서원이 184종에 21.9퍼센트, 사찰이 150종에 17.9퍼센트, 중앙관서가 85종에 10.1퍼센트 등이었다. 『누판고』에 수록된 서원판은 전국 76개 서원에 184종으로 경상도가 50개 서원에 128종, 충청도 7개 서원에 22종, 전라도가 13개 서원에 19종, 황해도 3개 서원에 7종, 평안도 1개 서원 2종, 함경도 2개 서원에 2종의 책판이 장판되어 있었다.

책판을 많이 장판한 서원은 경상도 예안의 도산서원이 17종, 성주 회연서원이 6종, 선산 낙봉서원 5종 등이다. 충청도는 논산 노강서원이 7종, 돈암서원이 5종의 책판을 장판하고 있었다. 전라도는 광주 포충사에 5종, 황해도는 해주 소현서원에 5종이 있었다. 서원에서 많이 장판한 것은 집부가 116종으로 62.5퍼센트이며, 경부 19종 가운데 예류 10종이었다. 서원판에 집부가 많은 것은 서원 배향 인물들의 문집을 많이 간행한 때문이고, 예류가 많은 것은 배향 인물들이 찬술한 예서를 간인했기 때문이다. 그리고 사부 31종 가운데 전기류가 26종인 것도 서원에 배향한 인물들의 연보, 유사, 실기, 지 등을 간행했기 때문이다.

사찰판은 전국 41개 사찰에 151종의 장판이 확인되었다. 경상도가 21개 사찰에 64종, 전라도 8개 사찰에 24종, 충청도 6개 사찰에 8종, 황해도 1종, 평안도 1종 함경도 1개 사찰에 11종, 경기도 3개 사찰에 19종이다. 책판을 많이 장판한 사찰로는 서울 북한산의 태고사 24종, 경상도 대구 동화사 5종, 대구 용연사 7종, 대구 용천사 4종, 경상도 성주 무흘사 8종, 쌍계사 4종, 경상도 합천 해인사 14종, 전라도 위봉사 13종, 함경도 영변 보현사 11종, 남한 개원사 17종 등이다. 전체 사찰판 가운데 불경의 경판이라 할 수 있는 것은 전체 151종 중 12종으로, 7.9퍼센트에 불과하고 집부가 87종 57.6퍼센트나 된다. 이는 조선 후기 사찰에서 석가류 즉 불경보다는 사류들의 문집을 주로 간행했다는 것을 보여준다.

조선시대에는 지방관서에서도 많은 서책을 간인했다. 경상도가 136종으로 가장 많고, 평안도 79종, 함경도 71종, 전라도 48종 등이다. 그리고 지방 관아의 책판 가운데 경상도의 감영에서 간인한 책판만 65종이다. 이는 이덕무의 『청장관전서』에 경상도 감영에 서판이 많았음을 언급한 것에서도 확인할 수 있다. 지방 관아 중에서도 8도의 관찰영과 계수관에서 많은 책판을 장판하고 있었는데, 이는 중앙정부의 명으로 지방에서 간행한 것이 많다. 지방 관아에서 소장한 책판은 경부가 81종, 사부가 74종, 자부가 130종, 집부가 98종이다.

중앙관서에서도 12개 기관에서 71종의 책판을 장판하고 있었다. 사역원 27종, 관상감이 16종, 교서관 12종 등이다. 그런데 『누판고』에 수록된 중앙관서의 책판은 기술관에서 자신들의 필요성에 따라 간행한 특성을 띤다. 아마도 조선 후기 주요 관서의 서책 간행은 주로 금속활자나 목활자를 이용했고, 그렇지 못한 기술관에서 책판을 이용하여 서책을 간행한 것이 아닌가 한다.

제4장

책판 간행 이면의
조선 지식문화
저변

손계영

대구가톨릭대 도서관학과 조교수

지식 공동체가 창출한
책판의 공식 간행처

조선시대 서책의 목판본 간행은 인물과 저술, 공론과 경제력, 정치적 이해 등 복합적 요소들이 충족되어야 가능한 작업이었기에 간행 주체의 학문적 권위와 사회적 힘, 경제력의 상징으로 대변되기도 했다. 인쇄된 책보다는 간행된 목판이 더 힘을 발휘할 수 있었는데, 선조의 목판본 문집 간행은 자신과 후손에게 돌아가게 될 권력의 상징이기도 했다.

인출된 서책에서 가장 부각되는 사람은 저자와 간행자다. 인출된 서책에는 이들 외의 인물에 대한 정보가 거의 없는 반면, 책판을 들여다보면 이면의 인물들이 등장한다. 글자를 새겼던 각수刻手, 새겨지기 전 글자를 종이에 썼던 서수書手, 마구리를 달았던 목수木手, 먹을 칠하여 종이에 인쇄했던 인출공印出工, 책을 맺던 책장冊匠, 그들의 작업을 감독했던 유사有司 등이다. 책판을 통해 이면에 가려졌던 이들의 존재가 드러나면서 서책에서는 보이지 않던 정보를 알 수 있게 되었다.

사회적 권위와 지식의 산물인 서책 간행은 겉으로는 화려한 사업이지만, 그 내면은 수많은 사람들의 노력과 복잡한 과정을 거쳐 이루어졌다. 그 과정에는 특정한 공간과 사람이 존재했고, 많은 비용이 필요했다. 이번 장에서는 수백 년 전에 책판 간행이 이루어졌던 공간과 그 공간 속에 있었던 이들의 삶의 일부를 들여다보고자 한다.

우선 한국국학진흥원 소장 책판 가운데 간행 기록이 있는 사례를 중심으로 책판의 공식 간행처를 살펴보고, 책판의 공식 간행처가 실제 간행이 이루어졌던 공간과 일치하는지를 간행 당시 기록인 일기, 참여자명단, 지출 내역장부 등을 통해 검토하고자 한다. 또한 책판이 간행되었던 공간은 어떤 모습이며, 간행 공간은 어떻게 결정되었는지를 18~19세기 대표적인 사례를 통해 밝히고자 한다. 나아가서는 책판 간행과정에서 어느 정도의 비용이 필요했는지, 지출 항목 및 간행비 규모에 대해서 다루고자 한다. 이를 통해 당시의 경제적 상황뿐 아니라 당대 간역刊役의 전 과정을 생생히 구현할 수 있기를 기대한다.

한국국학진흥원에는 600여 종의 서책을 간행할 때 사용되었던 각 페이지별 인쇄 책판이 6만여 점 소장되어 있다. 이 가운데는 책판의 간행 기록인 간기刊記가 표기된 경우가 있어 이들 책판의 공식적인 간행처를 알 수 있다. 대부분 본문 마지막 페이지의 1~3행에 간행 시기와 간행처를 새겨 표기했고, 1900년대에 간행된 목판본의 경우에는 별도의 판면에 간행과 관련된 다양한 정보를 새겼다. 간기를 책판에 새겨넣은 경우에는 인출 시 간기가 서책에 그대로 찍혀 배포되었던 반면, 간기를 책판에 새기지 않고 책판의 비어 있는 면 또는 마구리에 표기한 경우도 있다. 이러한 경우 인출된 서책에서는 간기를 알 수 없고 책판의 실견을 통해 그 간행 기록을 확인할 수 있다. 이와 같이 새기거나 묵서한 간기를 중심으로 간행처별 대표적인 서책과 책판을 소개하고자 한다.

지방 관아

|

조선시대 책판 간행의 가장 중요한 공간 중 하나가 지방 관아다. 지방 관아는 해당 관아 수령의 주도로 서책의 책판 간행이 가능한 곳이었고, 18세기 이전까지 다양한 서책의 목판본 간행이 이루어졌던 공간이다. 그럼에도 불구하고 한국국학진흥원 소장 책판 가운데 지방 관아에서 간행된 목판은 그동안 주목받지 못했는데, 중요한 책판들이 있어 소개하고자 한다.

지방 관아에서 간행된 대표적인 책판으로 『퇴계선생자성록退溪先生自省錄』을 들 수 있다. 한국국학진흥원에 소장되어 있는 『퇴계선생자성록』 책판은 도산서원에서 소장해오다가 2003년에 기탁된 것인데, 1585년 나주목羅州牧에서 간행되었다.

『퇴계선생자성록』이 1585년 나주목에서 간행된 것은 당시 나주목사가 퇴계의 문인인 학봉鶴峯 김성일金誠一(1538~1593)이었기 때문에 가능했다. 1583년 7월부터 1586년 12월까지 나주목사로 재임했던 김성일은 『퇴계선생자성록』을 포함하여 『성학십도聖學十圖』 『계산잡영溪山雜詠』 『주자서절요朱子書節要』 등 퇴계 저술류 4종을 나주목에서 간행했다.[1] 지방 관아의 책판 목록에 의하면 1585년 나주 지역에 『자성록』 책판이 존재했던 반면[2] 1585년 이후에는 삭제되었음을 확인할 수 있는데, 이는 간행 후 얼마 지나지 않아 나주에 있던 책판이 외지로 이동했음을 의미한다. 정확하게 언제인지는 알 수 없으나 나주에서 안동으로의 책판 이동이 있었기에 도산서원을 거쳐 현재 한국국학진흥원에 전해질 수 있었던 것으로 추측된다. 나주목에서 간행되었던 책판이 임진왜란을 거쳐 호남에서 영남으로 이동하여 현재까지 전해진다는 점에서 『퇴계선생자성록』 책판의 역사적 가치는 무엇보다 높다고 할 수 있다.

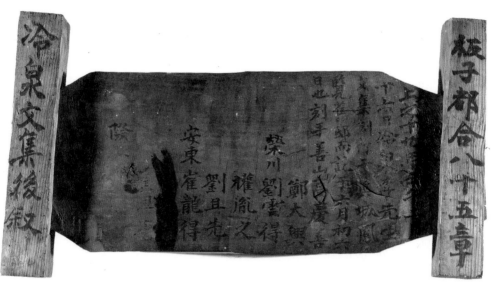

책판 뒷면에 간기를 묵서한 사례(『냉천문집』)

한국국학진흥원 소장 책판 가운데 나주목 이외의 지방 관아 간행 사례로는 경주부慶州府에서 간행한 『익재난고益齋亂藁』가 있다. 1600년에 저자의 후손 이시발李時發(1569~1626)이 경주부윤으로 부임하여 선조의 문집인 『익재난고』를 간행했고, 이후 백여 년 뒤인 1693년에 후손 이세석李世碩이 찬한 저자의 연보를 붙여 경주부윤 허경許熲(1650~1719)이 목판으로 다시 간행했는데, 한국국학진흥원에 소장된 것은 후자의 판본이다. 책판의 간기에는 "숭정 후 57년 계유(1693) 정월에 경주부鷄林府에서 중간重刊"한 것임을 표기했다.[3]

당시 간행을 주관했던 경주부윤 허경이 쓴 「익재선생문집중간지益齋先生文集重刊識」를 소개하면 다음과 같다.

선생께서 평소 저술하신 것이 수없이 많은데도 세상에 전하여오는 것은 단지 약간의 시편詩篇 및 패설稗說 뿐이다. 지나간 만력 경자(1600, 선조 33) 상서尙書 이시발李時發이 경주부윤으로 있을 적에 판각했었는데, 세월이 오래되어 자획이 이지러져 읽을 수가 없었으므로 식자識者들이 모두 탄식하고 애석해했다. 내가 마침 본주本州(경주)의 부윤府尹으로 와 있었으므로, 세대가 오래가면 마침내 민멸泯滅될까 염려하여 드디어 다시 판각하여 중간했다. 선생의 이름이 이로 말미암아 더욱 오래 전하여질뿐만 아니라 후생들이 이를 음송吟誦하면 족히 감발感發될 수 있을 것이니, 그렇게 되면 풍화風化에 도움이 되는 것이 얼마만하겠는가. 구본舊本에는 연보가 없었는데 선생의 후손인 세석世碩이 가장家藏을 조사하여 대략 시말始末을 기록, 나에게 보였으므로 아울러 간행하여 후세에 전한다. 계유(1693, 숙종 19) 정월 기망旣望에 양천후인陽川後人 허경許熲이 계림부鷄林府에서 쓰다.[4]

1693년 경주부에서 간행한 『익재난고』 책판, 한국국학진흥원 소장

1600년에 간행한 책판의 자획이 손상되어 더 이상 인출이 불가능하기에 연보를 추가하여 다시 판각을 하게 되었다고 한다. 이때 간행된 책판은 책판 목록의 '경주慶州' 항목에서 확인할 수 있어 경주지역에서 계속 보존되었음을 알수 있다.5 이때의 책판은 경주 이씨 양월 문중에서 2007년에 기탁하여 현재 한국국학진흥원이 보관하게 되었다.

경주부 관아에서 간행한 또 다른 책판으로는『동래정씨족보東萊鄭氏族譜』를 들수 있다. "병신(1716) 5월 경주부慶州府 개간開刊"이라는 간기와 함께 경주부윤 정필동鄭必東(1653~1718)의 후서後敍가 있어 당시 경주부윤의 주도로 간행이 이루어졌던 또 다른 사례임을 알 수 있다.

서원
|

한국국학진흥원 소장 책판의 간행처로 가장 대표적인 곳이 서원임은 이미알려진 사실이다. 특히 19세기 경북지역의 책판 간행은 서원을 중심으로 이루어졌다 해도 과언이 아니다. 서원에 향사되거나 학문적 사우관계에 있던 인물의 저술이 사림의 공론이 결집된 서원의 주도로 간행되었던 것이다.6

간기가 있는 대표적인 서원 책판을 시기에 따라 간략하게 소개하고자 한다. 신지제申之悌(1562~1624)의 문집인『오봉선생문집梧峯先生文集』의 책판에는 "경신중춘 장대서원 개간庚申仲春 藏待書院 開刊"이라는 간기가 남아있어 1740년 장대서원에서 간행되었음을 말해준다. 퇴계 이황이 주희朱熹를 비롯한 송·원·명 주자학자들의 행장, 전기, 어록 등을 서술한『송계원명이학통록宋季元明理學通錄』의 책판에는 "상지 십구년 계해동 도산서원 중간上之十九年癸亥冬 陶山書院 重刊"이라는 간기가 있다. 즉 1743년 도산서원에서 중간되었던 책판이다.

　1700년대 서원에서 간행된 다른 사례로 유진柳袗(1582~1635)의 연보인 『수암
선생연보修巖先生年譜』가 있다. 책판 간기에 "계사칠월 병산서원 중간癸巳七月 屛山書
院 重刊"이라 표기되어 있어 1773년 병산서원에서 중간된 책판임을 확인할 수 있
다. 또한 1800년대 초반에 간행된 것으로 추정되는 『심경부주心經附註』의 경우
에는 "삼계서원 모각三溪書院摹刻"이라는 간기가 있어 삼계서원에서 간행되었던
책판임을 알 수 있고, 홍관洪灌(?~1126)의 사적事蹟에 대한 사실 여부를 고증한
『홍충평공사적고洪忠平公事蹟考』의 책판에는 "숭정 사 병오 납월 일 군위양천서원
개간崇禎四丙午臘月日 軍威良川書院 開刊"이라는 간기가 있어 1846년 양천서원에서 간
행된 책판임을 알 수 있다. 영양 재령 이씨 석보 문중에서 기탁한 이유원李猷遠
(1695~1772)의 『냉천문집冷泉文集』의 간행 기록은 책판의 뒷면에 묵서로 남아 있
는데, "상지 십구 년 임오 (…) 문집 간행 우진성봉람구저上之十九年壬午 (…) 文集刻行
于眞城鳳覽舊邸"라 했다. 즉 영양 입암면으로 이건하기 이전인 청송 진보면 봉람서
원 옛터에서 1882년에 간행했고, 이와 함께 판각에 참여한 각수의 이름을 나
열했다. 이밖에도 청도 밀양 박씨 선암 문중에서 기탁한 박익朴翊(1332~1398)
의 『송은선생문집松隱先生文集』 책판에는 "을해 중간 선암장판乙亥重刊 仙巖藏板"이
라는 판각으로 1935년 선암서원에서 간행되었음을 표기했다. 또한 한산 이씨
대산 종가에서 기탁한 『고산급문록高山及門錄』의 경우에는 소화昭和 연간의 판권
이 새겨진 책판이 함께 남아 있어 1940년 고산서원에서 간행되었음을 확인할
수 있다.

서당

한국국학진흥원 소장 책판의 간행처로 서원이 계속적으로 부각되었는데, 서원만큼 중요한 책판 간행처가 서당이다. 특히 18세기 후반 이후에 서당에서 간행된 책판이 한국국학진흥원에 다수 소장되어 있다. 이들 책판의 성격은 18세기 이후 서당의 성격과도 관련이 있으므로 서당 간행 책판에 대한 연구와 관심이 필요하다.

18세기 후반이 되면 서당의 성격이 이전과 다른 양상으로 나타나는데, 18세기 후반부터 서당 설립자들은 그들의 신분 유지를 위해 선조를 향사享祀하기 시작했다. 이어 19세기부터는 서당의 향사가 일족의 선조에 한정되는 경향을 띠면서 서당이 가묘화되어갔다. 이것은 숙종 이후 꾸준히 강조된 서원억제책으로 인해 서원 입사가 정책적으로 봉쇄되자 향촌 사람들이 서당 향사를 그 대안으로 삼게 되고, 대원군이 서원을 철폐시킴에 따라 서원이 서당으로 변모하는 양상을 띤 것과 연관된다.[7]

서당에서 간행되었음을 표기한 간기를 시기별로 소개하면, 우선 성산 여씨 원정공파 종중에서 기탁한 『성산여씨세보星山呂氏世譜』 책판이 있다. 이 책판에는 "병진 오월 상한 개간 우성주월회당丙辰五月上澣 開刊于星州月會堂"이라는 간기가 있어 1796년 성주 벽진면 월회당에서 간행되었음을 알 수 있다. 월회당은 여희림呂希臨(1481~1553)이 여씨향약을 교육하기 위해 세운 서당으로 성산 여씨 관련 서책의 간행이 이루어졌던 곳이다.

또 다른 사례로는 안동 권씨 급사중공파 후암공 종중에서 기탁한 권렴權濂(1701~1781)의 『명성집람明誠集覽』 책판으로, "신사 칠월 일 마평서당 개간辛巳七月日 馬坪書堂 開刊"이라는 간기가 있어 1821년 청송 마평서당에서 간행했음을 표기했다. 달성 서씨 석간정 종택에서 기탁한 김종덕金宗德(1724~1797)의 『성학정로聖學正路』 책판에도 서당에서 간행했음을 알려주는 간기가 있는데, "기유 계춘 일 청송 부강서당 장판己酉季春日 靑松鳧江書堂藏板"이라는 간기와 함께 "약중편 주절 휘요 동시배간約中篇 朱節彙要 同時拜刊"이라 표기했다. 즉 1849년 청송 부강서당에 서 『약중편』 『주절휘요』와 동시에 『성학정로』가 간행되었음을 의미한다. 이때 동 시에 간행된 『약중편』 『주절휘요』의 책판 또한 한국국학진흥원에 기탁되어 있 는데 동일한 간기와 문구가 새겨져 있음을 확인할 수 있다. 1800년대 서당에서 간행된 책판의 또 다른 사례로 풍산 류씨 하회 충효당 기탁의 『서애선생문집西厓先生文集』이 있다. 본문 마지막에 "갑오 계추 옥연 중간甲午季秋 玉淵重刊"이라고 판각된 간기와 "갑오 중간 옥연서당甲午重刊 玉淵書堂"이라 묵서된 간기가 함께 남 아 있다. 즉 1894년 옥연서당에서 중간한 책판이다.

서당에서 간행된 책판의 특징 중 하나는 1900년대의 것이 대다수를 차지한 다는 점이다. 청주 정씨 문목공파 대종회에서 기탁한 『만오선생문집晩悟先生文集』은 1925년 회연서당檜淵書堂 간행 책판이며, 야송 성씨 충숙공파 종중 백세 각 기탁의 『야계선생문집倻溪先生文集』 책판은 같은 해 봉강서당鳳岡書堂에서 간행 된 것이다. 이외에도 성산 여씨 원정공파 종중 및 성산이씨 한주 종택에서 기 탁한 『원정선생실기圓亭先生實紀』와 『몽어유훈蒙語類訓』도 1933년 경행서당景行書堂, 1935년 삼봉서당三峯書堂에서 간행한 것임을 판권이 새겨진 판목을 통해 확인 할 수 있다. 이와 같이 한국국학진흥원에는 다수의 서당 간행 책판이 소장되어 있어 이에 대한 별도의 연구도 흥미로운 결과가 있을 것으로 기대한다.

뇌풍정에서 간행한 『입재선생유고』 책판 마구리, 한국국학진흥원 소장

정재와 사가

|

지방 관아, 서원, 향교, 서당 등에서 간행한 책판 이외에 누정樓亭 또는 정사精舍, 재각齋閣 등 문중에서 간행한 사가私家 책판의 사례도 많은 비중을 차지한다. 문중의 사가에서 간행된 책판은 대부분 19세기 이후의 것이며, 문중의 가계 또는 선조와 관련된 서책이라는 특징이 있다.

간기가 있는 사례를 살펴보면, 대구 인천 채씨 송담 종중에서 기탁한 채선길蔡先吉(1569~1646), 채선현蔡先見(1574~1644) 형제의 『소성연방집邵城聯芳集』에 "기사 사월 일 압로정 신간己巳四月日 狎鷺亭 新刊"이라 하여 1809년 대구 압로정에서 간행된 책판임을 말해준다. 단양 우씨 우현보禹玄寶(1333~1400)의 후손들이 계통을 바로잡기 위해 편찬한 『단양우씨보계변정록丹陽禹氏譜系卞正錄』 간기의 경우에는 "신해 구월 일 안동 정정재사 간辛亥九月日 安東鼎井齋舍 刊"이라 하여 1911년 문중의 정정재사에서 간행했음을 표기했다. 정재亭齋에서 간행되었던 또 다른 사례로 봉화 진주 강씨 입재 문중에서 기탁한 강재항姜再恒(1689~1756)의 『입재선생유고立齋先生遺稿』를 들 수 있다. 『입재선생유고』 책판에는 별도의 간기가 없으나 발문跋文이 판각된 책판의 마구리에 "계축 칠월 일 뇌풍정 각癸丑七月日 雷風亭 刻"이라 표기했다. 즉 봉화 법전면 뇌풍정에서 1913년에 간행된 책판이 남아 있는 것이다. 경주 손씨 송첨 종택에서 기탁한 손중돈孫仲暾(1463~1529)의 『우재선생문집愚齋先生文集』 또한 경주 손씨 문중의 관가정觀稼亭에서 간행한 책판임을 "관가정장판 을해觀稼亭藏板 乙亥"라는 간기와 별도의 판권을 통해 살펴볼 수 있다.

이상에서 소개한 책판의 간행처인 지방 관아, 서원, 서당, 사가는 한국국학진흥원 소장 책판 가운데 간기가 완전하게 남아 있는 사례를 중심으로 살펴본 것이다. 이밖에도 사찰이나 산중을 간행처로 표기한 사례가 있어 주목을 끈다.[8] 추후 이들을 포함하는 한국국학진흥원 소장 책판의 종합적 연구를 통해 그간 알려지지 않았던 책판 문화의 다양한 모습들이 하나씩 밝혀질 수 있을 것으로 기대된다.

책판의 실질적 간행 공간

책판의 간기에 표기된 공식 간행처는 서원, 서당에서부터 지방 관아, 사가, 향교 등 다양했다. 간기에 표기된 간행처는 간행된 장소를 가리키는 것이지만, 포괄적인 의미에서 이것은 간행 주체로 해석할 수도 있다. 간행처가 실제 책판 간행이 이루어진 공간을 말할 때도 있지만 그렇지 않은 경우가 발견되고 있어, 간행처와 간행 공간을 동일한 개념으로 인정하기에는 무리가 있어 보인다.

공식 간행처와 실제 간행장소가 일치하는 사례로는 『퇴계선생문집』의 1817년 보각補刻 책판을 들 수 있다. 책판의 간행처인 도산서원에서 1817년 실제 간행이 이루어졌는데, 개간할 당시의 전말을 기록한 『선생문집개간일기先生文集開刊日記』를 통해 이를 확인할 수 있다.9 도산서원은 별소에 설비를 갖추어 간역을 전담하고, 사찰과 문중에서 조달한 판목을 서원으로 옮겨와 판목 제작 작업을 했으며, 인근지역 각수들을 서원으로 불러들여 도산서원에서 판각을 시행했다. 또한 간역에 참여한 이들이 서원에서 숙식을 해결하며 지냈다는 기

丁丑

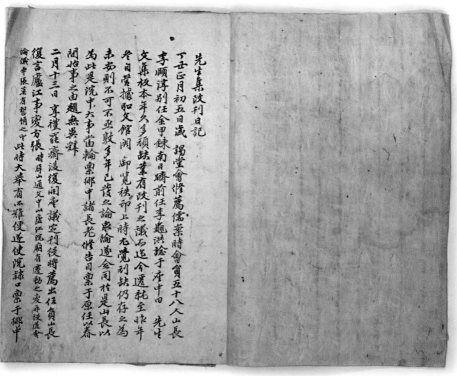

先生文集改刊日記

丁丑正月初五日歲 謁堂會修薦儒業 時會員五十八人山長
李顗淳別任金甲錬南日矯前任李龜南洪諗于座中四 先生
文集校本年久多顊缺業有改刊之議而迄今遷祝至昨年
冬自撥敀文館閒 御覽秩卲上時旡覺刊缺仍存之為
未宏刖不可不亟敦多年已費之論衆逯金同柏是山長以
為此是院中六事齒輪禀鄉中諸長老修告目禀于原住巷
閒始事之面題無異雜

二月十三日享禮罷齋後開事議定刊役將薦出任負山長
復言盧江事瘦方張 將厈山通文中以屛江院廟有還動之爻舟陵逞舍
論議甲張菜有智愭之中吐時大舉有不雜使近使院隷口禀于鄉中

1817년 『퇴계선생문집』 간역일기, 한국국학진흥원 소장

록도 남아 있어, 서사, 간행, 교정, 인출, 제책에 이르는 전 과정이 간행처인 도산서원에서 이루어졌음을 알 수 있다. 즉 이는 공식 간행처와 간행 공간이 일치하는 사례다.

간기에 표기된 공식 간행처가 실제 간행 공간과 일치하지 않는 사례도 다수 확인된다. 대표적인 사례가 최진립崔震立(1568~1636)의 실기인 『정무공최선생실기貞武公崔先生實紀』다. 1784년에 간행된 『정무공최선생실기』 삼간본三刊本의 간기에는 "용산서원 중간龍山書院重刊"이라 하여 용산서원에서 간행된 책판임을 명시했으나, 이 실기를 간행할 때 작성된 장부 『실기간역소도록實紀刊役所都錄』에 의하면 실제 간행이 이루어진 간역소는 천룡사天龍寺의 암자인 서암西菴이었다. 서사와 교정을 거쳐 원고를 완성하는 과정은 용산서원에서 이루어졌으나 실제 판각과 인출, 제책 과정은 천룡사 서암에서 이루어졌던 것이다.

공식 간행처와 실제 간행 공간이 일치하지 않는 또 다른 사례로 최흥원崔興遠(1705~1786)의 『백불암선생문집百弗菴先生文集』 책판을 들 수 있다. 1815년에 간행된 『백불암선생문집』의 공식 간행처는 대구 경주 최씨 백불암 종가지만, 실제 간행 작업이 이루어진 공간은 고령의 봉천서당이었음을 문집을 간역할 때의 기록인 『사문문집간역기사師門文集刊役記事』를 통해 확인할 수 있다. 문집의 간역소를 설치하여 임사任司와 각수들이 작업하고 생활한 공간은 봉천서당이었던 것이다.

이주정李周禎(1750~1818)의 『대계선생문집大溪先生文集』 간행도 공식 간행처와 실제 간행 공간이 일치하지 않는 경우다. 문집의 간행처는 고성 이씨 화수계花樹契와 대계 이주정 가문이지만, 이주정의 증손이 기록한 『대계집간역시일기大溪集刊役時日記』에 의하면 실제 간행은 안동 묵계默溪에 사는 각수의 집에서 이루어졌다.

책판 간행 공간의 조건

간행과정에서 작성한 일기, 기사, 참여 명단, 지출 내역장부 등의 자료를 살펴본 결과 공식 간행처와 실제 간행 공간을 동일한 개념으로 보기에는 무리가 있음이 드러났다. 그렇다면 간행 공간은 어떤 상황을 고려하여 결정되었던 것일까? 18~19세기의 책판 간행 사례를 중심으로 간행 공간의 조건에 대해 살펴보고자 한다.

물력과 인력 확보의 용이성

책판 간행의 가장 중요한 요건은 완성된 원고와 물력·인력의 확보였다. 원고 또한 교정과 서사의 반복을 통해 완성도를 높일 수 있다는 점에서 일종의 인력 문제와 연결된다. 따라서 서수, 각수, 목수 등의 인력을 확보할 수 있으며 판목,

종이, 먹 등의 물력 조달이 용이한 장소라야 원활한 간행이 이루어질 수 있다. 그렇다면 책판 간행 시 이들 인력과 물력은 어디에서 확보했을까. 1815년 『백불암선생문집』 간행을 사례로 살펴보면 다음과 같다.

> 마침내 여러 처소의 교본을 우산愚山에게 가져가 교정하고, 인하여 본가의 여러 사람들과 함께 속히 판각의 역사를 도모했다. 합천 해인사에서 장인 匠人을 불러오고, 성주 수도산에서 재목材木을 다듬고, 고령 봉천서당에 간 소刊所를 설치했으며, 소요되는 물력은 모두 동문들로부터 계출襆出했다. 판목을 켠 것은 계유(1813) 9월, 글자를 새긴 것은 갑술(1814) 8월, 종이에 찍어낸 것은 을해(1815) 정월로, 이 역사役事를 마치는 데 3년이 걸렸으며, 들어간 비용은 모두 800민緡이었다.[10]

문집의 간행 장소는 고령의 봉천서당이었다. 판목은 성주 수도산에서 조달했고, 각수 등의 인력은 합천 해인사에서 확보했다. 수도산에서 조달한 판목의 수량은 330판이고, 이외에 손잡이로 사용된 마구리용 장두목裝頭木 100개가 고령 봉천서당으로 운반되었다. 참여한 장인은 해인사 승려 9명을 포함하여 모두 28명이었는데, 지역별로 살펴보면 다음 표와 같다.[11]

[표 1] 1815년 『백불암선생문집』 참여 장인의 지역분포

합천 (3명)	해인사 (9명)	성주 (1명)	용기사 (1명)	대구 (8명)	동화사 (1명)	거창 (4명)	창령 (1명)
李興植(刻手) 朴勝百(刻手) 金日孫(木手)	釋頓慧都(刻手) 釋碩沾(掌務) 釋達信(曹司) 釋坦澄(刻手) 釋達熙(刻手) 釋戒沾(刻手) 釋定印(刻手) 釋允性(刻手) 釋戒寬(炊飯)	裵正玉(刻手)	釋有榮(刻手)	金興朶(公事員) 韓宅守(刻手) 金宗一(刻手) 朴台觀(刻手) 金昌祿(刻手) 韓繼千(刻手) 金根(冊工) 李龍(冊工)	釋肯令(刻手)	張慶運(首頭) 方德成(刻手) 吳尙得(刻手) 朴萬儀(刻手)	李宜植(刻手)

문집 부록의 경우에는 아예 해인사에서 판각과 인출이 이루어졌고, 완성된 책판과 인출지가 봉천서당으로 옮겨왔다.[12] 즉 『백불암선생문집』 간행에 있어 해인사와 수도산은 중요한 물적·인적 자원의 조달지였으므로, 간역소로서 적합하려면 이들로부터의 접근이 용이한 지역이어야 했다. 고령 지역은 해인사와 수도산 두 곳에서의 접근이 용이하며, 대구, 거창, 합천, 성주, 창녕의 장인들을 확보하기에도 용이한 지역이었다고 볼 수 있다.[13]

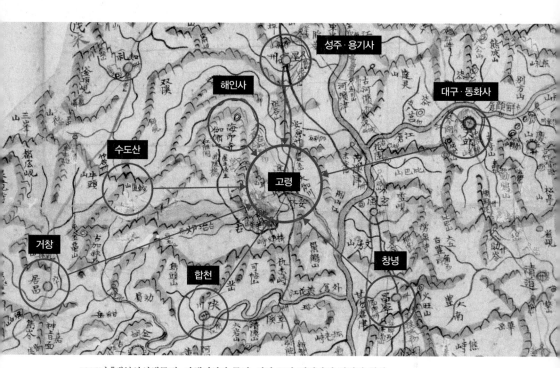

1815년 『백불암선생문집』 간행지역과 물력·인력 조달 지역과의 지리적 위치

목판의 행간에서
조선의 지식문화를 읽다

1817년 도산서원에서 간행된 『퇴계선생문집』 보각 작업의 경우에도 인근지역에서 물자와 각수를 동원했다. 판목은 청량산淸凉山과 영양 주곡 조씨 문중에서 조달했고, 장인은 청량사, 광흥사, 용담사 승려들과 안동·영주지역 각수들을 확보했다. 이때의 조달 지역들도 『백불암선생문집』의 사례와 마찬가지로 예안 도산서원을 중심으로 접근이 용이한 경로를 통해 물력과 인력의 지원을 받았다.[14]

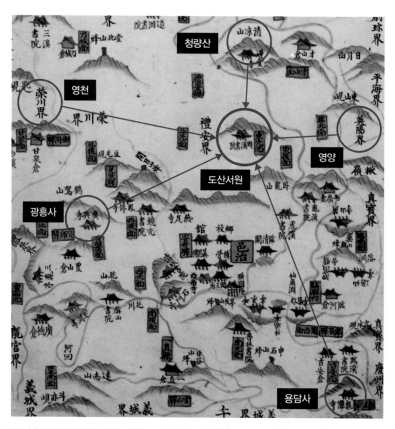

1817년 『퇴계선생문집』 정축보각본丁丑補刻本 간행지역과 물력·인력 조달 지역과의 지리적 위치

용산서원에서 1784년 간행했던 『정무공최선생실기』의 판각이 실제 천룡사 서암에서 이루어졌음을 앞서 언급했는데, 천룡사 서암도 책판의 판각과 인출에 필요한 물력을 조달할 수 있었던 주요 공간이었다. 이는 용산서원에서 작성한 아래의 완의完議를 통해 확인할 수 있다.

> 이 암자(서암)는 천룡사 속암屬菴으로서 잔폐한 해가 오래되어 장차 공허한 지경에 이르렀으므로 본사(천룡사)에서 서원(용산서원)에 척매斥賣하여 서원의 속암이 되었다. 본원에서 승도를 모입募入하여 지통紙桶과 저부楮釜(닥나무 삶는 가마)를 마련해주어 거승居僧들이 편안히 모일 수 있는 곳으로 삼았다. 그러하니 완호完護하는 범절은 일제히 본원의 작정조례酌定條例에 의거하여 영구히 거행할 것이다.[15]

위 내용에 의하면 책판의 간행 장소였던 서암은 천룡사에서 용산서원에 헐값에 팖으로써 용산서원 소유가 되었다. 서원에서는 종이 만드는 도구인 지통과 닥나무 삶는 가마인 저부楮釜를 지원하고 승려를 모집하여 종이를 만들 수 있게 했고, 대신 가마세釜稅로 서원에 필요한 종이를 만들어 납부하게 했던 것이다. 서암은 인출에 필요한 종이를 원활히 조달할 수 있었으며 사찰에 소속된 각수 등의 인적 네트워크가 형성되어 있는 곳이었기 때문에 책판 간행 장소로서 적합했던 것으로 보인다.

목판의 행간에서
조선의 지식문화를 읽다

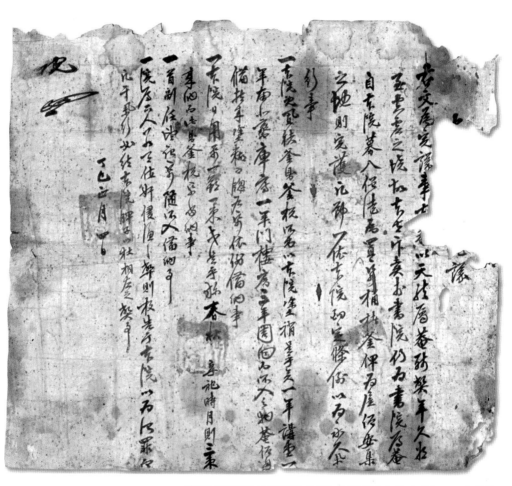

천룡사 암자에서 용산서원에 종이를 공급하였음을 알 수 있는 1737년 완의

참여 인력의 작업 및 생활공간 확보

|

책판을 간행할 때는 많은 사람들이 모이게 된다. 원고를 교정하고 문장을 확인하는 유사들부터 판각하는 사람, 마구리 제작하는 사람, 인출하는 사람, 표지를 만들어 책 매는 사람, 장인들을 관리하는 임사들, 매일의 지출과 작업량을 기록하는 사람들 등이 생활하는 공간이다. 사람이 모이면 먹어야 하고 묵어야 하는데, 이때 작업과 생활이 가능한 공간이 요구되며 여기에 상당한 지출이 발생한다. 책판 간행 공간의 요건은 공간 자체의 확보는 물론 숙식이 가능한 곳이어야 했다.

1884년 안동 고성 이씨가에서는 선조의 문집인 『대계선생문집』의 간행을 결정했으나 간행할 공간이 없음을 한탄했는데, 그 내용은 다음과 같다.

> 문중 장덕長德들이 다 올해에 간역 일을 시작하자고 말했으니 내 선친의 유지를 알아주었기 때문이다. 내가 감히 받들어서 일을 주선해야 하지 않겠는가마는 기근과 흉년을 만나 일은 크고 힘은 작으니, 우선 장소를 마련하려 하여도 거기에 따른 모든 일들이 예년에 비하여 갑절이 되는 정도가 아니었다. 그리하여 (…) 전적으로 각수에게 위임하는 것이다. 판각을 가지고 오면 공임과 소용된 비용을 주기로 하되, 판재가 혹 좋지 못하여 글자의 모양이 정교하지 못하면 비록 이미 판에 새겼다 하더라도 꼭 되물린다는 뜻으로 약속했다. (…) 2월 26일 비로소 길협의 묵계에서 간행이 시작되었다. 묵계는 즉 각수의 집이 있는 마을 이름이다.[16]

고성 이씨가에서는 간역에 관여하는 수많은 사람들의 숙식 관련 비용과 장

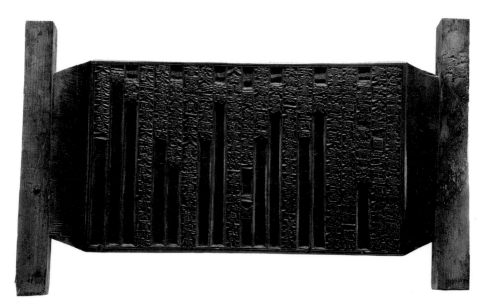

1884년에 간행한 『대계선생문집』 책판

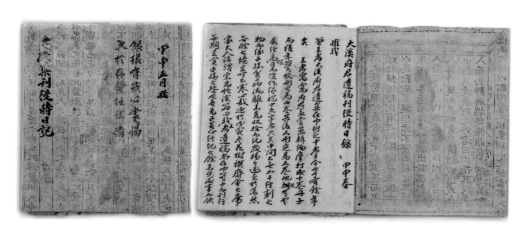

1884년 『대계선생문집』 간역일기(이상 한국국학진흥원 소장)

소를 지원할 수가 없었기 때문에 판각의 모든 업무와 책임을 각수에게 전적으로 위임하여 각수의 집에서 판각 후 가져오는 방식을 택했다. 완성된 원고를 판에 새기는 과정에서 물리적 거리로 인해 의사소통이 원활하지 못한 어려움도 있었으나 간역소를 드나드는 사람들의 숙식비용을 절약하기 위한 최선의 방법이었다.

1817년 도산서원에서의 책판 간행은 상황이 달랐다. 작업 공간은 넉넉했고 숙식 제공에도 어려움이 없었던 것으로 보인다. 그날그날 서원에 들어오고 나가는 사람들이 많아 체류 인원수를 계산하기 힘들지만, 5월 28일자 기준으로 16명의 각수와 여러 서원 선비들이 체류한 것으로 보아 책판 간행에 관련된 인물이 하루 평균 20명 이상 숙식했을 것으로 추측된다.[17] 술과 음식을 각수들에게 나누어주거나 국수 등의 별미를 제공하는 모습이 묘사되어 있고, 작업이 끝나 각수들이 떠나기 전에는 전별을 위해 술과 음식이 마련되었다. 그러나 장마로 물이 범람하여 도로가 끊어졌을 때에는 식재료의 부족으로 수많은 인원의 음식 제공이 힘들다며 걱정하는 상황도 있었고,[18] 장마가 지나간 뒤 시장에서 쌀을 판매하지 않아 식사 제공에 문제가 생겼다며 식재료 공급의 어려움을 토로하기도 했다. 인원수가 많이 필요한 작업인 만큼 식비의 지출이 상당히 큰 비중을 차지했던 것이다.

1815년 『백불암선생문집』을 간행할 때는 가장 먼저 지출하여 준비한 것이 도각수의 인건비都刻手工價, 판에 새길 최종 원고인 간본 서사료刋本書寫價, 판목값運板貰·裝頭木이었다.[19] 즉 사람과 원고와 판목이 가장 중요한 요소였음을 확인할 수 있다. 그 다음 지출하여 준비해둔 것은 불 때는 나무인 식목찬목食木爨木과 밥솥인 식정食鼎이었다. 숙식 제공에 필요한 나무와 밥 짓는 솥이 그 다음으로 중요한 물품이었던 것이다. 인력들이 먹어야 작업을 할 수 있었기에 준비해두어야 하는 필수품이었다. 또한 주목할 만한 부분은 간행 작업에 참여한 인력들의 명단 마지막에 취반炊飯을 담당한 해인사 승려 석계관釋戒寬과 노노奴 윤발允發을 기록했다는 점이다. 식사를 담당하는 이들을 간역 참여자로 인식했던 점과 해인사에서 식사를 담당할 승려를 별도로 배정했다는 점에서 간행 작업에서 식생활이 차지하는 비중이 어떠하였는지를 짐작할 수 있다.

1784년 『정무공최선생실기』의 간행을 위해 용산서원에서의 서사·교정 작업과 천룡사 서암에서의 판각·인출 작업과정에서 소비되었던 식재료와 술, 담배 사용내역을 『실기간역소도록實紀刊役所都錄』에 기록해두었는데, 그 내용을 요약하면 [표 2]와 같다. 쌀·찹쌀·적두·메밀 등의 곡식류, 미역·김·파래 등의 해조류, 청어·명태 등의 어류, 닭고기·쇠고기·생치 등의 육류에서부터 소금·메주·장·누룩까지 식생활에 필요한 각종 식재료가 사용되었다. 또한 사람이 모이고 생활하는 곳이었기 때문에 술값과 담뱃값이 빠지지 않고 계속적으로 지출되었다. 이와 같이 『실기간역소도록』에는 다양한 식재료와 당시의 상황이 기록되어 있어 소비된 쌀과 식재료를 분석한다면 체류했던 인원과 간역소에서의 생활 방식을 이해할 수 있고, 간역에 필요한 생활 물자의 대략적인 규모를 알 수 있다.

[표 2] 1784년 『정무공최선생실기』 간역시 소비되었던 식재료 종류 및 술·담배 사용내역

	소비되었던 식재료 종류	술·담배 사용내역
원고 서사·교정 2.2~2.21	쌀米, 건시乾柿, 유과飴糖, 두부造泡, 김海衣, 흰소금白鹽, 청어靑魚, 생치生雉, 쇠고기黃肉, 대게紫蟹, 묵은닭陳鷄, 명태明太, 떡餅 등	·册版運來人酒價 ·靑松南生員來時酒價 ·諸員來會時酒價 ·刻手酒價 ·南草價持去西菴
판각 2.22~윤3.11	쌀米, 미음漿, 파래靑海衣, 김海衣, 두부造泡, 밀가루眞末, 소금鹽, 미역甘藿, 자반麻佐飯, 들깨水荏, 적두赤豆, 청어淸魚, 생치生雉, 붉은게紫蠏, 누룩曲子, 메주薰造, 장醬, 쇠고기黃肉, 떡餅, 유과飴糖, 어채魚菜, 생곽生藿, 찹쌀粘米, 참깨眞荏, 태란太卵, 생총生蔥, 게蟹, 송아지黃犢, 메밀木麥 등	·見市時僧人酒價 ·藏材木斫伐時酒價 ·庫子處酒價 ·客酒價 ·木手酒價·大丁酒價 ·冶匠人酒 ·刻手酒價 ·藿洞南草價 ·佳岩南草價
인출·제책 윤3.15~4.1	쌀米, 양미粮米, 어찬魚饌, 장醬, 밀가루眞末, 누룩曲子 등	·木手放送時酒價 ·册匠放送時酒價 ·畵工放送時酒價 ·永學僧酒價 ·院下人等酒價 ·客酒價 ·南草價

장인들의 작업 공간도 확보되어 있어야 판각 등의 작업을 할 수 있었다. 도산서원에서 이루어진 『퇴계선생문집』 판각의 경우에는 강이 범람하고 도로가 두절될 정도의 장맛비가 내려도 판각이 계속되었는데, 이것으로 보아 대부분의 작업은 실내에서 이루어진 듯하다. 『백불암선생문집』이 간행되었던 봉천서당의 경우에는 판각이 시작되기 이전에 판각 작업을 위한 가건물인 가가假家를 세웠다. 이는 서당의 규모가 크지 않았기 때문에 작업 공간의 확보를 위해 필수적이었던 것으로 보인다. 「간역소하기刊役所下記」에는 가가목假家木 20개의 값과 가가를 조성할 때 지출한 역정役丁의 인건비 내역이 기록되어 있어 가가의 대략적인 규모를 추측할 수 있다.[20]

이와 같이 책판 간행을 위해서는 간행에 참여한 인력이 작업하고 생활할 수 있는 공간이 확보되고 이들의 식생활을 해결할 수 있는 조건을 만족하는 간행 공간이 필수적이었다.

간행 주체와 소통 가능한 시스템 구축
|

간행 공간의 조건으로 가장 중요한 부분 중 하나는 간행 주체와 소통이 가능한 거리에 있으며, 소통할 수 있는 시스템이 있어야 한다는 점이다. 간행 주체와의 원활한 소통을 위해 가장 좋은 조건은 간행 주체와 간행 장소가 일치하는 경우다. 그래야 조직의 구성원 의견이 수합되고 교정과 수정이 필요한 즉시 판각에 반영할 수 있기 때문이다. 그렇지 못할 경우에는 간행 주체와의 거리가 가까울수록 소통이 원활하다고 볼 수 있다. 1784년『정무공최선생실기』간행의 경우 간행 주체인 용산서원과 간행 장소인 천룡사 서암은 물리적으로

용산서원(숭렬사崇烈祠)과 천룡사의 위치

가까운 거리에 위치하고 있어[21] 수시로 서원의 도감과 유사가 결정한 사항과 의견을 반영할 수 있었고, 작업의 감시·감독도 효율적이었을 것이다. 당시의 것은 아니지만 1874년 용산서원에서 정무공 최진립의 실기를 중간할 때 작성한 집사기執事記를 살펴보면, 인원의 전체 구성이 도감 1인, 교정도감 2인, 교정유사 3인, 간국유사 2인, 서사유사 3인, 감인유사 4인으로 이루어져 교정·서사·인출 감독에 초점을 둔 시스템임을 알 수 있다. 이것은 간행 주체인 용산서원과 간행 장소인 천룡사 서암이 가까운 거리에 있었기 때문에 실질적 간역 업무보다는 교정·서사에 중점을 두었던 것으로 보인다.

반면 1815년 『백불암선생문집』의 경우, 간행 주체인 대구 백불암 종중과 간행 장소인 고령 봉천서당은 원활히 소통하기에 물리적으로 상당히 먼 거리였다고 할 수 있다. 때문에 간역 담당자들의 구성과 거주지를 고려하여 효과적인 시스템을 갖추었다. 그 구성과 거주지를 살펴보면 [표 3]과 같다.

[표 3] 1815년 『백불암선생문집』 간역임사의 구성과 거주지

동문계 임사同門稧 任司		간역소 임사 刊役所 任司					
도청都廳	유사有司	도검都檢	벌판伐板	운판運板	교정校正	감인監印	사화司貨
趙宅奎(대구) 李祥發(의성)	蔡必勳(대구) 崔奎鎭(대구) 郭柱基(대구) 崔孝述(대구)	李光理(성주)	鄭夢說(합천)	文光瓚(합천)	李銇(칠곡) 鄭奎錫(성주) 李仲樑(초계)	朴基復(대구) 李深(대구) 朴慶家(고령)	李會運(칠곡)

표에서 보이듯이 이들은 크게 2가지 구조로 나뉘었다. 동문계 임사의 경우에는 대부분 대구에 거주하며 금전적 지원을 하는 역할을 했고, 간역소 임사의 경우는 실제 간행 장소인 봉천서당을 중심으로 인근지역 거주 인물들로 구

목판의 행간에서
조선의 지식문화를 읽다

성되어 봉천서당에서 이루어지는 간역의 실무를 다루었다. 예를 들면, 나무를 베는 벌판, 벤 나무를 간역소까지 운반하는 운판, 원고의 교정, 책판의 인출을 감독하는 감인, 전체 기록(장부·시도기)을 담당하는 사화 등 상당히 세부적이고 실질적으로 구성되어 있었다. 이것은 간행 주체와 간행 공간의 물리적 거리를 좁히기 위한 하나의 방편이었던 것으로 짐작된다.

이와 같이 간행 공간의 중요한 조건으로 간행 주체와 소통이 원활한 거리에 위치하거나 소통하기에 적합한 시스템을 갖추어야만 성공적으로 책판 간행이 이루어질 수 있었다.

책판의 간행 비용 및 지출 항목

조선시대 목판본 서책 간행을 위해 책판을 제작하는 과정에서 어느 정도의 비용이 쓰였는지, 당시 물가로 지출 규모는 어느 정도였는지, 소요되었던 재료비·인건비·식비 등은 어느 정도였는지를 자세히 살펴보겠다.

책판 간행 비용을 살펴보기 위해 이 글에서 다루고자 하는 사례는 1891년 단성 성산 김씨 문중에서 『성재선생문집性齋先生文集』 책판을 간행한 경우다. 『성재선생문집』 책판을 간행하는데는 약 1년 6개월의 시간이 소요되었다. 18개월 간의 지출 내역을 별도의 장부에 기록했는데, 이때 작성된 지출장부가 『성재선생문집간소용하기性齋先生文集刊所用下記』다.

장부의 기록 방식을 보면, 1889년 11월 17일부터 1891년 5월 30일까지의 지출 내역을 월별로 기록한 후, 말미에 「각양제비조목기各樣諸費條目記」라 하여 전체 지출 합계를 항목별로 일목요연하게 정리하였다.[22] 『성재선생문집간소용하기』의 분석을 통해 당시의 지출 항목 및 간행비 규모를 짐작할 수 있다.

[표 4] 간역소에서의 지출비용 및 판각소에서의 지출비용의 비중

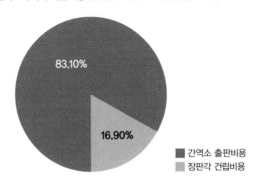

「각양제비조목기」에 의하면 지출 내역은 크게 간역소에서의 지출과 판각소에서의 지출로 구분할 수 있다. 각각 차지하는 비중은 전자가 약 83퍼센트이고, 후자가 약 17퍼센트이다. 책판 간행의 주요 작업이 간역소에서 이루어지기 때문에 80퍼센트 이상의 비용이 간역소에서 소요되었고, 나머지 17퍼센트 정도의 비용은 완성된 책판을 보관할 장소인 장판각을 건립하는데 사용되었던 것이다.

우선 간역소 지출비용에서 중요한 부분을 차지하는 자재비, 인건비, 식생활비의 규모를 파악한 뒤에 판각소에서의 장판각 건립 비용을 살펴보겠다.

막대한 비용이 소요되는 책판 간행에서 가장 중요한 항목은 물력과 인력이다. 즉 판각·인출에 필요한 질 좋은 재료와 숙련된 기술자가 핵심적인 요소인 것이다. 『성재선생문집』 간행에서도 지출비용으로 자재비와 인건비의 비중이 높은 것을 알 수 있는데, [표 5]에서 보는 바와 같이 판각·인출용 자재비가 27.5퍼센트, 인건비 38.4퍼센트, 기타 식비·휴가비·노자 등 식생활비를 합친 것이 34.1퍼센트를 차지하는 것으로 나타났다.

[표 5] 책판 제작에 들어간 지출 항목 및 비용

구분	항목	수량	비용	비중
판각·인출용 자재비	판값板價 운송비 포함	–	249냥 9전 9푼	27.5%
	장두목·염팽목·철물 등의 재료비 粧頭木·鹽烹木·鐵物·臺床·鹽布處下	–	187냥 5전 5푼	
	종이 비용 冊紙價	49塊3軸9卷	1531냥 9전	
인건비	판각 인건비 板工價	632板	2148냥 8전	38.4%
	개판 인건비 改板工價	16板 1丈	53냥 7전	
	초교정 인건비 初校正工價	2603字	78냥 9푼	
	재교정 인건비 再校正工價	758字	21냥 7전 4푼	
	인출 인건비 印出工價	–	450냥	
식생활비	식료 비용 刊所酒食下記	–	1301냥 1전 8푼	34.1%
	휴가 비용 刻手休日下記	–	217냥 1푼	
	노자 비용 各樣路資	–	271냥 2전 6푼	
	잡비 刊所雜費	–	657냥 7전 9푼	
합계			7168냥 2전	100%

* 33권 17책 분량의 간행 비용이며 장판각 건립 비용은 별도임
* 해당 내용은 『性齋先生文集刊所用下記』 末尾마지막 면에 정리된 기록을 근거로 도표화한 것임
* 종이 49塊 3軸 9卷은 총 9만8780장으로 환산됨. 1卷=20張, 1軸=10卷=200張, 1塊=100卷=2000張

판각·인출용 자재비
|

판각에 필요한 최우선의 재료는 두말할 것도 없이 판목 즉 나무판이다. 『성
재선생문집』의 경우 17책을 제작하기 위해 총 632장의 판목이 필요했다. 판목
632장에 소요된 금액은 운반비를 포함하여 250여 냥이었다. 이외에도 판목을
염팽목鹽烹木으로 만들기 위해 필요한 소금값 지출 내역으로 "염가鹽價 9두斗3승
升(9냥6전, 1890.1.24)" "염가鹽價 6두(7냥8전, 1890.2.20)" "창원염가昌原鹽價 31두
2승(51냥, 1890.2.28)" 등 3건이 있고, 소금물을 끓이는 솥 구입 내역으로 따로

"부자가釜子價 6냥5전(1890.1.14)" "염팽부가鹽烹釜價 20냥(1890.5.21)" 2건이 확인된다.

뿐만 아니라 판목에 글씨를 판각하기 위해 필요한 도구인 철정鐵釘, 완성된 책판의 좌우에 달았던 마구리 장두목樁頭木, 판각된 목판의 교정에 필요한 철물鐵物과 어교魚膠 등 다양한 재료비 지출 내역도 확인된다. 이밖에도 정확한 용도는 알 수 없지만 각방용刻房用 수은과 유황·철환鐵環 등을 구입한 사례도 확인된다.[23]

책판 간행에 있어 나무 판목만큼 중요한 물품으로 종이를 들 수 있다. 『성재선생문집』의 경우에도 종이를 구입하는 데 판목값의 6배 이상에 해당되는 1531냥 9푼이 지출되었다. 이것은 출판 비용의 20퍼센트 이상을 차지하는 상당한 금액이다. 구입한 종이의 양은 49괴塊 3축軸 9권卷으로 장수로 계산하면 9만8780장에 달한다. 인출본 『성재선생문집』 1질의 장수를 계산해보면 1267장이므로[24] 1장당 1판씩 인쇄되었을 경우 75질을, 1장당 2판씩 인쇄되었을 경우 150질을 인출할 수 있는 양인 셈이다.[25]

붓과 먹은 빈번히 구입했으나 그 비용은 그리 많지 않았다. 특히 서사용·인출용 먹墨 또는 송연먹松烟의 구입이 잦았고, 수정에 필요한 붉은색 먹唐紅도 수정이 이루어진 시기에 3차례나 구입했던 것으로 확인된다. 제책 과정에서는 책의 표지에 능화 등의 문양을 넣기 위해 필요한 능화판菱花板과 제본에 필요한 바늘鍼을 구입한 기록이 있다.

이외에도 판각·인출·제책에 직접적으로 필요한 물품은 아니지만 서사방書寫房에 필요한 이부자리褥席, 등유·석유·왜유倭油 등의 기름, 노석蘆席·붕석崩席 등의 자리, 각수 등 인부들에게 필요한 토시吐手, 각방·서사방의 문을 잠글 자물쇠鎖金와 열쇠開金 등의 구입에 비용이 소요되었다.

각수와 인출공의 인건비

|

『성재선생문집』 간행에서 인건비는 크게 각수 인건비(각수공가刻手工價)와 인출공 인건비(인출공가印出工價)로 구분된다. 판목에 글자를 새기는 각수의 인건비는 전체 출판 비용의 30퍼센트를 웃돌 정도로 비중이 큰 지출이었다.[26] 시기적으로 살펴보면 각수 인건비는 1890년 2월부터 1891년 3월까지 15개월간 꾸준히 지출되었는데,[27] 이는 18개월의 간역 시기 대부분에 해당된다.

각수가 판각을 완료하여 책판이 완성되면 인출공이 책판에 먹을 칠해 인쇄하는 작업을 했다. 이때 지출된 인출공의 인건비는 약 450냥이었으며, 1891년 2월부터 5월까지 4개월에 걸쳐 지출되었다. 책판 간행과정에서 판각 작업이 인출 작업보다 정교하고 복잡하여 많은 시간이 소요되기 때문에 각수와 인출공의 인건비 및 작업 기간에는 상당한 차이가 뒤따랐다.

각수와 인출공의 인건비는 매달 한 차례, 월말에 정산되었다. 각수의 경우 월말에 인건비와 함께 휴일비가 지급되었는데, 휴일비가 각수에게만 있었다는 점이 매우 흥미롭다. 한 달에 한 번 휴일비가 지급되었다는 것은 매달 한 차례 집에 가는 휴가가 있었다고 해석할 수 있다. 즉 각수는 간역소에서 먹고 자고 생활하며 의식주를 해결했던 것이다. 반면 인출공에게 휴일비가 지급된 사례는 한 건도 발견되지 않는다. 즉 인출공은 자신의 집에서 출퇴근했다고 볼 수 있으며, 이는 해당 지역에 거주하던 인물이 인출 작업에 참여했음을 의미한다.[28]

식생활 비용

|

판각·인출 재료비 및 인건비 외에 큰 비중을 차지하는 것이 밥값食床價·食價, 술값酒價, 담뱃값南草價, 노자, 선물값 등의 식생활 비용이다. 이는 전체 비용의 30퍼센트 이상을 차지할 만큼 중요한 지출이었다. 밥값은 매 월말에 계산하여 한 차례 지급했고, 이때 술값도 포함하여 지급하거나 비슷한 시기에 별도로 지급했다. 술값을 포함한 식사비를 월별로 살펴보면 [표 6]과 같다.

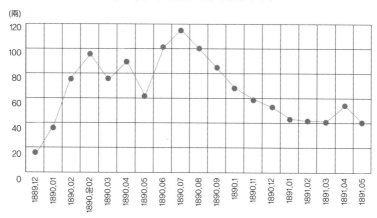

[표 6] 성재선생문집 간행시 월별 주식비

주식비酒食費가 한 달에 60냥 이상 소비된 것은 1890년 2월부터 10월까지이며, 6~8월에는 100냥을 초과하고 있어 간역소에 가장 많은 인원수가 상주했던 시기 즉 가장 활발한 작업이 이루어진 시기임을 알 수 있다.

밥값, 술값 이외에도 식재료비가 만만치 않게 소비되었다. 특히 별찬別饌(특별식)으로 소·개·닭·돼지 등의 육류와 대구·청어·도미·오징어·문어 등의 생선어

패류의 구입이 빈번히 이루어졌는데, 이는 인부들의 작업 역량을 최상으로 끌어올리기 위한 노력의 일환으로 보인다. 간역소에서 구입한 육류를 별도로 살펴보면 [표 7]과 같다.

[표 7] 간역소에서 소비한 육류의 종류 및 소비량

	소고기黃肉	개고기狗	닭고기雞	돼지고기猪 꿩고기生雉·양고기羔
1890.01	黃肉價 [1/29, 3戔]			生雉1首價 [1/29, 5戔5分]
1890.02			雞1首價 [2/13, 5戔]	
1890.윤02	黃肉價 [閏2/3, 7戔]		雞2首價 [閏2/25, 1兩] 雞1首價 [閏2/25, 5戔]	
1890.03	黃肉價 [3/30, 5戔] 黃肉價 [3/30, 2兩5戔]	狗1首價 [3/29, 4兩3戔]		
1890.04	黃肉價 [4/7, 1兩]	狗羹價 [4/23, 2兩] 狗1首價 [4/25, 4兩3戔]	雞1首價 [4/23, 4戔] 雞1首價 [4/25, 4戔]	雉1首價 [4/22, 5戔]
1890.05		狗半隻價 [5/4, 2兩2戔5分] 狗1首價 [5/11, 3兩3戔]	雞1首價 [5/9, 7戔5分]	猪半隻價 [5/14, 2兩1戔5分]
1890.06	黃肉價 [6/5, 3兩] 黃肉價 [6/9, 8戔] 黃肉價 [6/22, 1兩1戔]		鷄4首價 [6/7, 2兩4戔] 鷄1首價 [6/22, 3戔]	
1890.07	黃肉價 [7/4, 2兩] 黃肉價 [7/14, 5兩] 黃肉價 [7/19, 2戔5分] 黃肉價 [7/24, 2兩9戔]	狗價 [7/2, 5兩] 狗價 [7/4, 4兩]	鷄4首價 [7/13, 1兩1戔2分] 鷄7首價 [7/16, 3兩2戔]	
1890.08	黃肉價 [8/23, 5戔] 黃肉價 [8/29, 1兩8戔]			
1890.09	肉價 [9/29, 4兩1戔6分]	狗1隻價 [9/16, 2兩5分] 狗1首 [9/21, 5兩]	鷄1首價 [9/12, 5戔] 鷄首 [9/12, 1兩3戔] 鷄首 [9/16, 6戔5分]	猪肉價 [9/16, 1兩6戔] 猪價 [9/29, 1兩9戔]
1890.10	黃肉價 [10/20, 2兩] 黃肉價 [10/30, 2兩]	狗1首價 [10/30, 5兩9戔]	鷄1首價 [10/10, 5戔]	
1890.11		狗1首價 [11/20, 4兩7戔]		生雉2首價 [11/29, 1兩7分]
1890.12	黃肉價 [12/29, 2戔]	狗價 [12/29, 4兩5戔]		羔價 [12/16, 6兩]
1891.01	肉價 [1/14, 2兩8戔2分] 肉價 [1/21, 1兩] 黃肉價 [1/21, 3兩]			
1891.02	黃肉價 [2/13, 3兩]	狗價 [2/28, 5兩]		

1891.03	黃肉價 [3/15, 3兩]			
1891.04	黃肉價 [4/9, 2兩7爻] 黃肉價 [4/14, 1兩5分] 肉價 [4/16, 1兩1爻] 牛價落成時 4/16, 51兩]	狗羹價 [4/9, 6兩2爻2分]		
1891.05	肉價 [5/3, 6爻] 黃肉12串價 [5/3, 9兩6爻]	狗價 [5/3, 2兩]		

* 『性齋先生文集刊所用下記』에 근거한 1890년 1월부터 1891년 5월까지의 내역.
* 1891년 4월 16일의 51냥은 장판각 완공 시 잡은 소값이다.

[표 7]에서 보는 바와 같이 주로 소고기인 황육黃肉의 구입이 가장 많았고, 개고기狗와 닭고기雞의 소비도 적지 않았다. 이외에도 돼지고기猪·꿩고기生雉 소비가 있었으나 구입 횟수가 적은 것으로 보아 흔히 먹는 음식은 아니었던 것 같다.

식비 이외에 중요한 소비 항목으로 선물 구입비 또는 사례비를 들 수 있다. 사례비로 물건을 선물하는 경우에는 주로 신발履이 많았고 이외에도 참빗眞梳, 부채扇子, 갓끈冠纓, 망건끈網巾纓, 담뱃대烟竹 등의 물건이 선물용으로 구입되었다. 또한 세탁비洗衣價, 재단비裁衣貫 등으로 사례한 경우도 적지 않게 살펴볼 수 있다.

장판각 등 건립 비용

경제적 여력이 있으면 책판을 보관하는 장판각을 건립하기도 했다. 장판각을 별도로 마련하지 않는 경우도 많았으나, 별도로 장판각을 건립하는 경우 일반적으로 책판 제작이 완료된 이후 경제적으로 여력이 되는 시기에 진행되었다. 『성재선생문집』의 경우에는 판각 작업이 완료되고 인출 작업이 이루어지는 시기에 장판각을 세웠다. 판각이 마무리되고 인출이 시작되던 시기에 착공開基하여 인출 작업과 동시에 진행된 장판각 건립에는 3개월이 걸렸다. 이때 단성 법물리의 장판각 4칸과 성재 문인들의 강학 공간인 이택당麗澤堂 6칸을 함께 만들었고, 이외에도 대문大門 4칸, 곳간庫舍 3칸을 지었다. 장판각이 성재 허전의 문집 책판을 보관하는 공간이라면, 이택당은 성재 허전을 추모하고 그의 학맥을 이어가기 위한 강학 공간이었다. 즉 장판각은 성재의 말과 글을 보존하기 위해, 이택당은 성재의 정신과 학맥을 계승하기 위한 공간이었던 것이다.

장판각 건립에 소요된 비용은 총 1445냥 2전 7푼으로, 전체 비용의 17퍼센트에 육박하는 금액이다. 장판각 및 이택당의 건립 비용을 항목별로 살펴보면 [표 8]과 같다.

[표 8] 책판 보관을 위한 장판각 건립 비용

구분	항목	비용	비중
토지비용	이택당 토지가 麗澤堂基址價	100냥	12.5%
	단계 토지가丹溪基址價	80냥	
건축재료비	단계 옥자가丹溪屋子價	320냥	34.2%
	기와값瓦價	110냥 4전	
	옻칠값漆材價	37냥 2전	
	대문 재목값門間材木價	15냥	
	철정값鐵釘下記	11냥 8전 5푼	
인건비	목수 인건비木手工價	210냥	22.4%
	대문 목수 인건비 門間木手工價	25냥	
	와공 인건비蓋瓦工價	45냥	
	토역공 인건비 [土役工價]	34냥	
	담장 작업 품삯治垣雇價	9냥 9전	

목판의 행간에서
조선의 지식문화를 읽다

	3개의 옥자 양초시 잡비 三屋子橉礎時處下	28냥 7전	
식생활비	장판각 창건시 식비·술값 板閣創建時酒食	127냥 2전 9푼	30.9%
	완공시 식비·술값·소값 落成時酒食與牛雙價	256냥 2푼	
	장판각 판각소 잡비 板閣所雜費	34냥 9전 1푼	
합계		1445냥 2전 7푼	100%

* 해당 내용은 「性齋先生文集刊所用下記」마지막 면에 정리된 기록을 도표화한 것이다.

건립 비용 가운데 법물리 중당의 토지가基址價 및 기와·재목·옻칠·철못 등의 건축자재비가 전체의 50퍼센트에 육박하며, 목수·와공·토역공 등의 인건비가 22퍼센트를 차지한다. 간역소에서의 식생활 비용이 출판 비용의 30퍼센트를 초과했듯, 판각소에서의 식생활비 또한 건립 비용의 30퍼센트를 초과하는 것으로 나타났다. 사람이 모이고 사람이 작업하는 공간인 만큼, 식생활 비용은 간행 및 건립 작업에서 한결같이 중요한 지출 항목이었다.

책판 간행 비용의 규모

책판 간행을 위해 관련 문중과 개인들의 출연금이 조성되고, 간역소에서 자재비·인건비·식생활비로 거액의 자금이 단기간에 소비되는 이와 같은 출판 사업은 계층에 관계없이 해당 지역의 경제 순환을 활성화시키는 중요한 역할을 했다.

육류·야채·주류 등의 식재료와 신·참빗·담배·등유·자리 등의 생활용품들은 해당 지역에서 공수했던 것으로 보이며, 책판 간행 및 건물 건립 작업에 참여한 인력들도 인근지역의 인물일 가능성이 높다. 이는 분명 해당지역 각 계층의 경제생활에 큰 영향을 끼쳤을 것이다. 예를 들어 『성재선생문집』 간행시 인출에 사용한 종이 구입처와 지출금액을 살펴보면 [표 9]과 같다.

[표 9] 간역소에서 구입한 종이 구입처별 지출 금액

구입처	丹城 晚巖	山淸 鐵水	三嘉 大田	晉州 德山	[金元盆]	[金景道]	미상
지출금액	201냥 9전	170냥 6전 3푼	631냥 1전 2푼	123냥	175냥	105냥	161냥 1전 8푼

표를 보면 단성, 산청 등 해당 지역에서 종이를 공수하기도 했지만 삼가, 진주 등 인근 지역에서의 지출도 상당했음을 알 수 있다. 특히 삼가 대전에서 종이를 600냥어치 이상 구입했는데, 이는 필요한 물량이 많기 때문에 인근지역에서 최대한 공급을 받았음을 시사한다.

『성재선생문집』 간행을 위해 마련된 총수입과 총지출을 살펴보면, 18개월 동안 약 9500냥이 마련되었고 같은 기간 동안 약 8500냥이 소비되었다. 이는 출연금 장부인 『성재선생문집간소배전수봉기性齋先生文集刊所排錢收捧記』와 지출금 장부인 『성재선생문집간소용하기性齋先生文集刊所用下記』를 통해 확인할 수 있었다 ([표 10]). 경남 단성이라는 지역에 18개월이라는 단기간에 이런 거액의 돈이 들어오고 소비되었다는 사실은 문집 간행 사업이 지역 경제에 미쳤을 영향력을 짐작하게 한다.

목판의 행간에서
조선의 지식문화를 읽다

[표 10] 『성재선생문집』 간행의 수입과 지출 총액

	총 수입	총 지출
총 금액 (牛價로 환산한 경우)	9518냥 7전 (소 약 187마리)	8613냥 4전 7푼 (소 약 169마리)

* 총수입액은 『性齋先生文集刊所排錢收捧記』에 근거한다.
* 총지출액은 『性齋先生文集刊所用下記』에 근거한다(장판각 건립비 포함).
* 당시 소값은 1마리 51냥이었으며, 이는 1891년 4월 16일의 내용에 근거한다.

『성재선생문집간소용하기』에 의하면 당시 소 한 마리 가격이 51냥으로 표기되었는데, 당시에 수합된 수입금 9500여 냥과 소비된 지출금 8600여 냥을 소값으로 환산했을 때 각각 약 187마리와 169마리에 해당된다. 즉 18개월간 소 170마리가 소비되었던 것이다. 이는 오늘날의 소값으로 환산하더라도 막대한 비용이라고 할 수 있다.

책판 연구의 의의와 속성

인쇄된 서책에서는 볼 수 없지만 그것의 모체인 책판에는 간행할 당시의 생생한 정보들이 숨어 있다. 간행이 이루어진 공간, 그 공간 속 사람들과 그들의 삶을 포착해내는 것이, 이 글을 시작할 때의 목표였다.

지금까지 책판에 새기거나 묵서한 간기를 통해 책판의 공식 간행처를 지방 관아, 서원, 서당, 문중私家 등으로 나누어 살펴보고, 책판의 공식 간행처가 실제 간행이 이루어진 공간과 일치하는지를 검토했다. 그 결과 공식 간행처가 실제 간행 공간과 반드시 일치하지는 않았다. 이러한 검토과정에서 확인된 18~19세기의 간행 사례를 통해 책판이 간행되었던 공간의 모습과 간행 공간을 구성했던 여러 조건들을 알아볼 수 있었다.

책판의 간행은 물력과 인력 조달이 지리적 위치 또는 상황 면에서 매우 용이한 조건을 갖춘 공간에서 이루어졌다. 또한 간행에 참여한 인력들이 작업하고 생활할 수 있는 공간이 필수적이었다. 이들의 숙식을 해결할 수 있는 조건을 갖추어야만 책판 간행이 가능했던 것이다. 이외에도 원활한 간행 작업을 위해 간행 주체와 소통할 수 있는 거리에 위치해야 했고, 그렇지 못한 경우에는 물리적 거리를 만회할 수 있을 만한 운영 구조를 구축하여 구성원들이 실질적으로 소통 가능한 시스템을 갖추고 있었다.

또한 허전의 문집인 『성재선생문집』의 간행 사례를 통해 간행과정에서 소비되었던 막대한 비용, 지출 내역을 통해 본 당시의 상황, 간행 작업에 필요한 물품과 자재, 작업에 투입된 인력의 월급과 휴가 양태, 출연금 및 지출 비용의 규모 등을 살펴보았으며, 이를 통해 책판 간행 사업이 인근지역에 미친 경제적 영향 등도 다루었다.

책판 간행과정 및 배경에 대해 보다 정밀하게 연구하기 위해서는 책판 실물에 새겨졌거나 묵서된 기록들의 정확한 조사와 함께, 책판 간행 시 작성된 일기·장부류를 발굴할 필요가 있다. 또한 책판을 서책의 개념으로 인식한 서명별 조사가 아니라 한 장 한 장의 책판을 하나의 유물로 인식하여 낱장 책판의 전수를 조사하는 작업이 절실하다. 각각의 판마다 담고 있는 역사와 사연은 제각기 다르다. 따라서 서명 단위가 아닌 낱장 단위로 그 제작 연도와 보각·추각의 역사를 되짚어본다면 책판의 주제 및 방법 등에 대한 연구의 장이 더욱 확장될 것으로 기대한다.

제5장

지식과
정보 전달 매체로서의
목판

송정숙

부산대 문헌정보학과 교수

전통사회의 매스미디어, 목판

한국국학진흥원은 2001년부터 목판 10만 장 모으기 운동을 시작해 2013년 12월 현재 6만3000여 장을 수집하여 장판각에 소장하고 있다. 합천 해인사에는 고려대장경판 8만1258판과 그 외 1098년부터 1958년까지 불교 경전을 비롯해 불교의 역사·계율·판화·연구논문·고승의 문집 등 5987판이 보존되어 있다. 경판에는 중국에까지 그 천재성이 알려진 원효의 저술을 포함한 한국의 위대한 고승들의 저술이 있고, 경전 내용을 그림으로 표현한 판화가 각 시대별로 갖추어져 있어 세계에서 유례를 찾을 수 없는 진귀한 가치를 지닌다. 고려대장경판은 이미 사라진 초기 목판제작술에 관한 귀중한 자료로 평가받는 한편, 고려시대의 정치·문화·사상의 면모와 흐름을 드러내는 역사기록물이기도 하다. 경판 표면에는 옻칠을 해 새긴 글자가 760년이 지나도록 생생한 상태로 남아 있어 지금도 인쇄가 가능하다. 이런 우수성을 인정받아 제8차 유네스코 기록유산 국제자문위원회의 심사를 거쳐 2007년 6월 세계기록유산으로 등재되

목판의 행간에서
조선의 지식문화를 읽다

었다.[1]

한국국학진흥원에서 소장하고 있는 목판은 해인사의 대장경판과 같은 고려시대에 조성된 불가佛家 목판이 아니라 조선시대에 조성된 유가儒家 목판으로서, 해인사가 소장하고 있는 고려 불가 목판과 판각 내용·조성 시기·판각 주체·판목板木의 전래 상태 등이 상이하다.

목판은 전통사회에서 인간 기억의 불확실성과 불완전성을 극복하여 지식과 정보를 왜곡 없이 거의 영구적으로 보존하고, 지속적으로 확산시킬 수 있는 가장 강력하고 확실한 매스미디어다. 따라서 이 글에서는 한국국학진흥원 소장 목판의 세계기록유산으로서의 가치를 탐구하기 위해 우선 한국 목판이 지니고 있는 이러한 보편성에 주목하고자 한다. 활자와는 달리 기억의 보존고로서 목판이 지닌 속성을 한국국학진흥원 소장 목판을 중심으로 살펴볼 것이다. 다음으로 전통사회에서는 목판을 통한 지식·정보의 대량 유통을 국가와 사회가 통제하였으므로 목판에 새겨져서 유통되었던 지식·정보와 목판에 새길 수 없었던 지식과 정보가 무엇인지를 조선조의 정치적 지향, 판각 당시의 집권정파와 저자의 정치적 지향과 관련하여 파악하고자 한다.

기억의 보존고로서 목판의 속성

기억의 구조

|

기억이란 새로운 정보를 습득하고 계속 간직하는 능력을 가리킨다. 기억을
이해하는 첫 번째 방식은 기억의 지속성을 분석하는 것이다. 감각적인 기억은
아주 일시적이다. 그 다음으로 20초 정도 지속되는 짧은 기억이 있고, 저장된
여러 정보로 이루어져 오래가는 기억이 있다.[2] 기억은 이렇게 구조적으로 감각
기억, 단기기억, 장기기억으로 나누어진다. 감각기억에 입력된 정보 가운데 우
리가 주의를 쏟은 정보만이 단기기억으로 옮겨갈 수 있고, 단기기억 정보 가운
데 되뇌임rehearsal을 거친 정보만이 장기기억에 보존된다. 주의, 되뇌임, 부호
화 그리고 인출과 같은 일련의 통제과정은 기억 저장고 간 정보의 움직임과 저
장고 내 정보처리에 관여한다.[3]

그런데 장기기억에 보존된 정보라도 세월이 흐름에 따라 일부는 지워지거나

목판의 행간에서
조선의 지식문화를 읽다.

왜곡될 수도 있다. 우리는 일어나는 상황을 모두 기억하는 것이 아니라 일부만을 기억한다.[4] 확실하다고 느끼는 기억도 원래와는 다른 경우가 많다. 사람들은 기억한다는 것이 마치 과거의 어느 순간을 찍은 비디오를 트는 것처럼 그대로 회상하는 것이라고 생각하는데, 이는 잘못된 생각이다. 과거에 형성되어 뇌로 들어간 기억은 변하고, 앞으로 생겨나는 기억 또한 변한다. 우리가 의식하는 기억은 기억해낼 때마다 재구성되는 것이다. 회상할 때 뇌가 어떤 상태에 있는가에 따라 기억의 회상은 많이 달라질 수 있다.[5]

따라서 뇌에 보존하는 일생의 지식과 새로운 정보는 완전하거나 정확하지 않을 뿐 아니라 보존 기간도 인간의 수명을 뛰어넘을 수 없다. 이런 인간의 한계를 뛰어넘어 지식과 정보를 영구히 보존하고자 문자로 기록해 판목에 새겨두고 필요할 때마다 수시로 인출해 봄으로써, 시간과 공간을 초월해 지식과 정보의 영구적이고 대중적인 확산이 가능하게 되었다. 따라서 목판은 왜곡되기 쉬운 인간의 기억을 정확한 상태로 장기간 보존하는 저장고 내지 보존고로서의 역할을 하는 것이다.

기억의 보존과 목판의 속성

기억의 보존고로서 목판의 속성을 활자와 비교하면 활자는 조판하여 인출하고 나면 판을 해체하는 데 비해 목판은 판각 후 목판을 보관하여 필요할 때마다 인출함으로써 기억을 영구적으로 보존할 뿐 아니라 재현하고 널리 확산시킬 수 있다. 아울러 활자는 문자 이외에는 인출이 어려운 데 비해 목판은 그림이나 지도 등의 이미지와 필적도 보존·재현·확산할 수 있다.

•목판은 기억을 영구적으로 보존한다

프로이트는 종이에 무언가 기록할 때면, 내 진짜 기억이었다면 범했을지도 모를 왜곡 없이 영원히 기억한다는 확신이 든다고 했다.[6] 종이에 손으로 베껴 쓰는 것, 즉 필사는 뇌에 저장하는 것보다는 왜곡 없이 오래 보존할 수 있다. 하지만 필사는 시간이 많이 걸리고 노력이 상당히 들기 때문에 확산 범위와 속도가 극히 제한적이다. 따라서 보존 기간과 범위가 인쇄와는 비교할 수 없을 만큼 제한된다. 필사본이 단기 기억의 저장고라면, 기억의 가변성과 단기성을 극복할 수 있는 목판은 거의 영구적으로 변형 없이 보존되므로 장기기억의 저장고라고 할 수 있다.

아울러 목판은 기억의 불완전성과 휘발성을 극복할 수 있다. 즉 목판에 새겨진 지식과 정보는 후일의 산일散逸에 대비하여 보존이 가능하다. 1573년에 선조가 "이황李滉의 저서는 한 마디 한 글자도 다 후세에 전할 만한 것인데 혹 흩어져 없어지기라도 하면 반드시 후회가 있을 것이니, 교서관校書館을 시켜 인출하도록 예조 등에 전교하라"[7]고 한 지시에서 보듯이, 목판에 새겨두면 기억이 흩어져 사라지는 것을 예방할 수 있을 뿐 아니라 거의 영구적으로 보존할 수 있다.

•목판은 기억을 재현하고[8] 확산한다

목판의 수명은 반半영구적이므로 판각하여 책판을 준비한 뒤에는 종이와 먹만 준비되면 한 번에 대량 인출이 가능하고, 필요할 때마다 수시 인출도 가능하다. 따라서 목판에 담긴 지식과 정보는 원문의 왜곡 없이 언제든지 동일하게 재현될 수 있다. 목판에 담긴 지식과 정보는 확산의 범위가 공시적으로 매우 광범하고, 통시적으로 지속성이 유구하므로 그 영향력도 매우 크다.

1878년(고종 15) 도산서원을 방문했던 33살의 곽종석郭鍾錫(1846~1919)이 도산서원에서 판각한 책판이 갈무리되어 있는 장판각藏板閣 앞에서 "붓 들어 번거롭게 쓰지 않고도 하루에 천 장을 찍을 수 있으니, 이 책판은 유가의 무진장이네不煩揮寫日千張 此是吾家無盡藏"라는 시를 지었다. 즉 그는 책판을 아무리 써도 다함이 없는 창고인 무진장無盡藏에 비유한 것이다.[9]

조선조 태종은 성리학의 연원이며 학자들이 반드시 먼저 공부해야 할 서적인 『성리대전性理大全』과 『사서대전四書大全』 『오경대전五經大全』을 신료臣僚에게 나누어 널리 펴기 위해 판목에 새겨 주자소鑄字所에 두고 필요할 때마다 인쇄하게 했다.[10] 세종도 1431년(세종 13) 2월 28일에 "『좌전左傳』은 학자들이 마땅히 보아야 할 서적이다. 주자鑄字로 이를 인쇄한다면 널리 반포하지 못할 것이니, 의당 목판木板에 새겨 널리 간행하도록 하라"고 했다.[11] 이 당시의 금속활자는 경자자庚子字인데, 하루에 인출할 수 있는 양이 20여 장에 불과했다.[12] 게다가 활자인쇄는 한 번 조판해 일정 부수를 인출하고 나면 판을 해체하므로 목판 인쇄처럼 지식과 정보를 언제나 동일하게 재현할 수 없다. 그리하여 활자본은 언제나 일정한 부수만 인출된 한정본이다. 따라서 활판은 목판에 비해 담긴 지식과 정보가 확산되는 범위와 영향력이 목판 인쇄와 비교할 수 없을 정도로 제한적이었다. 이런 이유로 책을 널리 펴기[13] 위해서 목판 인쇄를 선택한 것은 당연한 이치였다.

•목판은 이미지를 재현하고 확산한다

그림이나 지도, 초상화 등의 이미지, 즉 도상圖象은 문자와 달리 활자 인쇄로 재현할 수 없다. 종이 발명 이전에 문자는 죽간에 쓰거나 새겼지만 문서나 그림은 목독木牘에 쓰거나 새겼듯이, 이미지를 그대로 복제하거나 재현하기 위해서는 도상을 나무판에 새겨서 인출하는 목판 인쇄가 최상의 복제 수단이었다.

1431년(세종 13) 5월 11일에 예조에서 전의감의 첩정에 의거하여 다음과 같이 아뢰었다. "본감의 생도는 오로지 의학서를 습독하기 위한 것인데, 지금 본감에 있는 『직지방直指方』『상한류서傷寒類書』『의방집성醫方集成』『보주동인경補註銅人經』 등의 책은 다만 당본唐本으로 각 한 권씩만 있으니, 습독하는 사람이 많아서 함께 보기 어렵습니다. 그러므로 주자소鑄字所로 하여금 인쇄하게 하여 반포하되, 지금 『보주동인경』을 자세히 살펴보면 도형이 있어서 주자로 인쇄하기가 어려우니, 재목이 있는 경상도에서 판각하게 하고, 그 나머지 세 책은 주자소에서 각각 50권을 인쇄하여 본감 및 혜민국惠民局·제생원濟生院 등에 나누어주도록 하소서" 하니 그대로 따랐다.[14]

또 이(『군신도상君臣圖像』)는 모두 중국 책인데 만일 석각본石刻本을 만들려면 일이 쉽지 않을 것이니, 화공畫工으로 하여금 도상을 잘 그리도록 해 목판에 새기라. 또 이 서序와 찬讚을 한쪽에 『삼강행실』처럼 새겨야 한다.[15]

위에서 보듯이 조선 세종조에 전의감에서 의서를 인쇄할 때 책에 도형이 없으면 주자, 즉 금속활자로 인쇄하고, 도형이 있으면 주자로 인쇄하기가 어려우니 목판에 판각했다. 이로써 도형의 유무가 인쇄 수단을 결정하는 기준이 되고 있음을 볼 수 있다. 이는 중종조에 『군신도상君臣圖像』을 인쇄할 때 화공에게 그림을 그리게 해 목판에 새기라고 명령한 예에서도 볼 수 있다.

한국국학진흥원에는 목판 가운데 그림이나 지도 등 이미지를 새긴 도판圖板도 다수 소장되어 있다. 도판의 종류를 보면 책 가운데 들어가는 도상을 찍어내기 위해 새긴 책판과 문양을 찍어내기 위해 새긴 문양판으로 나눌 수 있다.

목판의 행간에서
조선의 지식문화를 읽다

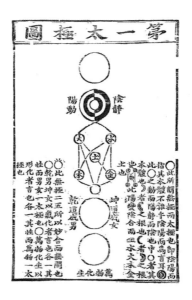

이황이 지은 도해서인 『성학십도』 목판, 한국국학진흥원 소장

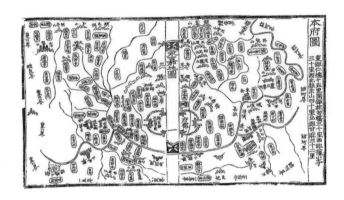

지도가 들어 있는 안동부 읍지인 『영가지』 목판, 한국국학진흥원 소장

초상화가 들어 있는 포은 정몽주의 『포은선생문집』 목판, 영천 임고서원 소장

도상이 들어가는 책판의 종류는 다음과 같다. "『삼강행실도』와 『이륜행실도二倫行實圖』 같은 책도 정치를 돕고 세상을 권면하는 도구로서 『소학』과 함께 버릴 수 없는 책이므로 하나로 정리"[16]한 『오륜행실도五倫行實圖』 등의 교화서, 이황이 1568년 갓 등극한 선조에게 올릴 목적으로 성군이 되기 위한 학문인 성학聖學의 요체를 그림으로 설명한 『성학십도聖學十圖』 등의 도해서, 「영가지도永嘉地圖」와 같은 지도가 들어있는, 권기權紀(1546~1624)가 편찬한 안동부의 읍지인 『영가지永嘉地』와 같은 읍지, 「남양홍씨분산도南陽洪氏墳山圖」와 같이 선조를 모신 묘소의 위치와 방향을 그린 분산도墳山圖 혹은 이러한 분산도가 들어 있는 족보, 초상화가 들어 있는 포은 정몽주의 『포은선생문집圃隱先生文集』 등의 문집, 임진왜란 때 영의정을 지낸 류성룡(1542~1607)이 중국의 의학서적을 참고해 만든 침구서인 『침경요결針經要訣』이나 이규준李圭晙(1855~1923)이 『동의보감』에서 『황제소문黃帝素問』의 뜻에 부합하는 것을 가려뽑아 편찬한 『의감중마醫鑑重磨』와 같은 의학서에 도상이 들어 있다.

문양판으로는 문양을 새긴 원고지에 해당하는 시전지를 새겨 선인의 멋과 여유가 느껴지는 시전지판詩箋紙板, 책의 표지 문양을 새긴 능화판菱花板과 수를 놓을 때 사용하는 본을 찍기 위한 수판繡板 등을 들 수 있다.[17]

● 목판은 필적을 보존하고 확산한다

목판본은 필사본과 같이 필사자의 필체가 그대로 보존되기 때문에 글씨의 아름다움뿐 아니라 필사자의 개성이나 인격을 살필 수 있다는 점이 특징이다.[18] 반면에 활자본은 활자를 제작할 때 명필의 필적으로 어미자를 만드는 경우에만 활자를 쓴 사람의 필체가 보존된다. 안평대군 이용李瑢의 글씨로 주조한 경오자庚午字와 강희안의 글씨로 주조한 을해자乙亥字가 대표적이다. 하지만 목판본처럼 등재본을 쓴 개별 필사자의 서체는 보존되지 않기 때문에 목판본에 비해 활자본은 상대적으로 몰개성적이다. 필사자가 국왕이거나 또는 명필인 경우 어필이나 명가의 필적을 보존하기 위해 필적을 그대로 목판 인쇄하거나, 본문은 활자로 인쇄하더라도 서문이나 발문은 목판에 판각하여 서문이나 발문을 쓴 유명인의 필적을 보존하는 예가 종종 있다.

　한국국학진흥원은 필사자의 필적을 보존하고 있는 목판을 다수 소장하고 있다. 우선 선조의 어필을 보존하고 있는 목판을 보면, 이현보의 아들 이숙량李叔樑(1519~1592)이 왕자사부王子師傅에 임명되었을 때 선조가 내린 '積善(적선)'이라는 글씨를 판각한 서판과, 세자의 사부로 있던 권우權宇(1552~1590)에게 써준 왕안석을 비롯한 중국 시인의 시 4수를 새긴 시판詩板 16장이 그 예다. 「대보잠大寶箴」을 판각한 서판書板, 이황이 제자인 김성일金誠一(1538~1593)에게 써준 4언 20구로 된 「제김사순병명題金士純屛銘」 등 이황의 글씨를 보존하고 있는 목판, 소수서원의 창건자인 주세붕의 필적을 새긴 목판 등 국왕뿐 아니라 영남 지식인의 필적도 다수 보존하고 있다.[19]

　이처럼 명가의 글씨를 목판에 판각한 서판이나 책판은 명가의 필적을 거의 영구적으로 보존하고 널리 확산하는 효과를 거둔다. 이외에도 글쓴이를 직접 대면하는 듯한 느낌, 즉 글씨를 통해 선인을 만나게 하는 창 또는 통로의 역할 뿐 아니라 책의 권위가 올라가는 효과도 거둔다.

　대부분의 필사 작업을 컴퓨터로 대신하는 이즈음과 달리 전통사회에서는 직접 써서 의사소통했으므로 현대와는 비교할 수 없을 정도로 쓰기라는 행위가 존중되었다. 그리하여 '장인 문자성craft literacy'을 보여주는 필사 전문인이 있었으니, 조선시대 국가의 각종 문서를 작성하거나 기록을 할 때 정서正書를 전담하는 관리인 서사관, 서장관, 사자관 등을 고용했다.[20]

고대古代 명가의 필적이 그대로 보존되어 있는 자료로는 금석문이 거의 유일하다. 서예 공부할 때 금석문을 탁본한 책을 교재로 사용하는 이유다. 한국국학진흥원에서 소장하고 있는 시판, 서판, 현판, 책판 등에 보존되어 있는 국왕을 비롯한 조선시대 영남 지식인들의 필적은 한국 서예사, 나아가 한국문화사 연구의 귀중한 자료가 된다.

목판의 행간에서
조선의 지식문화를 읽다

목판에 담긴 지식과 정보

전통사회에서 목판에 지식과 정보를 판각함은 대중적 확산을 의미했다. 따라서 국가나 사회에서 용인되지 못하는 지식과 정보는 목판에 판각할 수 없었다. 국가의 통치이념이나 통치준거, 실생활에 유용한 지식과 정보는 판각될 수 있었으나 이단의 학문이나 정치적 입장을 달리하여 죄인으로 지목된 자의 저술이나 무기 등과 같이 위험한 지식과 정보는 목판으로 판각될 수 없었다.

판각되었던 지식과 정보

• 통치이념

유가 경전과 성리서

고려시대의 대장경이나 조선시대의 유가 경전과 같이 국가의 통치이념 혹은 통치이념을 백성들이 알기 쉽게 풀이한 교화서, 즉 교육용 교재는 국가와 운명을 같이하기 때문에 수명이 길고, 배포 범위가 전국적이므로 목판으로 판각하여 배포했다. 고려시대에는 대장경 등 불서佛書의 판각이 중앙정부 주도로 대장도감 등 국가기관에서 판각, 인출되었으나, 조선시대에 들어서는 숭유억불 정책에 따라 세조 때 간경도감을 제외하고는 거의 대부분 민간에서 사찰 주도로 판각이 이루어졌다. 억불숭유 정책을 표방한 조선조는 통치이념인 주자성리학을 보급하기 위해 유가의 경전과 성리서를 대량 보급할 필요가 있었기 때문에 지방관청에서 판각한 책판을 중앙의 주자소에 모아놓고 인출하여 광포廣布했다.[21]

> 세종은 1427년(세종 9) 9월 3일에 경상도 감사에게 "지금 『대전大全』『역경易經』『서경書經』『춘추春秋』를 보내니, 『성리대전性理大全』의 예例에 의거하여 목판에 새기게 하라"고 명을 내렸다.[22]

> 1770년(영조 46) 10월 20일에 홍계희가 말하기를, "주자朱子를 존숭하는 것은 우리나라 만한 나라가 없으나, 『주자대전朱子大全』과 『주자어류朱子語類』의 두 책판이 연전에 모두 소실燒失되었기 때문에, 신이 지금 종전의 판본에 잘못된 부분을 교정하고 있습니다. 오래지 않아 교정을 마치게 되면 양남兩南에 나누어보내 판각에 들어가도록 하는 것이 좋겠습니다" 하니, 임금이 그대로 따랐다.[23]

이로 볼 때, 세종 때 유교이념을 보급하기 위해 경상도와 전라도에서 1년 6개월에 걸쳐 오경五經의 책판을 판각했고, 정조 때는 주자의 문집인 『주자대전』과 주자가 제자들과 문답한 내용을 묶은 『주자어류』도 경상도와 전라도에서 나누

목판의 행간에서
조선의 지식문화를 읽다

어 판각하여 보관해놓고 필요시 인출했음을 알 수 있다.

> 1599년(선조 32) 9월 25일에 시강원이 아뢰기를, "『논어』를 지금 진강進講하
> 고 있는데, 병화를 겪은 나머지 편질이 훼손되었을 뿐 아니라 책의 숫자
> 또한 적어 회강會講할 때는 각각 한 권씩 갖지 못하므로 일이 몹시 구차합
> 니다. 평안도 성천부成川府에 『논어』의 좋은 책판이 있다 하니, 5~6질 찍어
> 올려보내라고 양도 감사에게 하유하는 것이 어떻겠습니까?" 하니, 아뢴
> 대로 하라고 전교하였다.[24]

성리학의 기본 텍스트인 사서四書는 수요가 많으므로 지방관청에서도 책판을
마련해두고 필요시 인출했는데, 임란으로 중앙에는 서책과 판목이 훼손되어
평안도 성천에서 『논어』를 인출해 중앙으로 가져왔음을 볼 수 있다.

사서史書 : 『강목』

유가의 경전 다음으로 통치에 필요한 책이 사부史部의 책인데, 이 가운데 『강
목綱目』이 가장 중요시되었다. 1573년(선조 6)에 유희춘은 선조에게 『강목』이 "곧
역사책 중의 경서이므로 나라를 다스리는 도리에 가장 절실합니다. 그래서 임
금이 이 글에 밝으면 덕위德威의 권병權柄에 밝게 되고 치란의 원인을 알 수 있
게 될 것이며, 신하된 사람으로서 이 글에 통하면 일을 경륜하는 정도正道를 지
키게 되고 변천하는 사태에 변통하는 방법을 알 수 있게 될 것입니다. 대체로
궁리窮理와 치용致用의 원리를 모두 모아놓은 것으로서 만세 사필史筆의 법도가
되는 책입니다."[25] 하며 옥당에서 교정해 인출할 책으로 추천했다.

1573년(선조 6) 9월 24일에 선조가 전교하기를, "영동永同에서 새로 새긴
『강목綱目』의 목판은 외방에 두면 공력公力으로 인출하려는 자가 감사·수령
에게 청탁할 것이고, 절에 두게 하면 인출할 때 번번이 중들을 부려서 여
러 가지로 침탈하고 원망하여 울분한 나머지 불을 지르는 일이 있을 것이
지만, 국도國都에 두면 인출하여 두루 보기에 편리하겠으니, 본도本道의 감
사를 시켜 교서관으로 운반하게 하라" 하였다.[26]

위에서 보듯이 선조는 지방에서 판각한 책판을 지방이나 사찰에 두면 여러
가지 폐단이 야기될 것을 염려하여 교서관으로 운반하게 했다. 이를 통해 책판
을 주자소나 교서관에 보관하여 두는 이유를 짐작할 수 있다.

교화서

『삼강행실도』『소학』『오륜행실도』 등 유교의 통치이념을 백성들에게 널리 전
파하기 위하여 알기 쉽게 풀이한 교화서는 '정치를 돕고 세상을 권면하므로' 많
이 인쇄하여 백성들에게 널리 배포하고자 많은 부수를 인출할 수 있는 목판에
판각했다.

1434년(세종 16) 4월 27일에 세종이 말하기를, "삼강은 인도人道의 대경大經
이니, 군신·부자父子·부부夫婦의 벼리를 마땅히 먼저 알아야 할 것이다. 이
제 내가 유신儒臣에게 명하여 고금의 사적을 편집하고 아울러 그림을 붙여
만들어 이름을 '삼강행실三綱行實'이라 하고, 인쇄하게 하여 서울과 외방에
널리 펴고 학식이 있는 자를 선택하여 항상 가르치고 지도하여 일깨워주
며, 장려하고 권면하여 어리석은 백성으로 하여금 모두 알아서 그 도리를

『오륜행실도』 권4의 「형제편 – 광진반적光進反籍」 목판
치악산 명주사 고판화박물관 소장

다하게 하고자 하는데 어떻겠는가" 하였다.[27]

1629년(인조 7) 4월 1일에는 이정구李廷龜(1564~1635)가 "오늘의 급무는 교화를 밝히는 데 있습니다. 그런데 어린아이들을 가르칠 책으로는 『소학』보다 더 나은 책이 없으니 그 책을 많이 인쇄하여 반포해야 할 것입니다" 하였다.[28]

1791년(정조 21) 1월 1일에 정조는 중외에 다음과 같은 유서를 내렸다. "『삼강행실도』와 『이륜행실도』 같은 책도 정치를 돕고 세상을 권면하는 도구로서 『소학』과 함께 버릴 수 없는 책이므로, 하나로 정리하여 『오륜행실도』라고 명명하였다."

양명학 비판 문헌

조선조의 통치이념인 주자학과 반대되는 양명학이 조선 중기에 유입되자 이황은 「전습록변傳習錄辨」에서 이단이라고 비판했다. 이를 선두로 이단인 양명학을 비판하는 문헌은 목판으로 간행되어 대중적으로 확산되었다. 이황의 「전습록변」이 게재된 『퇴계집』, 이이李珥의 「학부통변발學部通辨跋」이 게재된 『율곡전서』, 박세채의 「양명학변陽明學辨」이 실린 『남계집』 등을 들 수 있다.

양명학에 대한 비판이 퇴계 이황에서부터 시작되었으므로 양명학 비판 저술은 17세기 이후에 간행되었다. 조선에서의 성리학 연구가 어느 정도 성숙되었으므로 양명학에 대한 비판이 가능했던 것이다. 양명학 비판 문헌은 송징은宋徵殷의 『약헌집約軒集』이 목활자본으로 간행된 것을 제외하고 모두 목판본으로 간행되었다. 이들 학자들의 주자학을 존숭하고 왕양명을 비판하는 학문적 태도는 국가적·사회적으로 장려되었기 때문에 목판으로 판각되어 다량으로 출판할 수 있는 사회적·경제적 요건이 충족되었던 당시의 시대 상황을 볼 수 있다.

• 법전

국가 통치의 준거가 되는 법전 역시 중앙과 지방의 기관과 관리에게 배포해야 했으므로 다량 인출이 가능한 목판으로 판각했다. 조선조 세종은 태조 때 반포된 『원육전元六典』의 각판刻板을 보완해 인출한 다음 서울과 지방에 배포할 것을 명했다.

1431년(세종 13) 5월 13일에 상정소에서 아뢰기를, "이두吏讀로 된 『원육전』은 태조 때에 이미 이룩된 법전이며, 또 중외의 관리들의 견문이 익어서 준행하기가 편하고 쉬우니, 그것이 있는 강원도로 하여금 각판의 깨어진 곳을 기워서 인쇄하여 중외에 반행頒行하게 하고, 『상정원육전詳定元六典』은 거두어서 쓰지 말게 하시기를 청합니다" 하니, 그대로 따랐다.[29]

• 실생활에 유용한 지식과 정보

백성의 실생활에 직접 소용되거나 백성의 삶을 윤택하게 할 새로운 지식이나 정보를 보급할 필요가 있을 경우, 다음의 『향약집성방鄕藥集成方』과 『농상집요農桑輯要』 내의 「양잠방養蠶方」에서 보듯이, 널리 배포하고자 목판으로 판각했다.

1478년(성종 9) 10월 29일에 좌부승지 이경동李瓊仝이 아뢰기를, "지금 전교서에 『향약집성방』의 판본이 있는데, 그 글이 향약鄕藥를 위주로 하였으니, 청컨대 이 책을 인쇄하여 중외에 널리 펴서 사람들로 하여금 향약 쓰는 것을 알게 하면, 중국에 힘입지 아니하여도 넉넉할 것입니다" 하니, 전교하기를, "과연 경의 말과 같다. 우리나라의 풍토는 중국과 같지 아니하기 때문에 비록 당약唐藥을 먹을지라도 효력이 없다" 하였다. (…) 전교하기를, "『향약집성방』을 인쇄하여 반사頒賜하도록 하라" 하였다.[30]

1417년(태종 17) 5월 24일에 경기 채방 판관京畿採訪判官 권심權審이 황진사黃眞絲와 누에고치를 올렸다. 처음에 전 예문관 대제학 이행李行이 『농상집요』 내의 「양잠방」을 뽑아내어, 자기 스스로 경험했더니 수확이 보통 때의 배나 되므로 드디어 판간板刊하여 세상에 행하게 했다. 국가에서 민간이 중국어를 알지 못할까 염려해 의정부사인議政府舍人 곽존중郭存中에게 명하여, 우리나라 말(이어俚語)을 가지고 「양잠방」 귀절에 협주夾註를 내게 하고 또 판간해 광포하였다.[31]

판각될 수 없었던 지식과 정보

•이단의 학문: 반주자학, 양명학 등

조선조에서 이단으로 분류된 학문은 "양주楊朱·묵적墨翟·육구연陸九淵·왕양명王陽明"[32]의 학문이다. 즉 맹자가 "양주楊朱[33]는 자신만을 위하니 군주가 없는 것이고, 묵적墨翟[34]은 똑같이 사랑하니 어버이가 없는 것이다. 어버이가 없고 군주가 없으면 이는 금수禽獸다"라고 양주와 묵적을 이단으로 공격했듯이,[35] 주자의 학설에 반대한 왕양명의 『전습록傳習錄』에 대해 이황李滉(1501~1570)은 『전습록변傳習錄辨』을 지어 성리학의 입장에서 비판한 이후 조선조에서 양명학은 이단시되었다. 이단의 학문은 목판으로 판각되어 유통될 수 없었다. 중국에서 저술된 육구연이나 왕양명의 저술은 조선에서 판각되지 못하고 필사되거나 중국본이 수입·유통되었다. 아울러 조선에서 저술된 양명학 계통의 문헌은 17세기 중반 이후 간행되지 못하고 필사되어 유통되었으므로 확산의 범위가 매우 제한적이었다. 이는 양명학 비판 문헌이 목판으로 판각되어 대량 유통되는 것과는 정반대의 현상이었다.

정제두鄭齊斗(1649~1736)[36] 이전에 연구된 양명학에 관한 저술, 즉 장유張維의 『계곡집谿谷集』, 최명길崔鳴吉의 『지천집遲川集』 등은 모두 목판으로 간행되었다. 그런데 병자호란 이후 집권세력인 노론이 소론을 탄압하기 위한 명분으로 양명학에 대한 배척이 강화되었다. 본격적인 양명학 연구 집단이라 할 수 있는 강화학파의 저술은 신대우申大羽의 『완구유집宛丘遺集』이 목판으로 간행된 것을 제외하고는 이광신李匡臣의 『선고先藁』, 이광사李匡師의 『원교집圓嶠集』, 이충익李忠翊의 『초원유교椒園遺稿』 등 대부분 필사본으로만 전래되다가 1900년대 들어서서야 신식인쇄술로 출판되었다.

이처럼 조선에서 저술된 양명학 비판 문헌은 활자 또는 목판으로 개판되어 다수의 판본이 현전하는 반면에, 양명학을 주된 연구 대상으로 삼은 저술은 주로 필사본 문집의 형태로 남아 있다.[37] 이단에 관한 논설이 실린 문헌은 전파력이 큰 목판으로 간행될 수 없을 뿐 아니라, 간행된다면 저자는 물론 간행자에게도 큰 화가 미치므로 현실적으로 간행이 불가능했던 것이다.

• 집권정파와 정치적 입장이 다른 사람이 생산한 지식과 정보

한 개인의 저술 모음집이라 할 수 있는 문집의 판각은 정치권력과 밀접한 관련이 있다. 저자가 집권정파와 정치적 입장을 같이하면 문집의 판각이 용이했다. 하지만 정반대로 저자의 정치적 입장이 집권정파와 적대적 관계에 있다면 문집의 판각은 진행될 수 없었고, 이미 조성된 문집도 분서焚書되고 책판도 훼판毀板되었다. 이런 경우에는 신원伸寃, 즉 복권이 된 이후에 문집을 다시 판각하여 인출할 수 있었다.

판각과 정치권력 : 『번암집』

정조 때 남인의 영수였던 번암 채제공蔡濟恭(1720~1799)의 문집인 『번암집樊巖集』의 판각과 간행이 정치적 풍향에 따라 굴곡을 겪었던 대표적 사례다. 『번암집』은 채제공이 죽은 해인 1799년 가을, 정조의 각별한 관심에 힘입어 바로 간행 작업에 들어갔으나, 정조의 갑작스러운 죽음과 뒤이은 서학(천주교)에 대한 탄압 열풍으로 이내 중단되고 말았다. 노론에 의해 채제공이 남인들이 다수를 차지했던 서학교도들의 배후로 지목되면서 관작이 추탈되었기 때문이다. 이후 20여 년을 기다린 끝에 1823년 채제공의 관작이 다시 회복되자 아들 채홍원과 안동 출신 문인 류이좌의 주도로 판각 작업이 재개되어 이듬해인 1824년 안동에서 정식으로 간행되었다. 이 과정에서 남인의 주류 세력이었던 안동 유림의 전폭적인 지원이 있었다.[38]

훼판과 정치권력 : 『점필재집佔畢齋集』

한 인물이 정치적으로 문제가 되어 저자가 죄인의 명부에 오르게 되면, 즉시 이미 판각되어 유포된 문제 인물의 문집을 거둬들여 소각하고, 문집의 판목을 훼판해 불태움으로써 유통을 원천봉쇄했다. 1498년(연산군 4) 『성종실록』을 편찬하는 과정에서 점필재佔畢齋 김종직金宗直(1431~1492)의 「조의제문弔義帝文」[39]을 춘추관의 사관이었던 제자 김일손이 실록 편찬을 위한 사초에 기록했다. 이를

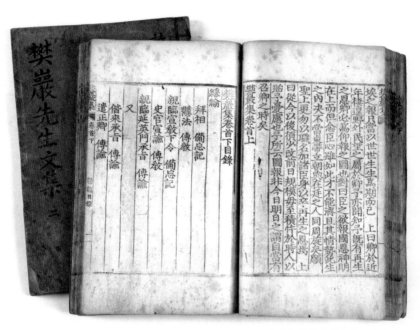

樊巖集卷首上

埃令報只當以世世生生爲期而已
年榷選野外民宇之屬於卿子亦闢知守旣有再生
之恩卿必爲仰報之圖也耶曰臣之欲報國恩神明
在上而但念臣心雖如此才不能濟且其情敎性生
之內決不當來在廷之人同周旋矣願
聖上更勿以職名加諸臣身以卒再生之恩萬　上
曰從令以後須必改前日規模毋至積忤於時人以
貽子憂應也亭所六圖報非全今日期日之謂目當有
名卿之時矣

판각과 간행이 정치적 풍향에 따라
굴곡을 겪었던 대표적인 사례인 『번암집』, 한국국학진흥원 소장

실록청 당상관이었던 훈구파 대신 이극돈이 보고 세조가 단종으로부터 왕위를 빼앗은 것을 비방한 것이라고 연산군에게 고해 무오사화가 일어났다. 이로써 「조의제문」의 저자 김종직은 부관참시 당하는 한편, 그의 문집은 수거된 뒤 소각되고 책판은 훼판되어 불태워짐으로써 그의 저술은 자취를 감추게 되었다.

『점필재집』의 분서와 훼판 과정을 보면, 1498년(연산군 4) 7월 17일에 전라도 도사全羅道都事 정종보鄭宗輔에게 유시하기를 "도내에서 개간한 김종직의 문집 판본을 즉시 훼판毀板하여 불태우라" 했다. 또 예조에 전교하기를, "중외의 사람 중 혹 김종직의 문집을 수장收藏한 일이 있으면 즉시 수납輸納하게 하고, 수납하지 않는 자는 중히 논죄하도록 하라"[40]고 했다. 같은 해 7월 22일에는 조정의 관리들이 소장하고 있는 김종직의 문집을 압수하여 불사르게 하고,[41] 10월 4일에는 중외, 즉 서울과 지방의 인가에 소장된 김종직의 문집을 모아다가 승정원에서 불태웠다.[42]

관작의 회복과 문집의 재판각 : 『갈암집葛庵集』

도학자道學者이며 정치가인 갈암葛庵 이현일李玄逸(1627~1704)[43]의 경우에도 사후에 전석全釋·복관復官 명령이 몇 차례 번복되다가 1908년(순종 2)에 관작이 회복되고 시호가 내려졌는데, 그의 문집인『갈암집葛庵集』도 그에 대한 정치적 평가와 운명을 같이했다.

『갈암집』은 1810년경에 처음으로 간행되었다. 그러나 저자 이현일이 숙종 때 당쟁의 희생자로 명의죄인名義罪人이 되어 있었던 터라 당시 집권 세력에 의해 분서 훼판 당하고 말았다. "기사년의 흉도凶徒 이현일의 문집을 간행한 우두머리를 도신으로 하여금 엄히 형벌한 다음 섬으로 귀양 보내고, 흉서凶書는 거두어 불태우라고 명하였는데, 대신이 영남 도백 김회연金會淵의 장계로 인하여 아뢰었기 때문이었다. 이현일은 영남 사람으로 처음에 유일遺逸로 뽑혀 벼슬이 이조 판서에 이르렀는데, 1689년(숙종 15)에 스스로 욕하는 죄를 범해 죄가 윤리에 관계된 자다."[44]

이와 같은 연유로 『갈암집』 초간본은 현재 전해져 내려온 것을 찾을 길이 없어 그 체제며 분량을 알 수가 없다. 다만 현재 국립중앙도서관의 귀중본으로 분류되어 있는 목록 1권, 본집 19권, 별집 2권, 부록 2권으로 되어 있는 필사본 『갈암집』이 초간본의 저본底本이 아니었을까 추측해본다.[45]

1907년(순종 1) 4월 30일에 이조판서吏曹判書 문경공文敬公 이현일 등 77명의 관작 회복이 승인됨[46]에 따라 이현일의 신원 문제가 최종적으로 결정되었고, 이에 따라 1909년에 『갈암집』이 두 번째로 간행되었다. 이 중간본은 목록 외에 본집 29권, 별집 6권, 부록 5권의 체제로 되어 있다. 그뒤 1912년경으로 추정되는 시기에 속집 4권이 간행되었고, 1973년으로 추정되는 시기에 『계축추보癸丑追補』가 마지막으로 발간되었다.[47]

• 위험한 지식과 정보

무기에 관한 지식은 잘못 사용하면 국가의 안위나 백성의 신변에 큰 피해를 입을 수 있으므로 판각은 제한했고, 필요한 부수만 필사해 보존했다. 위험한 지식이나 정보의 확산을 막기 위해 판각이 아니라 필사를 선택했음을 1482년 (성종 13) 2월 13일에 양성지梁誠之가 올린 다음의 상소를 통해 알 수 있다.

"신이 그윽이 생각하건대 『총통등록銃筒謄錄』은 병가兵家의 비장이 되는 서적으로서, 세조조에 최산해崔山海와 신의 장인 변상근邊尙覲이 각기 한 건씩 받아서 오로지 화포火砲에 대한 일을 전적으로 관장하게 하였는데, 지난 병진년에 이 책들을 모두 대내大內로 거두어들이게 하였음은 참으로 주밀周密한 생각이었습니다. 그런데 이제 춘추관에 한 건이 있고 문무루文武樓에 21건이 있는데, 만일 간사한 사람이 훔쳐가서 이리를 삼는다면 백성들이 입는 피해를 어찌 다 말하겠습니까? 신이 원하건대 지금 이후부터 성상께서 보는 한 건 외에는 모두 언문諺文으로 서사書寫하여 내외內外 사고史庫에 각기 한 건씩 보관하게 하며, 해당하는 신하로 하여금 굳게 봉하도록 하고, 군기시軍器寺에 한 건을 두어서 제조提調로 하여금 굳게 봉하도록 하고, 그 나머지 한자漢字로 서사된 것은 모두 불태워버려서 만세를 위하는 계책으로 삼게 하소서."**48**

시대가 통제한 지식과 정보의 확산

한국국학진흥원 소장 목판이 지닌 세계기록유산으로서의 가치를 탐구하고자 한 이 연구에서는 우선 지식과 정보의 전달 매체로서 목판이 지닌 공통적인 특징 그리고 조선조에서 목판에 판각되었던 지식과 정보, 판각될 수 없었던 지식과 정보를 중심으로 살펴보았다.

기억의 보존고로서 목판은 활자와 달리 기억을 영구적으로 보존하고, 동일하게 재현하며 널리 확산한다. 아울러 이미지와 필적을 보존하고 재현하며 확산할 수 있다는 속성을 한국국학진흥원 소장 목판을 중심으로 살펴보았다.

전통사회에서 목판에 지식과 정보를 판각함은 대중적 확산을 의미했다. 따라서 국가나 사회에서 용인되지 못한 지식과 정보는 목판에 판각할 수 없었다. 국가의 통치이념이나 통치준거, 실생활에 유용한 지식과 정보는 판각되었고,

이단의 학문이나 정치적 입장을 달리하여 죄인으로 지목된 자의 저술이나 무기 등과 같이 위험한 지식과 정보는 목판으로 판각될 수 없었다.

한국국학진흥원이 소장하고 있는 6만3000여 장의 목판은 조선, 영남이라는 시공간에서 생산된 주로 유가儒家와 관련한 지식과 정보를 담고 있는 정보 전달 매체다. 이를 고려, 호남 혹은 기호, 불가佛家 목판 등과의 비교 연구를 통해 한국국학진흥원 소장 목판의 독자성을 탐색하는 것이 이후의 연구과제다.

제6장

조선시대 책판은
어떻게
관리되었나

옥영정

한국학중앙연구원 고문헌관리학 전공 교수

조선시대 유교 책판 관리의 전통

책판은 지식의 생산, 보급, 수용에 관여했던 모든 사람의 삶의 역정을 증언해 주는 살아 있는 사료다. 한국국학진흥원 소장 책판의 가치에 대해서는 이미 진행된 연구 성과[1]에서 드러나듯이, 16세기부터 20세기에 걸쳐 지역 내 학파를 중심으로 형성된 고유한 지역문화를 기반으로 실제 사용되었다는 역사성을 확인할 수 있다. 또한 한국 고유의 유교문화적 특성에 의해 자발적으로 제작, 보존되어 왔다는 특징을 지닌다. 그렇기 때문에 한국국학진흥원 소장 책판은 단순히 당시의 인쇄문화만을 반영하는 것이 아니라 새겨진 텍스트에 담겨 있는 선조의 지식과 사상 그리고 이것이 제작될 수 있었던 여러 사회적 배경의 혼합물로, 소중한 기록문화유산이다.

기록유산으로서 여러 의미를 지니는 책판의 가치 가운데 이 글에서 중점적으로 다루고자 하는 것은 제작된 이후 책판을 보존해온 전통적 가치다. 즉, 책판 생성 이후 현재까지 책판이 남아 있게 된 배경에 관해 다루고자 한다. 조선시대의 책판은 어떻게 보존 및 관리되어 왔을까? 이는 한국국학진흥원에 소장된 책판뿐 아니라 국내에 산재한 책판의 보존 관리에 대한 문제이기도 하다. 왜냐하면 현재 한국국학진흥원에는 국내에서 가장 많은 양의 책판이 수집, 보관되어 있는데, 영남을 중심으로 각 지역의 다양한 소장처에 산재한 책판이 모여 있기 때문이다. 사라지고 훼손될 수도 있는 수많은 책판을 모아 체계적으로 보존, 관리하는 것은 무척 다행스럽고 고마운 일이다. 인쇄 유통되었던 책들의 원형을 확인할 수 있다는 점에서 대단히 중요한 문화유산의 보존활동일 뿐만 아니라 잊혀져간 선조의 의식을 확인할 수 있는 유물로도 인식되고 있다.

따라서 이 글은 책판의 보존 관리에 대한 연구의 한 갈래로, 조선시대 책판 보존을 위한 전통적 가치가 형성되면서 보다 구체적인 보존 체계가 있었음을 기록을 통해서 확인해보고자 한다. 좀 더 크게는 국가 출판시스템으로서 책판의 역할 뿐만 아니라 이를 보존하는 데 기울인 노력을 조명해보는 의미도 지닌다.

책판 생성 이후의 문제

책판의 보존은 판각과 1차 인쇄 이후의 문제인데, 그동안의 연구가 주로 책판이 만들어지기까지의 과정이나 배경에 관한 것이어서 소홀히 다룬 면이 있다. 기존의 연구에 의하면 상당한 경비를 부담하여 책판을 제작한 것으로 나타난다. 판목을 준비해야 하고, 정성 들여 한 글자 한 글자 새기는 작업은 만만치 않았을 것이다. 한국국학진흥원 소장 책판 상당수를 차지하는 것이 영남 사림의 문집인데, 경제력이 상대적으로 영세했던 영남 지방에서 문집을 목판으로 간행하는 일은 매우 어려운 일이었다.

책판 판각의 첫 번째 과정은 책판을 새기기 위해 판목을 구하고 글을 쓸 서
사자書寫者, 글을 새길 각수刻手 등을 물색하고, 인출에 사용할 종이를 구매하는
것이었다. 각수는 서책의 분량에 따라 그 수가 정해지지만 보통 20~30명 정도
의 규모였다. 앞뒤 양면을 한 판 새기는데는 평균 3일 정도가 소요되었다. 물
론 판목을 구하기 이전에 간행을 주도하는 주체에 의해 공론을 모아 간역소刊
役所를 설치하고, 각 지방의 서원이나 후학들, 문중에서 문집 발간 비용을 추렴
하며, 문집에 수록할 글을 모으고 정리하는 작업이 선행되었다. 책판의 판각이
끝나면 종이에 인쇄해 서책을 간행했다. 서적을 만드는 과정은 특별한 기술을
보유한 장인이 맡았으며, 간행된 책은 정해진 반질기에 따라 배포되었다. 조선
시대 민간에서 목활자 인쇄가 보편화되기 전까지는 주로 목판 인쇄 방식이었으
므로 간행과 배포가 끝났더라도 책판은 고스란히 남게 된다. 남아 있는 책판은
곧 선조의 지적 유산으로 인식되었으며 책판의 보존을 위한 목록 작성, 훼손
방지를 위한 관리 등 보존을 위한 노력을 아끼지 않았다.

책판 보존 관리의 흐름과 범위

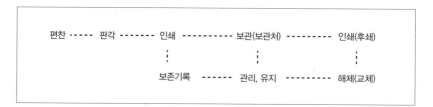

책판의 보존 관리는 이렇듯 생성된 책판을 어디에 어떻게 보관할 것인가를
정하는 보관 장소의 선정, 보관 건물 장판각의 규모, 장판각의 건립과 수리에

목판의 행간에서
조선의 지식문화를 읽다

대한 내용과 함께 후쇄본의 간행, 보판을 통한 교체와 해체 등에 이르기까지 매우 방대한 내용을 포함하는 것이다. 보관하는 중 보존 기록이 작성되고, 오래되어 훼손되거나 사고로 파손된 것은 보판을 제작해 보완한다. 서책을 후쇄할 경우도 마찬가지다. 책판 보존 관리의 범위가 오히려 처음에 생성될 때에 비해 훨씬 긴 시간이 소요되며 규모가 큰 체계를 지니게 되는 이유다.

책판 보존을 위한 전통적 가치의 형성

책판의 보존을 위한 전통적 가치는 언제부터 형성되었을까? 우리나라의 목판 인쇄 역사를 감안하면 삼국시대부터 이미 책판의 가치에 대한 인식이 생성되었을 것으로 짐작된다. 하지만 남아 있는 유물이나 기록을 확인할 수 없으므로 기록이 전해지는 조선시대를 중심으로 논의할 수밖에 없다.

조선시대 전반에 걸쳐 책판 관리 기록은 다양하게 발견되는데, 그중 주요한 몇 가지를 들면 다음과 같다.[2] 초기 기록으로 들 수 있는 것은 세종 때 이조에서 올린 계문의 내용으로, 각도 각 고을 수령이 다음 수령과 교대할 때 보관하고 있는 모든 책판을 몇 쪽인지 기록해 명백히 전해주되, 그 재임 중에 파손 또는 유실된 것은 수에 따라 보충해 전하는 것을 항식恒式으로 삼기를 청하는 내용이다.[3] 세종은 이를 그대로 따랐는데, 이를 통해 책판 관리에 대한 몇 가지 사실을 확인할 수 있다. 첫째, 수령 관할의 지방 관아에 책판이 관리되고 있었으며, 둘째, 해당 수령은 자기 임기 중 파손 또는 유실된 것은 해유解由 전에 수리해 보충한 뒤 신임 수령에게 전할 책임이 있었다는 점이다. 무엇보다도 책판 관리가 해유에 영향을 미칠 수 있을 만큼 중요한 정책적 사안으로 인식되고 있었다는 점이 주목된다. 엄격한 책판 관리 내역이 「해유중기解由重記」에 기록되었다는 것인데, 「해유중기」란 관리가 교체될 때 해당 관아의 각종 물품과 노비 등 재정에 관련된 일체 사항을 정리해 인수인계하는 자료다. 이 자료는 수령의 경우 감영을 거쳐 중앙에 보고된 뒤 이조나 병조의 검토를 거쳐 최종적으로 국왕에게 보고되는데, 하자의 유무에 따라 해유의 가부가 결정되는 중요한 기록이었다. 위 계문에서 특별히 중기에 책판의 현황을 기록하고, 특히 보수를 강조해 인수인계를 확실히 하도록 한 것은 그만큼 책판을 중요하게 인식하고 있었기 때문이다.

「해유중기」에 의해 중앙과 연계된 지방 관서 책판 관리의 체계를 보여주는 사례도 있다. 세종 10년 1월 강원감영에서 『사서대전四書大全』을 세 군데로 나누어 간행하게 하고, 각 곳에 누각을 지어 보관하게 하되 『논어』 『맹자』 『대학』 『중용』에 해당되는 각 책판을 구분해 보관함으로써 섞이지 않도록 세심하게 조처를 취했다. 또 이후에 책판에 마멸이나 결손이 생길 경우 그때그때 개간하며, 이전부터 소장해오던 책판도 『사서대전』의 예에 따라 보관하도록 조처하고 나아가 수령 교대 시 해유에 기재하도록 했다는 내용이다.[4] 지방감영이 관할지역 관청의 책판 관리에 직접 관여했고, 관리를 위한 별도의 누각을 지었다는 점 그리고 관리를 위한 정식定式을 만들어 시행했다는 점이 주목된다. 아울러 이런 내용을 국왕에게 보고하는 것도 또한 지방관서 책판 관리의 특징이라 볼 수 있다.

1458년(세조 4) 윤2월 28일에 각 관청의 관리가 관장한 일을 빠짐없이 감찰하도록 하교한 내용을 보면 교서관 관리가 관장한 책판을 방치하거나 유실하고 썩어서 못 쓰게 하는 일이 없도록 지시하기도 했다.[5] 1466년(세조 12) 11월 양성지(1415~1482)가 올린 상소에서도 책판 관리 문제에 대해 언급한 것이 있어 주

목판의 행간에서
조선의 지식문화를읽다.

목된다. 그는 이 상소에서 실록 인출, 시정기時政記, 사고史庫 관리 등 서적에 대한 10가지 문제에 대해 자신의 견해를 올렸는데, 이중 책판 관리에 대한 내용도 있다. 이 당시 중앙에서는 책판을 전교서典校署에서 관장했는데, 지방에서는 관장하는 기관이 없어서 전혀 조사가 되지 않았다. 따라서 양성지는 팔도에 명을 내려 일일이 조사한 다음 모두 1건씩 인출해서 서울로 올려 보내게 하고, 사용할 수 없는 것을 제외한 나머지는 수령이 해유할 때 기재해 전하게 할 것이며, 전교서에서도 그 내용을 살필 것을 주장하고 있다.6 양성지의 이 의견은 이 당시에는 건의에 그쳤지만 나중에 정조가 그의 의견에 주목해 중앙에 규장각을 두고 서유구로 하여금 『누판고鏤板考』를 편찬하게 하는 데 영향을 끼쳤다.

조선 후기의 대표적 실학자로 누구보다도 많은 책을 읽었던 이덕무는 그의 『청장관전서』에서 책판에 관한 글을 남겼는데, 책판의 유용성과 더불어 보존을 위한 방법, 제작과정 중에 소금물에 삶는 것 등을 언급하고 있다. 서적 한

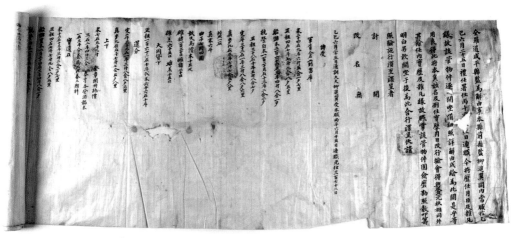

안동 하회 충효당의 『해유중기』, 한국국학진흥원 소장

판의 인각印刻이 백대의 이익이며 만인의 이익이 되고, 천하의 지극한 보배임을 말하고 교서관이나 경상감영의 미흡한 책판 보존 관리를 안타까워했다. 특히 습기가 차서 썩거나 보관처가 마땅치 않아 파괴된 가옥 양쪽 끝에 쌓아두는 바람에 시렁이 무너져 판각이 달아나는 것과 인쇄하고 난 뒤 습기를 머금은 책판을 그대로 햇볕에 흩어놓아 뒤틀려 벌어지고 주름지는 것을 대표적인 훼손 원인으로 꼽았다. 반면에 관리의 좋은 예로 해인사의 불경판을 들면서 시렁에 질서정연하게 꽂아 본받을 만하므로 교서관도 이 방법을 쓰는 것이 좋겠다고 했다.

책판에 관한 공식 기록으로 『누판고』를 편찬한 서유구도 『임원경제지林園經濟志』에서 목판의 보관에 대해 언급하고 있다. 113권 52책의 박물지博物志로, 생활과학서의 성격을 지니고 있는 『임원경제지』의 권99~106 부분인 「이운지怡雲志」의 권7은 선비들의 취미생활을 언급하는데, 책을 간행할 때 목판을 다루거나 새기는 방법에 대해 '도서장방圖書藏訪'이라는 항목에 자세히 기록했다. 이 기록은 책을 새길 때 가장 좋은 재료는 대추나무이며 가래나무가 그다음을 차지한다고 언급하고 있다. 또 나무를 잘라 판자를 만들고 소금물에 담가 끓인 뒤 그늘진 곳에서 말리면 틀어지지 않고 판각하기도 쉬워진다고 했다. 한편 목판의 규격과 양식, 서체, 보관 등에 대한 언급에서는 보통 판의 크기는 가로 1척, 세로 7~8촌이며 너무 크게 만들면 재목이나 인출에 소요되는 종이가 많이 필요하게 되고 완성한 다음 권질卷帙이 크고 무겁게 되는 단점이 있다고 했다. 판식은 단변單邊을 주로 채택하고 각 행에는 19~20자가 배열되며 글자체는 구양순歐陽詢의 솔경법率更法(솔경은 구양순의 다른 이름)을 우선하고 홍무정운洪武正韻(중국 명나라 때의 운서韻書)의 서체를 그다음으로 했다. 또한 책 인쇄가 끝나면 책판을 깨끗이 씻고 말린 뒤 나무 궤에 넣어 높은 각閣에 보관시킨다고 했다.[7] 그

목판의 행간에서
조선의 지식문화를 읽다

의 저술에서 드러나는 책판의 제작과 보관에 대한 언급은 비록 소략하지만 당시 선비들의 책판에 대한 보존의식을 확인할 수 있는 대목이다.

보존 관리의 체계 형성과 몇 가지 사례

|

책판을 보존하던 당시의 상황은 실제로 어땠을까? 서원이나 재사齋祠 등에는 장판각을 지어 보존하거나 사가에서는 사찰과 같은 곳에 위탁 보관했고 혹은 별도로 장소를 마련해 관리했다. 사례별로 살펴보면 다음과 같다.

우선 서원이 소장한 책판은 서원 내부에서 보관했다가 필요할 때마다 책을 인출해 올려 보냈다. 조선시대 대표적인 교육서인 『격몽요결擊蒙要訣』의 경우, 그 책판이 전라도 순천부順川府와 황해도 석담서원石潭書院에 있었는데, 예조에서 아동을 교육하는 데 절실히 필요한 교재라는 점과 장수가 많지 않아 인출하는 일이 큰 공역은 아니라는 점에서 각각 수백 건을 인출해 올려 보내도록 요청하기도 했다.[8]

또한 『교남빈흥록嶠南賓興錄』은 1792년(정조 16)에 정조의 명으로 각신閣臣 이만수李晩秀가 내려가 영남 지방 유생들에게 과거를 치르게 하고 과거의 여러 상황과 급제자의 우수작을 실은 책으로서, 『경림문희록瓊林聞喜錄』의 범례를 본떠 간행해 진상한 책이다. 합격한 시권 가운데 우수작 4편을 취해 간행하고, 그 책판은 도산서원에 보관하도록 했다.[9] 이로 보아 서원에서도 학습서의 마련과 서적 간행의 직·간접적인 참여로 인해 다수의 책판을 보관했음을 알 수 있는데, 『누판고』에서도 확인할 수 있듯이 전국의 서원 가운데 도산서원이 가장 많은 책판을 보관하고 있었다.

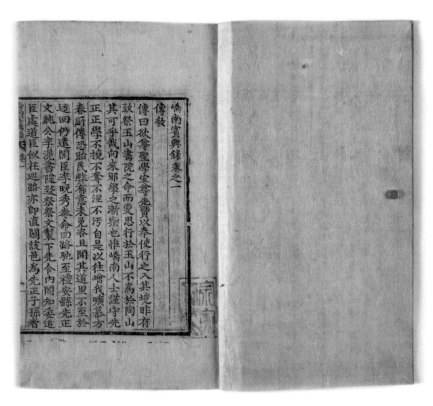

과거의 여러 상황과 급제자의 우수작을 가려 실은
『교남빈흥록』, 한국국학진흥원 소장

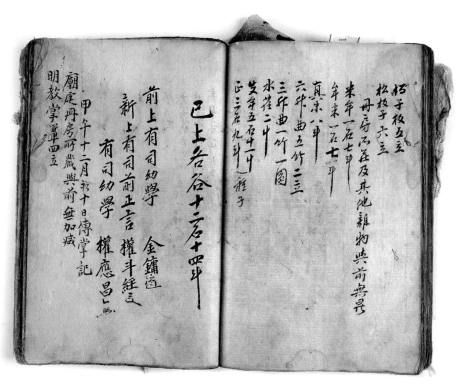

栢子仮五立
松栢子六立

冊三奇不在及其他雜物與前無異

年末一石七斗
真末八斗
六斗曲五竹二立
三斗曲一竹一圓
水蓬二斗
生木五石十一斗
正三石九斗十□ 稚子

巳上各谷十二石十四斗

前上有司幼學　金鏞道
新上有司前正言　權斗經之
有司幼學　權應昌

甲午十二月初十日傳掌記
廟庭冊房所藏與前無加減
明教掌單四立

체계적으로 책판이 보존 관리되었음을 보여주는
『도산서원전장기』, 한국국학진흥원 소장

도산서원의 책판 관리에 대한 본격적인 기록으로, 『도산서원전장기陶山書院傳
掌記』는 책판 보존 관리를 위해 좀 더 체계적인 관리가 이루어졌음을 확인할 수
있는 자료다. 『도산서원전장기』는 도산서원에서 관장한 물품을 기록한 자료로,
17세기 초부터 20세기 초까지의 기록을 묶은 것이다. 한 해에도 여러 번 점검
하고 작성했으며, 이것을 다시 정리한 것도 있다. 그 가운데에는 책판의 종류
와 수량을 기입한 것도 있으며, 초기 기록은 책판 수량은 기록하지 않고 종류
만 기록했는데, 17세기 초 도산서원에서 『계몽전의啓蒙傳疑』『고경중마방古鏡重磨
方』, 각종 문집의 책판, 『도산십이곡陶山十二曲』『어부사漁父辭』 책판 등을 소장하고
있었음을 확인할 수 있다. 이처럼 서원에서는 다른 물품과 함께 책판의 소장에
각별히 주의를 기울이면서 시기별로 꾸준히 현황을 기록해 관리했음을 알 수
있다.

서원과 함께 책판의 보존 관리가 가장 빈발했던 곳은 각 지방에 산재해 있
는 사찰이었다. 조선시대의 사찰은 목판 인쇄의 거점이라고 해도 무방할 정도
로 많은 서적을 간행해 다수의 책판을 보관하고 있었다. 간행하는 서적이 불경
인 경우가 많았지만 사대부가의 문집이나 족보 등이 사찰에서 간행되는 경우
가 더러 있었으며 간행 뒤 그대로 보관하거나 다른 곳에서 간행된 책판을 옮겨
와 보관하는 경우가 많았다. 그 관리 또한 승려가 주로 담당했으며 사고나 서
원의 수호사찰일 경우 더욱 빈번했다. 다음은 문집에 나오는 사찰에서 책판을
관리한 기록이다.

계정溪亭으로부터 북쪽으로 수십 보를 걸어가면 곧 정혜사다. (…) 절의 앞 장
랑長廊에는 서책의 판본이 보관되어 있었는데, 『회재집晦齋集』『구인록求仁錄』
『중용구경연의中庸九經衍義』 등의 책이다. 승려 약간 명이 그것을 주관했다.[10]

목판의 행간에서
조선의 지식문화를 읽다

윗글은 오숙吳䎘(1592~1634)의 『천파집天坡集』 「유옥산서원기遊玉山書院記」의 일부다. 오숙은 옥산서원을 유람하고 그와 가까운 정혜사를 방문해 책판을 보관하던 건물을 발견해 위와 같이 기록을 남겼다. 최석정崔錫鼎(1646~1715)의 『명곡집明谷集』도 문집의 책판을 해인사에 보관했다는 기록이 남아 있다.[11] 해인사에 보관한 책판 중에는 『진양하씨족보晉陽河氏族譜』나 『진양연고晉陽聯藁』 등도 있는데, 17세기 초에 간행된 것으로 비교적 이른 시기의 것이다. 1710년 판각된 『창녕성씨족보』의 책판을 천곡사에 보관하고, 관리를 위해 위답位畓을 사들여 대대로 지키게 한 것도 사찰에서 족보를 보관한 사례다.

본군의 천곡사는 우리나라에서 임진년과 병자년의 병화가 미치지 않아 가히 족보를 비장할 곳이 될 만하기에 절 곁에 새로 두 칸짜리 기와집을 지어 보관과 보책을 소장해두도록 하고, 각수인 승려 치안으로 하여금 맡아서 지키도록 한다. 만약 보판을 봉안하는 데 드는 물자가 없는 것은 반드시 정성이 이르지 아니함이니 또한 오래도록 굳게 소장하는 길이 아닐 것이다. 이에 도내의 모든 집안사람이 더불어 서로 의논하여 재물과 여력을 각각 냈으니, 위답산소에서 제사를 지내는 데 드는 비용 등을 마련하기 위하여 경작하는 논 일곱 마지기를 사들여 모든 집안사람이 주인이 되어 문기를 작성하고 치안에게 허급했다. 이후 종성바지나 외가 후손들이 보책을 인출하는 때 자행에 간혹 떨어져나간 곳이 있으면 일을 맡아 지키는 승려들로 하여금 보책을 다시 새겨서 인출하게 한다. 치안이 죽은 뒤에 이르면 계속 전하여 그를 대신하여 지키는 자가 위답을 맡아 땅을 갈아 먹으면서 대대로 소장하고 지키게 하면 가히 긴 세월 동안의 도모함이 될 것이고, 우리 시조 내외 여러 자손에 혹 본도의 방백관찰사, 병사, 수사, 수령이 되는 자는 먼저 보판과 보책이 완전하게 보호되는지 여부를 물어서 따로 타이르게 한다면 매우 다행일 것이다.[12]

천곡사 옆에 새로 지은 두 칸짜리 기와집은 장보실藏譜室로 이름해 족보판과 족보책을 소장하도록 하고 족보판의 장수, 위답의 위치와 크기, 각판에 참여한 인물의 명단 등을 수록했다.[13] 족보판의 보존을 위하여 장판각을 건립하고, 관리인을 두며, 다시 인쇄하거나 훼손되는 판을 보완하는 것까지 책판의 보존 관리를 위한 체계가 갖추어진 것을 확인할 수 있다. 이는 족보판을 영구히 보존하기 위한 문중의 노력을 살필 수 있는 기록으로 의미가 있다.

한편, 1615년 눌연訥淵 정민도丁敏道가 쓴 『배자예부운략排字禮部韻略』의 발문은 조선시대 유교 책판이 선현과 조상의 흔적이 배어 있는 유품으로 인식되었다는 보존의식을 확인할 수 있는 기록이다.

두 공(박경부朴慶傅와 경윤慶胤 형제)이 또 견고하게 보관하고 오래도록 전할 것을 생각하기를, "만약 사실私室에 둔다면 보관하기가 매우 어려울 뿐만 아니라 결국에는 사유 기물이 될 우려가 있고, 공가公家에 둔다면 잘 보관하지 않아 쉽게 손상될 우려가 있다. 백 번을 생각해도 산방山房에 보관하는 것이 가장 좋을 것이니 암자의 승려에게 맡겨 보관하게 하면 반드시 잘 간수하여 영원히 공물公物이 될 것이다"라고 했다. 근처에 '백련白蓮'이라는 한 암자가 있는데, 속칭 '어성御城'이라고도 하며 누가 창건한 것인지는 알 수 없으나 승려들이 세운 것은 아니다. (…) 암자는 바위를 깎아 길을 내고, 잔도棧道를 기어오르며, 적벽赤壁이 좌우를 두르고, 장류長流가 암자 앞에 흘러 다만 경치가 소쇄瀟灑할 뿐만 아니라 도적이 접근하기 어려워 책

목판의 행간에서
조선의 지식문화를 읽다

판을 보관하기에 적당한 곳이다. 두 공이 또 전현삼족당前賢三足堂 김대유金大有와 소요당逍遙堂 박하담朴河淡 등이 노닐던 곳을 공물로서 오래도록 전해질 수 있는 계책이라 생각하여 여기에 책판을 보관했으니, 이것이 바로 이군李君이 이 산방에 장서藏書하고, 소자蘇子가 사승寺僧에게 책판을 맡긴 뜻이다.[14]

『배자예부운략』은 1615년 경상도 청도淸道에서 박경부(1553~1623)와 국헌菊軒 박경윤(1555~1626) 형제에 의해 제작되었고, 인출 뒤에는 백련암白蓮庵에 보관되었다. 이 발문에서 박경부 형제는 책판의 보관처로 백련암으로 정하면서 이유를 몇 가지로 설명하고 있다. 이에 앞서 먼저 사가나 공가에 보관할 때의 문제점에 대해, 사가에 보관하면 관리는 잘 될 수 있으나 개인이 소유권자가 됨으로써 이후 간행에 곤란이 있을 수 있고, 공공기관에 보관하면 관리는 다소 소홀해질 수 있으나 공유물로 남아서 많은 사람이 이용할 수 있다고 정리한다. 결국 관리와 소유권에 있어서 이 두 장소는 일장일단이 있는 셈이다. 이에 대한 대안으로 거론된 곳이 사찰이었다. 첫째, 승려들이 관리하므로 잘 보존될 수 있고, 둘째, 영원히 사유물이 아닌 공유물로 남을 수 있다는 장점이 있었다. 이는 위의 사가와 공가관리의 단점이 모두 배제되고 장점이 취해지는 합리적인 대안이었다. 이런 여건에 더해 백련암이라는 암자는 장판처로는 최적의 지리적 여건을 갖추고 있다는 점이 고려되었다. 여기서의 '도적'은 이 책판을 판각하게 된 직접적인 계기가 임진왜란으로 인한 판목과 간본의 소실이었던 점으로 미루어 보아 여기서 '도적'은 왜구와 같은 전란의 적군을 비정한 것으로 보이며, 따라서 이는 당시로써는 책판 관리처 선정의 매우 중요한 기준이었을 것으로 생각된다.

사찰은 목판이라는 재료와 각승刻僧이라는 인력의 공급이 편리했기 때문에 목판 간행에 매우 적합한 여건을 갖춘 곳이었으며, 목판 보관에도 좋은 요건을 갖춘 곳으로 인식되었던 것이다. 또한 번암樊巖 채제공蔡濟恭(1720~1799)의 문집인『번암집』책판을 봉정사鳳停寺에 보관하게 된 배경과 함께 관리의 규칙 및 외부의 간섭 배제 등에 대한 내용을 기록한 완의完儀도 남아 있는데 문집 책판 사찰수호의 전형적인 사례를 살펴볼 수 있는 기록이다.

『채번암선생문집蔡樊巖先生文集』은 정종대왕의 어정문자御定文字이니 소중함이 남다르다. 영남 70주의 선비들이 일제히 힘을 모아 갑신년(1824, 순조 24) 여름에 봉정사에서 판각하고 장판각을 세워 만백세토록 우러르게 했다. 다만 판각수호板閣守護의 일은 신중하게 계획하여 영구한 계책을 세워야 한다. 이에 간역刊役을 마치는 날에 특별히 돈 100민緡을 마련하여 봉정사에 주었다. 한 해 뒤인 을유년에 봉정사가 중수 비용을 빌려주기를 청했으나 이자를 정하지 못하다가 그 이듬해인 병술년 이후에 매년 3분分의 이자를 받았다. 경인년(1830, 순조 30) 봄에 전답 12마지기를 매득하여 봉정사에 영영 주고 사승寺僧으로 하여금 소출을 거두어 사찰에서 쓰는 경비에 보태고 판각수호에 전념하여 담당하도록 하고 백세토록 전하며 폐단이 없도록 하라고 절목節目과 완의完議를 만들었다. 그러므로 사림과 사승중에 만약 절목을 어기고 폐단을 일으키는 자가 있다면 마땅히 별반別般으로 책임을 논하고 관에 고하여 처리한다. 절목책 4건을 수정하여 1건을 본사에 보관하고, 1건은 번암 본댁에 보내고, 1건은 병산서원屛山書院에 둔다. 1건은 간소도감댁刊所都監宅에 보내니 이로써 빙고憑考할 일이다.

『번암집』은 1824년에 봉정사에서 판각되고 장판각이 건립되어 사승들에 의해 각별히 수호되었다. 번암 채제공과 정조의 각별한 관계로 인해『번암집』에는 정조의 어필 서문이 수록되어 있다. 체제공은 영남 이황, 유성룡과 함께 영남 사림의 추앙을 받는 인물이었으므로 영남 사림이 일제히『번암집』간행에 힘을 모아 봉정사 장판각에서 수호되었던 것이다. 그러나 영구히 보존하기 위해서는 더 신중한 계책이 필요했기에 판각을 마치는 날 얼마간의 돈을 마련해 수호사찰인 봉정사에 희사했다. 1830년 1월과 3월에는 각각 서천손徐千孫과 승려 채관采寬에게서 전답을 매입해 장판각수호 명목으로 사찰에 주고, 그 소출을 사찰운영의 경비로 사용하되 그 대가로 사승들로 하여금 장판각을 수호하는 데 전념하도록 했다. 이에 더하여 수호를 위한 절목책을 만들었는데, 총 4건의 절목 가운데, 1건은 봉정사에 보관하고, 1건은 번암 본댁, 1건은 병산서원, 1건은 간소도감댁에 보관토록 했다. 그리고 이 책판에 대해 혹여나 사림이나 본가에서 간섭하지 말 것과, 매년 봄과 가을에 판각 상태를 조사할 것을 명시했다. 그러나 이 책판은 이후 평강 채씨 번암상공종택으로 옮겨졌다가 현재는 한국국학진흥원이 소장하고 있다. 문집 책판을 사찰에 보관할 때는 장판각을 건립해 승려들로 하여금 수호하게 하되, 수호의 동기를 부여하기 위해 돈이나 전답 등을 통해 경제적인 지원을 하며, 한편으로는 절목 형태의 규약을 만들어 판각수호 당사자는 물론 사림이나 종가 등 외부의 간섭을 최대한 배제한 것으로 보인다.

서원이나 사찰 외에도 사고에 보관한 사례도 있다. 택당澤堂 이식李植의『택당집』「택당집적상산성장판기澤堂集赤裳山城藏板記」에는 최초 간행 이후『택당집』책판의 보관 경위와 관리를 위한 규정까지 자세히 기술했다.『택당집』의 판목은 남평에서 처음으로 간행된 이후 김제에 옮겨졌다가 다시 전주로 이관되었고,

후손 이익진李翼鎭이 무주 부사가 되면서 1764년(영조 40)에 적상산사고赤裳山史庫를 관할하는 안국사安國寺에 따로 서각書閣을 세우고 판목을 이곳으로 옮겨 보관했다. 또 평양에서 간행한 판목은 광주산성廣州山城으로 옮겨 보관했다.[15] 이식의 증손인 이익진이 1764년 5월에 지은 글에 의하면 우선 개인 문집 가운데 후세에 전할 만한 것은 특별히 사고의 누각에 보관하기도 했다는 사실을 확인할 수 있다. 「장판기」 말미에는 판목의 보관에 관한 규정을 상세히 정하고 책판치부冊板置簿를 두어 총 1158판의 구성 내용과 보각에 참여한 색리色吏, 승려의 명단을 부기했다.

> 지금 이 책판은 공가의 물건이니 승대장 주지僧代將住持가 매번 교체될 때마다 서각 안에 보관하고 있는 책판의 개수를 일일이 셈하고, 열쇠를 후임자에게 전하며, 첩牒을 갖추어 관에 올리고, 서목書目을 받아두어서 참조할 증거로 삼는다. 또 절 안의 기물치부器物置簿에 기록하고 차례로 전수傳授하여 인출할 때 검관檢管에 주의하지 않아 혹 책판을 잃어버리면 전장기傳掌記에 책임을 논할 바가 있는지 거슬러 고찰한다. 서각에 만약 비가 새면 곧 수리하여 썩고 상함이 없게 하는 것이 마땅하다.[16]

위의 기록은 일종의 사고책판 관리지침에 해당되는 것으로, 이 책이 안국사 경내에 설치된 적상산사고에 보관되어 있었기 때문에 주지인 승대장을 대상으로 마련된 것이다. 즉 승대장 인수인계 시 책판에 대해 각별히 주의하도록 그 세세한 지침을 세웠다. 그 내용은 서각에 소장된 책판의 개수를 파악할 것, 후임자에게 열쇠를 인계할 것, 관에 보고하여 서목을 받아둘 것, 절의 기물치부에 책판 현황을 기록해둘 것, 서각을 수리, 보수할 것 등이다. 이 기록은 특

목판의 행간에서
조선의 지식문화를 읽다

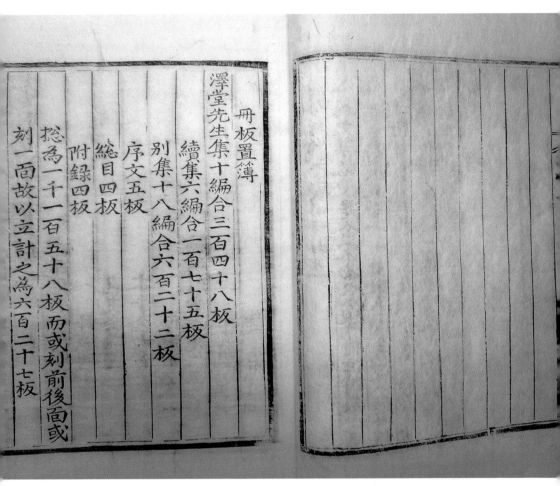

冊板置簿

澤堂先生集十編合三百四十八板

續集六編合一百七十五板

別集十八編合六百二十二板

序文五板

總目四板

附錄四板

捻爲一千一百五十八板而或刻前後面或刻一面故以立計之爲六百二十七板

택당 이식의 문집으로 후손인 이익진이 전라북도 무주 안국사의 서각에 보관한 『택당집』 판목을 사고에 보관한 사례다.

정 책판 관리에 한하는 것이 아니라 사고에 소장된 모든 책판의 관리에 대한 것이다.

그밖에도 유교경판의 사찰보관의 예로 들 수 있는 것으로는 북한산 태고사에 보관한 사서 책판보관四書 冊板保管 사례를 들 수 있다.[17] 1820년 경진년에 간행한 책으로, 경진신간내각장판庚辰新刊內閣藏板이라는 간기가 남아있는 책판의 초기 보관 장소로 태고사가 그 역할을 담당했다. 현재까지도 그 책판은 전승되어 규장각한국학연구원에서 보존하고 있다.

목판의 행간에서
조선의 지식문화를 읽다

책판 관리의 기록과 체계

책판 보존에 대한 전통적 가치는 책판 관리의 기록으로 드러난다. 책판을 수록하고 있는 책판목록이 대표적인데, 책판의 관리 상태, 현존 유무 등을 점검하고 확인하는 내용이다. 앞 장에서 살펴본 대로 조선시대 전반에 걸쳐서 관리가 이루어지고 그 체계가 만들어졌지만 구체적인 내용 확인은 매우 어렵다. 기록물로 남은 것이 매우 제한적인데다 명확히 그 체재를 다루고 있는 것이 없기 때문이다. 따라서 이 장에서는 위에서 살펴본 책판에 대한 보존 관리 인식이 담겨진 기록물을 중심으로 예를 들어 살펴보고자 한다. 대표적 기록으로는 『누판고』, 책자 형태로 만들어진 문서 기록과 『서책목록書冊目錄』에 나타난 책판, 읍지나 지지의 책판 목록 등이다.

『누판고』작성의 배경과 책판 보존 관리 체계

역대 판목들을 조사하거나 책판에 관한 기록을 담은 책판목록을 작성함으로써 책판을 보존 및 관리했다. 『누판고』는 서유구徐有榘(1764~1845) 등이 정조의 명으로 1796년(정조 20)에 편찬한 전국책판해제목록이다. 이 책은 1778년(정조 2)에 전국에 유서諭書를 내려 각 기관과 개인이 소장한 책판의 목록을 올리게 해 규장각에서 그 실존 여부를 살펴보고, 이를 중외장판부中外藏板簿에 기록하게 한 데서 기원한다. 『누판고』는 이런 여러 책판목록 중에서 국가적으로 조사사업을 벌여 작성한 기록인 것이다.[18]

책판에 관한 기록은 편찬하는 사람이 직접 책판을 소장하고 있는 고을을 방문해서 기록하는 경우도 있었겠지만 조정에서 각 도의 감영으로, 감영에서 고을로 연락해 보고하게 한 뒤 중앙으로 기록을 올려 편찬하는 경우가 더 많았다. 『누판고』도 이 방식으로 작성된 것으로서, 보존 관리의 전체 체계에서 마지막 단계의 결과물이다. 따라서 관리를 위한 기록의 유형과 그 의미를 파악하는 데 도움이 될 수 있을 것이다.

특히 『누판고』의 범위와 내용을 살펴보면 매우 조직적이고 체계적인 관리를 위해 편찬이 이루어진 것을 엿볼 수 있다. 편찬시기인 정조 때 서울의 관아 및 팔도감영과 각 부府, 목牧, 군郡, 현縣, 서원, 사찰, 사가私家에 장치되어 있는 책판을 구분해 조사했고, 그 내용은 어찬서御撰書, 어정서御定書, 경부經部, 사부史部, 자부子部, 집부集部 등 6개 분야로 나누고, 사부四部에 해당되는 곳에서는 다시 유類로 세분해 분류하고 있다. 이 책에는 서명, 권수, 저자와 내용의 간단한 해제와 함께 특히 보존 관리의 영역으로 책판의 소장처, 닳아 없어지고 이지러진(완결刓缺) 여부와 인지印紙, 장수張數 등을 기술함으로써 각도의 책판 소재를 정확하게 기록하고 있다.

정조의 『홍재전서』에 수록된 군서 표기에는 『누판고』의 편찬과 관련해 좀 더 체계적인 책판 관리 체계가 있었음을 확인할 수 있는 내용이 있다.

세조조에 대제학 양성지가 규장각을 두어서 어제와 도적圖籍을 보관할 것을 청하고, 또 각 고을로 하여금 보관하고 있는 책판을 기록하여 전교서에 올려 이를 전교서에서 관리하도록 할 것을 건의했는데, 세조가 여러 번 시행할 만한 일이라고 말씀했으나 시행하지 못하시고 말았다. 나는 병신년(1776, 정조 즉위년)에 내원內苑에 규장각을 설치하고 관리를 두어 서적을 관리하도록 했는데, 이는 대부분 양성지가 건의했던 내용을 따른 것이다. 2년 뒤인 무술년(1778, 정조 2)에 각 도에 하유下諭하여 공사 간에 소장하고 있는 책판을 모두 기록하여 올려 규장각에서 그 보존 상태를 관리하도록 했으니, 이때에 이르러 성조聖祖께서 뜻하신 일과 어진 재상의 계책이 비로소 질서 정연하게 모두 갖추어져 환하게 구비되었다. 병진년(1796, 정조 20)에 다시 각신 서유구에게 명하여 중외의 장판부藏板簿를 가져다 유별로 분류하고 목록을 작성하되 매 책마다 반드시 편찬자의 성명과 의례義例의 대략적인 내용을 표시하고 권질의 수효와 판본의 소재를 빠짐없이 자세히 기재하도록 했다. 그런데 이 책은 오로지 목판본만을 대상으로 했기 때문에 서명을 『누판고』라고 했다.

1778년(정조 2)에 규장각을 세운 다음 각 도의 관아나 민간에 소장하고 있는 판목의 수를 헤아려서 기록해 규장각에 올리게 했고, 1796년(정조 20)에는 다시 규장각의 각신인 서유구에게 명해 분류별로 편찬케 했음을 알 수 있다. 이와 같은 말은 『누판고』의 서두에 있는 「범례」에도 기록되어 있다.

『누판고』 이전의 기록으로 책판의 현황을 살필 수 있는 대표적인 것은 16세기 중반 이후로 여러 차례 조사되어 간행된 『고사촬요攷事撮要』가 있다. 『누판고』가 『고사촬요』 및 다른 역대 책판목록과 크게 다른 특징은 책판에 관한 목록과 해제만을 담고 있는 독립된 편찬서이면서 보존 관리의 기록까지 담고 있다는 것이다. 그리고 각 지방 단위의 순서가 아니라 경사자집經史子集의 사부 분류법에 의해 배열되고 각 저작에 해제를 수록하고 있다는 점에서 많은 차이가 있다.

조정에서의 요구뿐만이 아니라 관리나 사대부 간의 서책 교류를 위해서도 책판목록의 편찬은 필요했을 것으로 보인다. 『누판고』가 작성되는 시기를 전후해 민간에 의해 작성된 책판목록도 서서히 등장하게 되는데, 교서관이나 지방의 관찰영 혹은 관아에서 찍은 책은 반포를 제한하고 있었으므로, 그만큼 책에 대한 수요의 증가와 함께 민간에서의 서책 간행활동이 증가했음을 확인할 수 있다.

또한 책자 형태로 만들어진 문서 기록에는 그 관아에서 소장한 책판이나 그 밖의 판목을 기록한 것이 남아 있다. 이러한 기록들이 전사되어 여러 가지 책판목록을 편찬하는 데 바탕이 되었을 것으로 여겨진다. 이들을 종합해 체계적으로 분류를 목록화하고, 각 책판의 해제까지 작성하는 것이 『누판고』에 의해서 제대로 이루어진 것이다.

목판의 행간에서
조선의 지식문화를 읽다

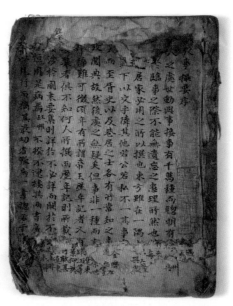

『누판고』 이전의 책판 현황을 기록한 『고사촬요』, 한국국학진흥원 소장

책자 형태로 만들어진 문서 기록

|

책자 형태로 만들어진 문서 기록으로 알려진 자료로 『선산부소재책판기善山府所在册板記』가 있다. 이 기록물은 현재까지 유일하게 군 단위의 독립된 책판목록으로, 그 체제도 여느 책판목록과 차이가 있다.[19]

권수제는 『경상도선산부소재책판급용입지지현록성책慶尙道善山府所在册板及容入紙地懸錄成册』이며 『선산부소재책판기』는 표지 제목이다. 한국학중앙연구원 장서각 소장본청구기호 B16C 8로, 1책19장의 필사본이며 책 크기는 27.5센티미터 ×18.7센티미터다. 목판변란木板邊欄과 계선界線으로 10행이며 상하내향의 유문흑어미有紋黑魚尾다.

수록 내용은 처음에 서명과 서책수를 적고 각 서책의 서문, 발문, 묘지명, 묘갈명 등이 있을 경우 서문 발문은 내용 그대로 실었고 묘지명이나 묘갈명은 축약해 저자나 저자 관련 인물에 관한 내용만 게재하고 있다. 서문 발문이 없을 경우에만 "無"를 표시하고 있다.

그다음 책판의 소장처, 책판수, 소요되는 종이 수량을 기록했는데, 책판 수량 다음에는 완락刓落의 유무를 표시하고 완락이 있을 경우, 그 수량을 기재했다. 내용상 종이 수요에 대한 단위가 다르고 인쇄에 드는 종이 수량에서 차이가 있을 뿐, 『누판고』에 수록된 책판의 종수, 서명, 소장처 등과 일치한다.

이 기록물의 형태적 특징, 지질, 장황 등이나 작성 내용에 미비한 점이 있는 등 시기적으로 『누판고』 작성 당시 만들어졌을 가능성은 없지만, 『누판고』 작성의 기초 자료로 쓰인 문건의 형태를 보여주는 것은 틀림없다. 『누판고』의 범례에도 밝혔듯이 "장판부"가 지방 관아에서 작성해 올린 기록에 의한 것이라면, 이는 관 주도의 책판 보존 관리 체계를 보여주는 예가 된다.

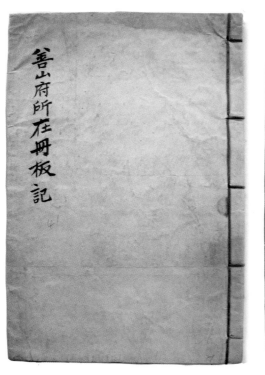

善山府所在冊板記

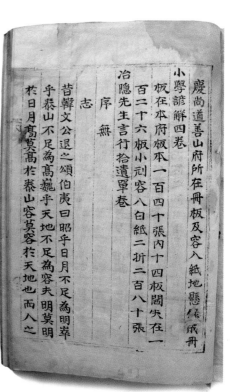

慶尙道善山府所在冊板及容入紙地懸錄成冊

小學諺解四卷
板在本府板本一百四十張內十四板闕失在一百二十六板小剡容八白紙二折二百八十張

冶隱先生言行拾遺單卷
序　無
志
昔韓文公退之頌伯夷曰昭乎日月不足為明崒乎泰山不足為高巍乎天地不足為容夫明莫明於日月高莫高於泰山容莫容於天地也而八之

책자 형태로 만들어진 책판목록인 『선산부소재책판기』

『서책목록』에 나타난 책판 보존 관리 기록

|

지방의 관찰영 혹은 관아에서 보관하거나 각 소장처에 관리하고 있던 책판의 기록으로 『서책목록』을 들 수 있다. 『서책목록』은 장서각에 소장되어 있는 경상도지역의 책판목록인데 서명은 『서책목록』이지만 내용은 모두 책판목록이다.[20]

이 목록에 찍힌 '경상도도관찰사지장慶尙道道觀察使之章'이라는 관장官章으로 볼 때 경상감영에서 공식적으로 도내의 지역에 소장된 책판 현황을 일제히 조사해 정리한 것임을 알 수 있다.

『서책목록』은 절첩, 43면으로 양면에 필사되었는데, 앞면은 영상營上에서 예안禮安까지, 뒷면은 앞면에 이어 예안에서 예천禮泉까지다. 각 지역을 항목으로 소장 책판을 열거하되 본문 면을 3단으로 구성했다. 모든 책판에 일관되게 적용되는 것은 아니지만 대체로 제1단은 책판명과 권수, 제2단은 책판 인쇄에 소용되는 종이의 장수, 제3단은 책판의 소장처와 보존 관리 상황 등을 기록했다.

특히 3단의 책판 소장처를 살펴보면 문집을 비롯한 상당수의 책판이 사찰에 보관된 것을 확인할 수 있다. 이는 앞서 살펴본 보존 관리 체계의 형성과도 깊은 관련을 지니는 것으로, 책판이 소장처로서의 사찰에서 공식적으로 관리된 것으로 보아야 할 것이다. 아래 내용은 3단의 내용을 중심으로 요약한 것이다.

① 論語大全~周易大全諺解(14종): 庚午五月 日 蓮洞 金等內 或新刻 或重刻 或間間修補(제1~2면)

② 禮記: 南等內 寺洞 乙酉七月 日 落板4立新刻(제5면)

③ 綱目: 金等內 蓮洞 庚午五月日 落板四立新刻(제5면)

④ 史略大全: 落板一立新刻 南等內 寺洞 丙戌二月日(제6면)

⑤ (史略大全)諺解: 南等內 寺洞 丙戌二月日 落板九十八板一片新刻(제6면)

⑥ 通鑑: 金等內 蓮洞 庚午五月 日 一百七十九板新刻 二十七板重刻(제6면)

⑦ 麗史提綱: 金等內 蓮洞 庚午五月 日 六板新刻(제7면)

⑧ 朱書要類: 金等內 蓮洞 庚午五月 日 四板新刻(제7면)

⑨ 雅誦: (金等內 蓮洞 庚午五月 日 四板新刻)一板新刻(제8면)

⑩ 萬病回春: 金等內 蓮洞 庚午五月 日 八板新刻(제9면)

⑪ 杜詩批解~畏齋集(36종): 雖載目錄 或元無一板 或闕失, 或頑不用, 或散板(제15면)

⑫ 朱書百選, 虞註杜律, 木鑄字 41061자(具櫃在吏廳): 金等內 寺洞 己丑七月日 新刻(제18면)

⑬ 白沙集~大千字文(12종): 在桐華寺(제20면)

⑭ 月沙集~水北集(10종): 在龍淵寺(제22면)

⑮ 北窓集~白江年譜(3종): 在湧泉寺(제23면)

읍지의 책판 기록

책판에 관한 기록이 남아 있는 자료 중에 지지地誌나 읍지邑誌도 있다. 이는 각 고을에서 과거로부터 이어온 전통에 따라 작성한 그 고을의 지지 또는 읍지의 일부 항목으로 책판의 소장 기록을 남긴 것이다. 또한 이 시기의 기록문서 중에서 관원끼리의 업무 인수인계를 위한 "중기重記"가 오늘날까지 전하고 있는 경우도 있다.

읍지에는 특별히 보관처를 표시하지 않은 경우도 많이 볼 수 있으나 서원,

향교, 사찰, 관청, 사가 등의 유형으로 표시한 경우도 자주 보이는데, 영남지역의 읍지를 예로 들어 정리해보면 다음 표와 같다.[21]

[표 1] 영남 각 읍의 읍지 소장처 유형별, 지역별, 기관별 책판 현황

소장처구분	지역	건물명	종수	책판명	비고
書院	慶州	西岳書院	3	西岳志, 歷年通考, 崔孤雲所書雙溪石門四大字	
	慶州	玉山書院	18	晦齋文集, 九經衍義, 求仁錄, 大學補遺, 奉先雜儀, 晦齋所製退溪所書十六詠及元朝五箴, 金南窓所書元朝五箴及太極問辨, 盆齋集, 櫟翁稗說, 抄漢書, 孝行錄, 梅月堂四遊錄, 太極圖說, 韓濩所書赤壁賦, 續東史纂要, 晦齋別集	淨惠寺所藏板 이관
	尙州	道南書院	2	蘇齋集, 愚伏集	
		西山書院	2	仙源集, 淸陰集	
		興巖書院	1	洞春集	
		玉成書院	2	月月磵集, 蒼石集	
		近巖書院	2	寓菴集, 漢陰集	
	一善善山	金烏書院	3	兩賢淵源錄·三仁錄·冶隱集板	
	禮安	陶山書院	1	朱書節要板	
	龍宮	三江書院	1	懲毖錄册板	
	咸安	德巖書院	2	漁溪集板, 大笑軒集板	
		西山書院	2	損庵集板·十忠錄板	
		松汀書院	4	澗松集板·金羅傳信錄板·追慕錄板·奉先儀板	
		書院	5	十九史略冊, 經驗救急方·忘軒集·道通圖·夙興夜寐 晦庵大字板萬曆丁亥秋刻石 藏于書院	『咸州志』
	陜川	新川書院	2	无悶堂集, 敬齋集	
鄕校	慶州	慶州鄕校	1	忠孝堂三大字	
寺刹	慶州	淨惠寺	18	淨惠寺所藏板, 晦齋文集 등 18종	玉山書院으로 이관 '今移在玉山書院'
	尙州	南長寺	1	九畹集	
	金山 (김천)	直指寺萬歲樓	2	三節遺稿三卷, 南塘集十九卷	

310

목판의 행간에서
조선의 지식문화를읽다.

寺刹	陜川	海印寺	13	南溪集, 明谷集, 久堂集, 南坡集, 博泉集, 琴湖集, 朴正字集, 晚沙集, 鄭文翼公集, 靑泉集, 崇孝集, 是窩集, 晉陽聯藁集	
	金山金泉	碧樓菴	2	定齋集 四卷	
官廳	尙州	邑府內	3	小學大全, 峒隱集, 道德經	
	禮安	官藏	1	小學諺解板	
	一善先山	官庫	2	小學諺解·義烈圖	
	陜川	工庫	3	史略諺解, 小學諺解, 芝峯集	辛丑水變漂沒
私家	咸安	本孫家	1	管通八解板	
	陜川	本孫家	1	松溪集	

소장처 유형 가운데 가장 많은 것은 서원이다. 이는 서원이 기관의 성격상 강학기관이면서 동시에 건물 구조로 볼 때 장판각을 갖춘 경우가 많았으므로 책판의 보관처로 적합했기 때문이다. 서원은 경주의 서악서원西岳書院과 옥산서원玉山書院, 상주의 도남서원道南書院, 서산서원西山書院, 흥암서원興巖書院, 옥성서원玉成書院, 근암서원近巖書院, 일선선산一善善山의 금오서원金烏書院, 예안의 도산서원, 용궁의 삼강서원三江書院, 함안의 덕암서원德巖書院, 서산서원西山書院, 송정서원松汀書院, 합천의 신천서원新川書院 등으로 그 처소가 다양하다. 이 가운데에는 경주의 옥산서원, 상주의 도남서원과 흥암서원, 예안의 도산서원과 같이 현재 장판각이 남아 있는 경우도 있으나, 장판각이 남아 있지 않거나 당대 장판각의 존치 여부를 알 수 없는 경우가 대부분이다. 읍지의 기록으로 서원 가운데 가장 많은 책판을 보관한 곳은 경주의 옥산서원으로 총 18종이 확인된다.

읍지에 수록된 사가私家의 책판 기록은 드물게 나타나는데, 그 소장처는 '본손가本孫家'로 표기하고 있다. 주로 문중이나 종택에 소장된 책판이므로 읍지에 수록하기에는 많은 한계가 있었을 것으로 여겨진다.

실제로 문중이나 종택에 소장된 책판은 공식 기록에 잘 드러나지 않는 경우가 있다. 한국국학진흥원에 소장된 책판의 상당수도 이러한 종택이나 문중에 소중히 간직되어 있으면서 잘 알려지지 않은 것을 발굴한 것이 많았다. 상당부분을 차지하는 문집류 책판은 물론이고 문집 이외에 문중에 소장된 족보, 성리서, 동몽서류 등의 책판도 종택이나 종중에서 마련한 장판처에서 보존되어 왔던 것이다([표 2] 참조). 공식 기록에 드러나지 않는 문중 종택의 책판은 기존에 알려진 공식적인 보존 관리 체제와 더불어 사가의 보존 관리 체계가 공존했다는 점에서 의미가 있다. 이때 문중 종택에 보관된 책판은 대부분 선현과 조상의 흔적이 배어 있는 유품이라는 인식이 강하게 작용했을 것으로 여겨지며, 이는 국가적인 출판 체계의 일환에서 체계적으로 보존 관리된 책판에 담겨진 보존의식과는 또 다른 깊이를 지닌다.

[표 2] 문중, 종택에 보존 관리된 족보, 성리서, 동몽서류 등 책판의 원소장처. 한국국학진흥원 소장

판명	저자/편자	판 수량(장丈)	간행시기	기탁 문중
勘亂錄	英祖命編	127	1729	안동 김씨 소산종회
江陵劉氏世譜		16		강릉 유씨 동은공문중
槐潭先生大學纂要	裵相說	36	1882	흥해 배씨 녹동리사 괴담종택
槐潭先生中庸纂要	裵相說	41	1882	흥해 배씨 녹동리사 괴담종택
琴氏譜		116		봉화 금씨 추원재운영위원회
蘆亭書訣	姜璧元	61	1934	영주 진주 강씨 소우종택
德山尹氏世譜		5		파평 윤씨 덕산군파
陶山十二曲	李滉	3		영천 이씨 농암종택
童蒙須知		2		풍산 류씨 하회 충효당
蒙語類訓	李承熙	14	1935	성산 이씨 한주종택
排字禮部韻略	丁度	83		청도 선암문중

屛銘發揮	李象靖	13	1900	진성 이씨 일직파 후산종택
三峰誌		13		함창 김씨 물암종중
宣祖御筆	宣祖	16		안동 권씨 와룡 송소종택
星山呂氏世譜		87		성산 여씨 원정공파종중
星州李氏族譜		4		성산 이씨 한주종택
小學童子問	柳徽文	14		전주 류씨 호고와종택
小學章句	柳徽文	126		전주 류씨 호고와종택
小學集註		1		청주 정씨 문목공파대종회
安東權氏世譜		1	1919	안동 권씨 급사공파 후암공종중
安東權氏族譜		812		안동 권씨 대종회
冶爐宋氏族譜	宋應八	91	1861	야성 송씨 충숙공파종중백세각
約中篇	李象靖	20	1849	달성 서씨 석간정종택
漁父歌	李賢輔	3		영천 이씨 농암종택
易學圖說	張顯光	316	1645	인동 장씨 여헌종택
易解參攷	柳正源	312	1852	전주 류씨 삼산종가
永嘉誌	權紀	121	1899	안동 권씨 복야공파 길송문중
禮安金氏世譜		75		의성 김씨 평장사공파 삼대종택
禮安金氏族譜		11		의성 김씨 평장사공파 삼대종택
李子書節要	鄭焜	257	1905	영양 연당 동래 정씨 익재소
莊陵志	朴慶餘 外	48	1711	진주 하씨 충렬사
載寧李氏族譜	李栽	3	1716	재령 이씨 영해파종중
全州柳氏族譜		3		전주 류씨 수곡파 동암종택
正蒙類語	李承熙	16	1935	성산 이씨 한주종택
制養錄	李象靖	22	1741	한산 이씨 대산종가
懲毖錄	柳成龍	244		풍산 류씨 하회 충효당
秋淵先生癸甲日錄	禹性傳	68	1937	단양 우씨 용암종중
春秋輯註	李惟樟	2		예안 이씨 고산종가
鍼經要訣	柳成龍	16	1600	풍산 류씨 하회 충효당
豊山金氏世譜	金重夏	103	1853	풍산 김씨 유경당종택
學庸要義輯錄	金文熙	131	1906	의성 김씨 독산파문중
海東續小學	朴在馨	64	1884	청도 선암문중

洪範衍義	李徽逸	3	1688	영양 재령 이씨 석보문중
洪範衍義	李玄逸	473	1688	재령 이씨 존재파종회
訓蒙易義	朴蘭緖	235	1937	반남 박씨 판관공파 소고문중
訓子從學帖		2		풍산 류씨 하회 충효당

책판 관리 체계의 사회사적 맥락

|

이 글에서는 조선시대 책판 보존을 위한 전통적 가치의 형성과 더불어 좀 더 구체적인 보존 체계가 있었음을 기록을 통해 확인해보고자 했다. 실록 등 각종 기록에 나타나는 조선시대 책판 관리에 관한 정책의 일면은 중앙이 지방의 책판 관리에 여러 형태로 영향력을 행사했고, 특히 지방관의 「해유중기」에 대한 강력한 규제 정책에 그 의미를 부여할 수 있다. 이와 함께 지방 관아 개판 책판에 대한 관리 실체로서 중앙기구의 적절한 관여도 확인할 수 있었다. 또 서원이나 사찰 등에 보존 관리되었던 책판의 사례를 통해 책판 보존을 위한 전통적 가치의 형성에 서원과 사찰이 차지하는 위상을 살펴보았다.

또한 『택당선생집』에 수록된 「택당집적상산성장판기澤堂集赤裳山城藏板記」와 '책판치부'의 기록을 통해 개인 문집 책판이 국가 차원에서 보존 관리된 사실을 볼 수 있었는데, 일반사찰이 아닌 사고수호사찰史庫守護寺刹에 특별히 장판각을 세워 관리한 사례가 이를 뒷받침한다. 보존 관리의 체계가 사고, 사찰, 감영, 사가 등 장판처에 따라 발견되는 문헌 사례의 종류나 기록 방식, 내용의 상세함 등에는 차이가 있으나, 수량의 파악과 보수 및 책판목록 작성 등을 통한 영구 보존을 기약하고 있다는 점에서는 공통점을 보인다.

책판 생성 이후 보존 관리에 대한 논의는 기존의 연구에서 다루지 않은 부

목판의 행간에서
조선의 지식문화를 읽다.

분이 많았기 때문에 좀 더 체계적인 접근이 필요하다. 연구가 진행됨에 따라 책판에 대한 새로운 연구 과제가 제시될 것이며, 문헌자료의 다양한 활용과 그 의미를 드러내는 작업이 앞으로 활발히 전개되어야 할 것이다. 이를 위해서는 가능한 한 많은 문헌자료를 발굴하고, 그 가운데 보존 관리를 고찰하는 데 유용한 기록을 분석하고 그 의미를 도출해낼 필요가 있다.

제7장

조선 지식인,
목판을 통해
세계를 만나다

김순석
한국국학진흥원 수석연구위원

조선사회 최신 정보의 통로, 목판

조선 지식인들이 서양을 만났던 길에는 몇 가지 유형이 있었는데, 중국 사신의 전문이나 중국에서 간행된 한역 서학서漢譯西學書를 통해 서양 문물을 접하거나, 항해하다가 조선 해안에 표착한 서양인과 면담을 통해서였다. 그밖의 길은 천주교를 전파하기 위해 잠입한 선교사들과의 대면을 통해 이루어졌다. 가장 일반적이고 합법적인 방법은 중국 사신 일행이 베이징에서 서양의 선교사들을 만나는 것이었다. 서양 문물에 대한 관심으로 접근한 사람들은 주로 실학자였으며, 이들은 서구의 지적 전통을 만나면서 기존의 성리학적 가치 체계에 많은 모순을 발견했다. 실학자들은 서양의 선교사들을 통해 근대 과학의 산물을 접했다. 세계전도와 나침반, 망원경 등의 도구를 비롯해 지구가 둥글다는 지원설地圓說과 지전설地轉說 그리고 무한우주론과 같은 이론이었다.[1] 실학자들은 서양의 근대 문물을 대단히 충격적인 것으로 수용했고 초기에는 학문적인 연구 대상으로 탐구했다. 이들이 수용한 선진 문물은 조선사회의 전면적인 개혁을 견인해내지는 못했지만 보이지 않는 변화를 가지고 왔다. 서양 문물을 수용한 실학자들은 신분제의 모순을 지적하고, 외국과 통상을 해야 한다고 주장했다. 이들은 서양 학문을 통해 우리 역사와 지리, 문화를 새롭게 인식하는 데까지 나아갔다. 이런 지식 정보를 유통시키는 데는 목판본의 보급이 큰 역할을 했다. 목판본은 19세기 말부터 20세기 초중반에 가장 활발히 제작되었다.[2] 목판본은 종래 필사 단계에서 벗어나 지식 정보를 폭발적으로 확산시키는 매체 역할을 했다. 또, 목판본은 천주교 신앙 전파에도 크게 공헌했다.[3]

조선시대 지식정보의 전파 방법은 크게 네 가지로 나뉜다. 즉, 손으로 베껴 쓰는 필사본, 나무에 판각해 인출해서 만든 목판본, 나무 활자로 만든 목활자본, 금속으로 만든 금속활자본이다. 이 가운데 필사본은 원본을 한 자씩 베껴 쓰는 것으로, 분량이 많을 경우 꼭 같이 베껴 쓰기가 어려웠기 때문에 대개 유일본이 많다. 목활자본은 책을 발간한 다음에 활자판을 해체하기 때문에 다시 찍어내기가 어려우며, 금속활자본은 서체가 아름답고 많은 양의 책을 찍어낼 수 있지만 제작비용이 많이 들고 민간에서 쉽게 제작할 수 없는 한계가 있었다. 그런 까닭에 조선시대 가장 유용한 지식 정보의 전달 매체로서 널리 사용된 것은 목판으로 제작된 책판이었다.

이덕무는 『청장관전서青莊館全書』에서 책판의 제작을 "백대百代의 이익이며 만인萬人의 이익이 되는 것으로 천하의 지극한 보배"라고 했다.[4] 책판 제작은 해당 문집의 저자와 저술을 당대의 지적, 문화적 공유자산으로 전환시키는 문화사업의 일환이었다. 뿐만 아니라 시간과 공간의 제약에 갇혀 있는 필사본을 그 한계에서 벗어나 확산시키는 매체적 변환이었다.[5] 실제로 문집 간행에는 막대한 비용과 인력이 동원되었다. 따라서 책판을 통해 인출, 유통되는 문집은 원칙적으로 저자로만 환원되는 결과물일 수 없다.[6]

이 글은 조선사회에서 조선 지식인이 서양 문물을 이해하고, 조선 문물을 외국에 알렸던 저술 가운데 목판본을 중심으로 살펴보고자 한다. 목판본에 주목하는 까닭은 목판본이 선진 지식 정보의 확산과 보급이라는 면에서 지대한 공헌을 했기 때문이다. 그 가운데서 특히 지봉芝峯 이수광李睟光(1563~1628)의 『지봉유설芝峯類說』과 매창梅窓 정사신鄭士信(1558~1619)의 『매창집梅窓集』 그리고 창석蒼石 이준李埈(1560~1635)의 『창석집蒼石集』에 나타난 베트남 인식을 검토하고자 한다.

목판의 행간에서
조선의 지식문화를 읽다.

조선 지식인의 외국 인식

조선에 서양이라는 단어가 관찬사료에 처음으로 등장하는 것은 15~16세기 『조선왕조실록』에서였다.[7] 이때는 주로 서양포西洋布에 관한 내용이 전하다가 17세기 이후에는 '서양인' '서양선' '서양서' '서양역법' '서양학' 등의 용어가 등장한다.[8] 이 사실에서 15세기부터 서양과의 접촉이 시작되었음을 알 수 있으며, 서양 문물이 소개된 것은 인조, 효종 연간에 조선에 표류한 벨테브레 Weltevree(박연朴淵)와 하멜 등을 통해서였다.[9]

조선 지식인들이 합법적으로 서양인과 접촉할 수 있는 유일한 길은 외교 사절을 통해 청나라 수도인 베이징에서 서양인을 만나는 것이었다. 베이징의 천주당에는 서양인 선교사들이 상주하고 있었기 때문에 조선인들은 이들을 통해 서양 문물을 접할 수 있었다.[10] 이들이 접한 서양 문물은 지구가 둥글다는 지구구형설로부터 중국이 결코 세계의 중심이 아니라는 사실과 우주가 무한하다는 무한우주론과 같은 이론이었다.[11]

조선 지식인들은 이를 그대로 수용하기가 힘들었다. 왜냐하면 이들은 중화주의에 젖어 서양 과학기술을 도입하면서도 이를 적용하려 했기 때문이다. 이들은 서양의 과학기술마저도 삼대 이후 중국에서 서양으로 전해진 것으로 이해했다. 조선 지식인들 가운데 서양 문물을 맨 처음 소개한 사람은 이수광이었다. 그는 우리나라 최초의 백과사전이라고 할 수 있는 『지봉유설』에서 이미 『천주실의天主實義』를 보고 논평을 했다. 뿐만 아니라 1603년 베이징을 다녀온 사신으로부터 세계지도를 얻어 보고 그 상세함을 칭찬했다고 한다.[12] 1777년(정조 1)에 연행 사신으로 베이징을 다녀온 이갑은 서양 문물에 대해 여러 가지를 적고 있다. 전통사회에서 중국은 동아시아 사회에서 중심 역할을 담당했지만 바다 건너 일본 또한 무시할 수 없는 존재였다.

조선과 일본과의 관계는 임진왜란 이후 교착 상태에 빠져 있었다. 조선은 임진왜란으로 막대한 피해를 입었고, 조선 사람들은 일본인에 대해 적개심을 품고 있었다. 1598년 도요토미 히데요시豊臣秀吉가 사망한 뒤 1603년 도쿠가와 이에야스德川家康의 에도 막부 정권이 수립되면서 양국은 새로운 국면을 맞는다. 도쿠가와는 일본 간토關東 지방에 머물렀기 때문에 임진왜란과 자신은 직접적인 관련이 없다고 주장하면서, 토요토미 정권을 평정했음을 밝히고 조선과 교섭을 재개하고 싶다는 의사를 표명했다. 그는 조선에 매년 2~3차례씩 사절단을 파견해 통교를 허용해줄 것을 요청했다.[13] 이에 대해 조선은 일본과의 외교 관계를 회복하는 데는 명분이 필요하다는 입장이었다. 그리고 도쿠가와 막부가 일본의 실질적인 지배권을 확보했는지의 사실 여부 확인이 필요했다. 조선은 도쿠가와 막부에서 먼저 교섭을 요청하는 서신을 보낼 것과 전쟁 기간 중 성종과 중종의 왕릉을 파헤친 범인을 찾아 압송할 것을 요구했다. 도쿠가와 막부는 조선의 이런 요구를 받아들여 국서를 보내고 쓰시마 섬에 사는 일본인 가운데 마고사쿠麻古沙九와 마타하치麻多化之를 왕릉을 훼손한 범인으로 잡아서 보냈다. 조선 조정은 이 두 사람을 심문하는 과정에서 진범이 아니라는 사실을 확인했지만 결국 저잣거리에서 처형했다. 국교 재개를 위한 명분 확보 차원의 조치였다. 이후 조선과 일본의 관계는 급속도로 개선되었다. 1607년(선조 40) 조선은 임진왜란 이후 처음으로 공식 사절단을 일본에 파견했다. 사절단의 이름은 '회답겸쇄환사回答兼刷還使'였는데, 조선이 사절단을 파견한 목적 가운데 하나가 일본에 잡혀간 포로들을 쇄환刷還하는 것이었기 때문이다. 그런데 쇄환사가 실제로 일본에서 데리고 온 인원은 1418명이었다.[14] 조선은 1617년(광해군 9)과 1625년(인조 2)에도 쇄환사를 파견했는데, 실제로 조선으로 돌아온 포로의 수는 1617년에 321명, 1625년에 146명에 불과했다. 1617년 조선이 명나라에 보낸 자문咨文에서 사쓰마薩摩 주에만 3만 7000명의 포로가 있었다고 한 데 비하면 턱없이 모자란 수였다.[15] 조선의 포로 쇄환이 이처럼 지지부진했던 까닭은 포로들이 일본에 머무른 시간이 길어질수록 그곳에 정착하는 사람이 많아졌고, 일본의 경제 사정이 조선보다 좋았다는 데에 있었다.[16]

이런 상황에서 조선 지식인들은 여전히 일본문화를 화이관華夷觀에 입각해 인식했다. 조선의 학술은 중화中華의 것인데 일본의 문화는 이적夷狄의 것이므로 배울 것이 없다는 입장이었다. 조선은 요순堯舜 이래 중화 문명의 영향을 받아 실천하고 있지만 일본은 해외의 나라이며 군신君臣의 영역이 지켜지지 않고 사람의 목숨을 가벼이 여기는 야만의 나라로 묘사되었다. 뿐만 아니라 조선 지식인들은 일본 문장가들의 수준이 낮다고 평가했다. 당시 일본인들은 고유문자를 사용했고 지식계층인 승려들만 제한적으로 한문을 익혀 외교문서를 담당했다. 그런 까닭에 일상적으로 한문을 익혀 어디서나 시문詩文을 교환하며 살았던 조선 지식인들과 어울려 능숙하게 수작酬酌 하기란 어려울 수밖에 없다고 보았다.

17세기 초 조선통신사 일행은 일본의 경제가 조선보다 나은 것을 목격했다. 이들은 쓰시마에 도착하면 배로 오사카까지 이동했고 그뒤로는 줄곧 육로로 이동했다. 오사카에서부터 에도에 이르는 지역은 일본에서 가장 번성한 지역이었다. 가는 곳마다 도로와 농경지는 잘 정비되어 있었고 성곽은 견고했으며 도시마다 인구는 많았고 물자는 풍부했다. 조선통신사 일행은 길목에서 구경하는 많은 사람의 옷차림에서도 재화의 풍족함을 보았다. 조선통신사 일행은 일본의 국부國富의 원천을 국내 상업이 활발하고 외국과의 교역이 진작된 데에서 찾았고, 그 번성함을 중국과 같은 수준으로 판단했다. 그러나 조선통신사 일행은 일본의 번영이 조선보다 높다고 판단하면서도 일본의 문물과 제도를 적극적으로 도입하려는 노력은 보이지 않았다. 오히려 각종 시설물이나 가옥의 치장

조선통신사 행렬도

목판의 행간에서
조선의 지식문화를 읽다

이 지나치게 사치스럽다고 여겼다. 주요 건물에 변변한 편액扁額조차 없고, 간파
쿠關白(천황을 보좌해 정무를 담당하는 최고 대신)의 처소에서 만난 고관들의 인물
됨됨이가 시원찮은데도 오래도록 부국강병을 유지하는 이유를 모르겠다는 생
각이었다. 이런 생각은 회이론에 입각해 중화의 정통성과 문물을 조선이 온전
히 계승했다는 소小중화 의식에서 비롯된 것이었다.[17]

18세기 중엽에 이르면 조선의 통신사 파견은 쇠퇴하게 된다. 그 까닭은 통신
사를 파견하는데 너무 많은 비용이 들어 시일이 흐를수록 규모를 줄이고 교섭
의 형식을 간략하게 한 데 있었다. 일본 또한 나가사키를 통해 중국 강남과 직
접 교역했기 때문에 조선과의 교섭에서 실익이 크지 않았던 데 또 다른 원인이
있었다. 일본은 동아시아 사회에서 바다를 사이에 둔 인접 국가로 오래전부터
조선과 공식적인 왕래가 있었던 나라였다. 조선 지식인들은 일본의 문화와 생

활수준에 우월한 점이 있었음에도 중국과의 관계 속에서 소중화를 자처했던 까닭에 일본 문물을 수용할 수가 없었다.

서구 세계를 소개하는 책과 문물은 조선 지식인들에게 경이롭고도 신비한 것이었다. 주로 실학자였던 이들은 서구 세계를 지적 호기심과 학문적 대상으로서 탐구하고자 했다. 그들 가운데는 서양 문물이 과학적이고 뛰어나다는 것을 알고 배워야 한다고 주장하는 사람도 있었다. 18세기에 들어 명청 교체기를 거치며 불안했던 중국의 정국이 안정됨에 따라 조선과 청의 관계가 정상화되었다. 그러자 조선사신단 숙소와 가까운 곳에 있었던 천주당을 방문하는 조선 지식인의 수도 크게 늘어났다.[18] 조선에 천주교 신앙이 본격적으로 시작된 때는 1784년으로, 조선교회 창설이 계기가 되었다. 이해 이승훈李承薰은 한양의 수표교 부근에 있던 이벽李檗의 집에서 이벽에게 세례를 줌으로써 하나의 신앙공동체를 이룬다.[19] 조선에 서학이 수용되는 과정에서 드러나는 특징은 외국 선교사들의 직접적인 지도 없이 조선인들의 자발적인 노력에 의해 전개되었다는 사실이다. 이 자발적인 노력은 명말청초 이래 중국에 입국해 그리스도교를 전파하던 선교사들이 지은 한문 서학서가 베이징으로 사신 갔던 이들에 의해 수입되어 조선에 전파됨으로써 이루어졌다.[20]

당시 중국에서 활동하던 선교사들은 선교의 방편으로 천주교와 함께 르네상스 시대 이후 발전해온 유럽의 과학기술을 전하고자 했다. 선교사들은 중세 스콜라철학을 기반으로 한 천주교 신앙을 중국에 전하기 위해 고심한 결과 선진유학에 주목했다. 그리스도교 입장에서 이 선진유학을 수용한 그들은 이른바 보유론補儒論에 입각해 천주교 신앙을 설명했다. 보유론이란 유교와 천주교의 상호관계를 규정하는 이론이었다. 이 이론은 유교와 천주교의 가르침이 서로 충돌되는 것이 아니며, 천주교의 가르침은 유교의 부족한 부분을 보완해 완성시켜준다는 문화 적응주의 입장을 띠었다.[21] 보유론은 조선 지식인들뿐만 아니라 일반 민인들에게도 전파되었다.

18세기 말엽 이후 19세기에 이르기까지 일반 민인들이 천주교 신앙에 접하는 가장 손쉬운 방법은 한글로 번역된 천주교 서적을 읽는 것이었다. 양반 지식층은 한문 교리서 해독에 아무런 불편을 느끼지 않았다. 그러나 당시 민인들은 한문 교리서나 기도서를 조선식 음으로만 읽는 것이 "거의 한어와 같아 분명히 알아들을 수가 없기 때문에"[22] 한글로 번역해주기를 요청했고, 이 요청은 곧 실천되었다. 그리하여 교회가 창설된 지 3년 뒤인 1787년(정조 11)에는 조정에서 한글로 번역된 천주교 서적의 폐해가 논의[23]될 정도로 전파되어갔다. 이처럼 조선 후기 천주교 신앙이 확산되는 과정에서 조선의 발달된 목판 인쇄술과 배우기 쉬운 한글의 문자 체계가 한몫을 단단히 했다.[24] 여기서 목판 인쇄술이란 목판본을 말한다. 1801년(순조 1) 당시 조선에 전래된 한문본 천주교 서적은 대략 120여 종에 이르렀고, 그 가운데 86종 111책이 한글로 번역되어 읽히고 있었다. 그중 가장 주목할 만한 것은 『성경직해聖經直解』였다. 이 책은 일종의 발췌본으로, 신약성서 4대 복음서의 30.68퍼센트에 해당되는 부분이 번역되었다.[25]

이처럼 조선 후기 천주교의 전파는 목판 인쇄술의 발달과 밀접한 관련이 있었다. 천주교가 조선에 처음 도입되었을 당시부터 민인들은 "크게 평등한 것으로, 여기에는 대인도 소인도 양반도 상놈도 없다"[26]는 평등사상에 매료되었다. 한편 양반들 가운데 천주교에 입문한 사람들은 주로 성호星湖 이익李瀷과 그의 지도를 받은 제자들이었다. 이들은 한역 서학서에 접근했는데, 권철신權哲身, 이기양李基讓, 권일신權日身, 정약전丁若銓, 이벽 등과 같은 이들은 성호좌파로 분류되는 사람들이다. 서학은 주로 이들에 의해서 수용·실천되었다. 이들은 대개 양반 신분이었고 기호남인으로, 중소 지주적 특성을 지녔다. 성호좌파의 인물들 가운데는 정조 연간의 탕평책에 힘입어 조정에 진출한 사람들도 있다.[27] 이들은 대부분 유학에 이해가 깊었고 학문 연구에 전념했으며, 조선에 전래된 한역 서학서들뿐만 아니라 서양의 천문, 지리서, 과학기술서 등을 일찍부터 폭넓게 섭렵했다.[28] 이처럼 조선 후기 지식인들이 서양을 이해하는 데 중국 사신을 통해 유입된 한역 서학서가 큰 역할을 했다. 천주교 전파와는 형식이 조금 다르지만, 조선 지식인들의 세계 인식은 임진왜란 당시 일본에 포로로 잡혀갔던 선비 조완벽趙完璧이 베트남에 다녀와 남긴 기록이 목판본으로 간행됨으로써 세계 인식의 폭이 넓어지고 있었다.

「조완벽전趙完璧傳」을 통해 본 조선 지식인의 베트남 인식

16세기 동아시아 문명권은 서구 유럽 문명권과 만나게 된다. 15세기에서 17세기에 걸쳐 서구 유럽은 각종 지식과 기술을 바탕으로 해외 식민지 개척에 나서면서 세계의 항로를 개척하고 미지의 문명권을 찾아나섰다. 중국을 중심으로 한 동아시아 사회의 유럽과의 접촉은 이렇게 시작되었다. 그 가운데서 조선은 쇄국정책으로 말미암아 명나라와 청나라 그리고 일본을 제외하고는 다른 나라와 교류가 없었다. 그러나 일본은 타국의 산물에 관심을 표했고 새로운 정보나 자국에 도움이 될 만한 것은 어느 정도 수용하는 태도를 보였다. 여기 소개하는 「조완벽전」 또한 이러한 흐름 속에 있었다.[29] 조완벽은 진주 사람으로 정유재란丁酉再亂 때인 1597년(선조 30) 20세의 나이로 일본에 포로로 잡혀가 1607년 쇄환사 여우길呂祐吉의 행렬에 동참해 귀국할 때까지 10년 동안 일본에 머물렀다. 1604년 일본의 상인 스미노쿠라 료이角倉了以는 조완벽이 한문을 읽고 쓸 줄 안다는 이유로 자신의 상선에 고용했다. 조완벽은 사실상 일본 상인의 노예로 팔려간 것이었다. 스미노쿠라는 베트남과 여송呂末(현재 필리핀 루손 섬), 오키나와 등에 상선을 보내 무역업을 하는 상인이었다. 조완벽은 3년간 바닷길로 이 지역을 왕래하면서 여러 국가의 인물과 물산, 풍속 등을 살펴볼 수 있었다. 귀국한 조완벽은 고향 친구 김윤안金允安에게 여러 나라를 방문한 이야기를 들려주었고, 김윤안은 한양으로 가서 친구인 매창 정사신과 창석 이준에게 이 이야기를 전했다. 이수광李睟光 또한 정사신과 이준을 통해 이 이야기를 전해들었다.[30]

「조완벽전」은 이수광의 『지봉집芝峯集』과 『지봉유설』, 정사신의 『매창집』, 이준의 『창석집』, 경섬慶暹의 『해사록海槎錄』, 이규경李圭景의 『오주연문장전산고五洲衍文長箋散稿』, 이덕무의 『청장관전서』, 안정복安鼎福의 『목천현지木川縣誌』, 이지항李志恒의 『표주록漂舟錄』 등에 전한다. 이 가운데 내용이 가장 상세한 것은 이수광의 『지봉유설』이고, 정사신과 이준이 지은 「조완벽전」은 다소 소략하지만 전의 형태를 갖추고 있다.[31]

이수광의 『지봉유설』은 20권 10책의 목판본이다. 이 책은 저자가 조선의 선비 가운데 예의로써 중국에 알려진 사람이 많지만 전기가 없고 찾을 만한 문헌이 적은 점을 안타깝게 생각하여 평소에 기록해 모은 것이라고 한다. 이렇게 분류도 없이 틈틈이 기록해두다가 1613년(광해군 5) 영창대군 사건으로 관직을 버리고 은거하면서 원고를 분류하고 정리해 1614년경에 편찬했다. 목판본은 이수광의 사후 1634년(인조 12)에 아들 성구聖求와 민구敏求가 의춘宜春(지금의 경상남도 의령)에서 『지봉집』과 함께 출판했다. 범례에 따르면 총 3435개 세부 항목으로 구성되어 있으며, 내용은 고서와 자신의 지식에서 나왔으되 일일이 출처를 밝혔으나 기억나지 않은 것은 적지 않았다고 한다. 총 348가家, 2265명의 저술이 인용되었으며, 모두 25부 182개 항목으로 분류한 구성이다.[32]

목판의 행간에서
조선의 지식문화를 읽다

이수광의 자는 윤경潤卿이고, 호는 지봉이며 본관은 전주다. 왕족의 후예로 태종과 후궁(효빈 김씨) 사이에서 태어난 경녕군敬寧君 이비李裶가 그의 선조다. 이수광은 1563년(명종 18) 부친 이희검李希儉과 모친 문화 유씨 사이에서 태어났다. 모친 유씨는 세종대 청백리로 유명한 유관柳寬의 후손이다. 이수광은 부친의 임지였던 경기도 장단에서 태어났으나, 어린 시절은 유관이 살았던 '비우당庇雨堂'에서 지냈다. 당호인 비우당은 '겨우 비나 피할 수 있는 집'이라는 뜻으로, 이수광이 임진왜란 때 불타버린 것을 재건축한 뒤 지은 이름이었다. 이수광의 가문은 선대 약 100년간 벼슬을 하지 못했다. 그의 부친 이희검이 대과에 합격해 벼슬길에 나가면서부터 다시 집안의 관직이 이어졌다. 이희검은 사간원, 사헌부, 홍문관 등 이른바 삼사三司의 청요직을 거치면서 선조의 신임을 받아 이후 호조, 병조, 형조 판서를 지냈으며, 청백리로도 유명하다. 이수광은 16세에 초시初試 합격을 시작으로 20세에 진사시를 거쳐, 23세에 문과 시험에 합격했다. 그의 관직생활은 승문원을 시작으로 예문관, 성균관, 사헌부, 사간원 등 요직을 거쳐 28세의 나이에 병조좌랑이 되고 문장력을 인정받아 임금의 교서를 짓는 지제교知製敎를 겸직했다.[33] 명나라에 사신으로 왕래하면서 서양 문물을 접했고, 이때의 기록을 토대로 『지봉유설』을 집필해 서학을 소개하고 실학의 선구자가 되었다.

이수광은 내우외환이 극심하던 시기를 살았다. 30세가 되던 1592년 임진왜란의 참상을 경험했고, 뼈아픈 반성의 시기를 보냈다. 전쟁이 끝난 뒤 이수광은 광해군이 생모인 공빈 김씨를 공성왕후로 승격시키자 예禮에 어긋난다는 점을 들어 반대했다. 이 일로 인해 광해군과 사이가 점점 멀어진 그는 결국 1614년 계축옥사癸丑獄事로 영창대군이 광해군에 의해 세상을 떠나게 되자 관직을 버리고 비우당에 은거했다. 광해군은 정3품 대사성의 벼슬을 내리며 회유했으나,

끝내 그의 마음을 돌릴 수는 없었다. 비우당에 은거한 이수광은 그동안 틈틈이 써두었던 『지봉유설』의 본격적인 집필에 착수해 1614년 그의 나이 52세에 완성했다.

『지봉유설』에서 특기할 만한 점은 편자가 마테오 리치의 『천주실의』를 이용해 천주교의 교리와 교황을 소개하고, 세계 지형과 풍물, 문화를 알린 것이다. 외국으로는 중국과 일본은 물론 베트남, 타이, 인도네시아, 말레이시아 등 동남아시아와 프랑스, 영국의 사실까지 소개하고 있다. 한 예로 영국에 대해서는 당시 함대가 최강이며 기계로 작동되는 철로 만든 배를 가지고 있다고 했으며, 서구의 모직물과 대포 등을 소개했다. 『지봉유설』은 다양한 내용이 담긴 항목마다 비평과 고증이 곁들여져 있어 편자의 실학자로서 면모를 보여주면서, 당시 중국을 통해 알려지기 시작한 천주교와 서양 문물을 상세히 소개하고 있어 조선 지식인이 받아들인 서구 세계를 파악할 수 있는 귀중한 책이다.[34]

『지봉유설』은 조선시대 문화백과사전이라고 할 수 있다. 이 책은 이수광이 세 차례에 걸쳐 명나라를 사행한 경험과 평생 동안 수집해온 국내외 다양한 자료를 바탕으로 체계적으로 분류·정리해 편찬되었다. 3435개에 달하는 세부 항목에는 천문, 지리, 시문, 언어, 정치, 경제, 역사, 인물, 복식, 동식물 등 막대한 사전적 지식이 망라되어 있다. 우리나라의 선구적인 백과사전적 저술이라는 체제적 특징 외에도 등장하는 이름만 2265명에 달하는 방대한 저술이다.[35]

『지봉유설』에 실려 있는 「조완벽전」의 내용은 대개 이러하다. 1597년 정유재란이 발발하자 사쓰마薩摩 번주 시마즈 요시히로島津義弘는 조선으로 건너와 진주성을 함락하고 경남 일대를 누비며 조선인 포로를 닥치는 대로 잡았는데, 스무살의 조완벽도 거기 끼어 있었다. 다른 많은 조선인 포로와 함께 일본 가고시마로 끌려간 조완벽은 당대 일본의 거상으로, 주요 불교사찰 건축사업 및

'교토 운하' 등 거대 토목사업에 금융업까지 통달한 거대 재벌로 성장한 스미노쿠라에게 팔려갔다. 스미노쿠라는 해외사업에도 종사하고자 했는데, 그러기 위해서는 한문을 해독할 줄 아는 조완벽과 같은 인재가 필요했다. 해외 무역에 뛰어든 스미노쿠라는 비율빈比律賓(현재의 필리핀), 안남安南(현재의 베트남)으로 사업을 확장했고, 그렇게 조선 선비 조완벽은 상인이 되었다. 조선인 최초로 베트남에 가게 된 조완벽은 이수광의 시가 그곳 선비들 사이에서 유행하고 있다는 사실을 알게 되었다. 뒷날 조선으로 돌아온 조완벽은 이 사실을 전했다.[36]

베트남에서 이수광의 시가 읽혀지게 된 사연은 이렇다. 이수광은 1597년(선조 30)에 사신으로 연경燕京에 갔다가 그곳에서 안남 사신 풍극관馮克寬을 만나 조선의 사신이 묵던 숙소인 옥하관玉河館에서 50여 일간 함께 머물며 시를 짓고 교류한 적이 있었다. 이후 두 사람의 시는 각자 나라에 소개되어 회자되었다. 조완벽이 한문을 해독할 수 있는 능력이 있는 조선 사람이라는 사실이 알려지자, 베트남의 문리후文理候 정초鄭勦는 그를 자신의 집으로 초대해 음식을 대접하면서 이수광의 시를 아는지 물었다.[37] 조완벽은 이수광에 대해 아는 바가 전혀 없었으므로 환국한 이후에도 이수광에 대한 충격은 여전했다. 그런 까닭에 이수광의 시가 베트남 지식인들 사이에서 널리 애송되고 있었다는 사실을 주변 사람들에게 이야기한 것이다.[38]

지금부터 『지봉유설』에 나타난 베트남의 정세를 살펴보자. 「조완벽전」에 의하면 일본에서 베트남까지의 거리는 해로로 약 3만7000리이며, 조완벽이 도착한 곳은 흥원현興元縣으로 당시 베트남의 수도였다. 당시 베트남은 두 나라로 나뉘어 전쟁중이었는데, 하나는 안남국安南國이고 다른 하나는 교지국交趾國으로 아직 승패가 결정되지 않은 상황이었다.[39] 이수광은 베트남의 강역이 얼마나 되는가를 풍극관에게 물었고, 사방 500여 리가 된다는 답이 돌아왔다. 이수광은 베트남의 정권 교체에 대해서도 물었다. 베트남이 막씨莫氏 정권에서 여씨黎氏로 바뀐 것이 무엇 때문이며, 또 몇 년 만에 여왕黎王이 왕업을 회복했는지도 물었다. 또한 베트남과 중국 윈난雲南과의 거리 및 베트남과 류큐琉球 그리고 일본과의 거리에 대해서도 물었다.[40]

풍극관은 이수광이 베트남의 역사와 정치적 상황에 대해 해박한 지식을 지니고 있는 것에 놀라며 다음과 같은 내용의 답을 했다. '본래 베트남은 여씨 왕조였으나 막씨가 찬탈했는데 50여 년 만에 여씨가 다시 왕업을 회복했다.[41] 베트남은 중국의 서남쪽에 위치하고 있으며 베이징과의 거리는 1만3000리다. 일본에서 베트남을 가려면 밤낮으로 50~60일 정도 걸린다.' 조완벽은 일본 배는 작아서 큰 바다를 건널 수가 없으니, 백금白金 80냥을 주고 중국 배를 구입했다고 말했다. 배에 탄 사람들은 모두 180여 명이나 되었다고 한다.[42]

『지봉유설』 권2 「제국부諸國部」의 '외국' 부분은 안남으로부터 시작해 진랍국眞臘國(현재의 캄보디아), 회회국回回國(아라비아), 불랑기국佛狼機國(현재의 포르투갈), 대서국大西國(현재의 이탈리아) 등 유럽 나라들에 대한 정보까지 소개하고 있다. 『지봉유설』에는 예수회 선교사인 마테오 리치와 함께 『천주실의』가 최초로 소개되어 있다. 17세기 초 서양의 종교와 문물은 중국에 온 마테오 리치에 의해 본격적으로 중국을 비롯한 조선에 소개되기 시작했다. 이수광은 1590년과 1597년, 1611년에 중국을 다녀왔는데, 이 시기는 마테오 리치의 본격적인 동양 선교 시기와 맞물린다. 이수광은 『천주실의』 외에도 마테오 리치가 만든 「곤여만국전도坤與萬國全圖」가 이듬해 조선에 전해졌다는 사실을 『지봉유설』에서 밝히고 있다. 『지봉유설』은 「곤여만국전도」를 다음과 같이 소개하고 있다.

만력 계묘년(1603)에 내가 부제학으로 있을 때 명나라의 북경에 갔다 돌아온 사신 이광정李光庭과 권희權憘가 여섯 폭으로 된 구라파국여지도歐羅巴國輿地圖 하나를 내가 있는 관청으로 보내왔다. 북경에서 입수한 것이리라. 그 지도를 보니 아주 정교한데 특히 서역이 상세하였으며, 중국 각 지방 및 우리나라 팔도와 일본 60주에 이르기까지 그 지리의 멀고 가까운 것, 크고 작은 것이 하나도 빠짐없었다. 구라파국이란 서역에서 가장 먼 곳으로 중국에서 팔만 리나 떨어져 있는 나라다. 옛날부터 중국과는 통교가 없다가 명나라에 와서 비로소 조공을 바쳤다. 지도는 그 나라 사신 풍보보馬寶寶가 만든 것으로 끝에는 서문이 있었다. 그 문자가 능숙하여 우리나라의 글과 다름이 없었다.[43]

이수광은 베이징으로 사신을 다녀온 지인들로부터 세계지도를 얻어 보고 그 정교함에 놀랐다고 한다. 뿐만 아니라 그는 베이징에서 동남아시아에서 온 사신들과 더불어 서양 선교사들을 만났다. 이들과의 만남을 통해 그는 외국 문물을 객관적으로 이해할 수 있었다. 중국 속의 조선이 아닌 세계 속의 조선 그리고 그 속에서 자신이 태어나 살고 있는 조선을 자각한 것이다.[44]

이수광은 「조완벽전」에서 베트남의 문물을 자세하게 소개하고 있다. 먼저 베트남의 기후와 특산물에 대해 이렇게 전한다. '베트남의 기후는 고온다습하여 장기瘴氣(축축하고 더운 땅에서 생기는 독한 기운), 수독水毒(생수를 마시고 나는 배탈의 원인이 되는 물의 독) 등 풍토병과 해충이 많다. 반면에 겨울에도 날씨가 따뜻하여 매화가 일찍 핀다.' 코끼리를 다루는 시골 소녀의 모습과 용연향龍涎香(향유고래의 몸에서 나오는 아름다운 향기나 나는 물건을 말하는 데, 향수의 원료가 된다고 한다) 등을 소개하고 1년에 8번 수확하는 양잠養蠶 등을 알려주기도 한다.[45] 『지봉집』의 「조완벽전」은 이렇게 묘사한다.

베트남은 매우 따듯하여 2~3월에도 수박西瓜과 참외甜瓜 등이 나온다. 논을 갈고 벼를 심는 것은 일정한 때가 없어 3월에 첫 갈이를 하는 것도 있고, 곧 익으려는 것도 있으며, 막 수확하는 것도 있다. 일기는 낮에는 덥고, 밤에는 서늘하여 비록 바닷가라고 하더라도 해산물이 풍족하지 않았다. 과일은 귤, 여지荔子 외에는 다른 잡과일이 없었다. 곶감을 주었더니 그것을 알지 못하였다. (…) 항상 빈랑檳榔[46]을 먹는데 입도 함께 먹어서 무슨 물건인지 알 수 없었다. (…) 물소는 모습이 멧돼지 같은데 색깔은 검푸르며 인가에서 길러 밭을 갈고, 혹은 잡아먹기도 한다. 날씨가 뜨겁기 때문에 낮에는 물소가 모두 물속으로 들어가고 일몰 후에 나온다. 그 뿔이 매우 커서 지금의 흑각黑角이 그것이다. (…) 공작孔雀, 앵무鸚鵡, 흰꿩白雉, 자고새鷓鴣, 호초胡椒 등도 많이 생산된다.[47]

이수광은 베트남의 기후, 그 지역에서 생산되는 과일과 생활풍습, 동물과 특산물 등을 세세하게 열거하고 있다. 이수광은 조완벽을 만난 적도 없는데, 제3자가 전하는 전언을 통해 베트남의 상황을 이토록 자세하게 기술할 수 있다는 것은 그가 사전에 베트남에 관해 많은 연구를 했다는 것을 뜻한다. 그는 조완벽에 관한 이야기를 듣기 전에 1590년(선조 23)과 1597년 사신으로 베이징에 갔을 때 그곳에서 풍극관을 만나 함께 머물면서 나누었던 이야기를 통해 베트남의 문화를 자세히 전하고 있는데, 요점만 간추려보면 아래와 같다.

풍극관의 일행은 모두 23명인데 모두 머리를 풀어헤쳤고, 귀인은 곧 이를 검게 물들였고, 하인은 짧은 옷을 입고 맨발이었는데, 비록 겨울이라고 하더라도 맨발이며 바지와 버선이 없었으니, 풍속이 그런 것인가 보다.

목판의 행간에서
조선의 지식문화를 읽다

침상 위에서 자고 온돌은 하지 않았다. 그 음식은 대략 중국 사람과 같은데 정결하지 못하다. 복장은 얇고 고운 비단인데 무늬 없는 비단에 솜을 둔 옷이다. 그들의 모습은 모두 눈이 깊고 키가 작아 흡사 원숭이와 비슷하다. 그 성품은 자못 온순하고, 문자를 알며, 검술 배우기를 즐겨하였는데, 『기효신서紀效新書』와 달라서 군관들에게 가르쳐주려고 배우고자 하면 비밀로 하고 가르쳐 주지 않았다. 그 언어는 왜와 유사하여 용합구성用合口聲[48]한다. 그 나라의 글은 자획이 매우 이상하여 해석하기가 불가능하다.[49]

윗글로 미루어볼 때 베트남 사람들은 머리를 풀어헤치고 검게 물들이며 맨발로 다닌다는 것을 알 수 있다. 침상생활을 하며 눈이 움푹하고, 키는 작지만 성품은 온순하다고 한다. 윗글은 풍속뿐만 아니라 그들의 언어와 문자까지도 전하고 있다. 이수광의 베트남 인식으로 미루어보면 16세기 말엽부터 17세기 초까지 살았던 그는 조선인이라기보다는 세계인이었다.

다음으로 정사신의 『매창집』에 소개된 베트남의 상황을 살펴보자. 정사신의 자는 자부子孚, 호는 매창 또는 신곡神谷이고 본관은 청주淸州이며, 정두鄭枓의 아들이다. 그는 류성룡柳成龍의 문인으로 1582년(선조 15) 식년문과式年文科에 을과로 합격했다. 그후 저작著作, 박사博士, 정언正言, 예안현감禮安縣監, 병조정랑兵曹正郎, 부수찬 겸 경연검토관副修撰 兼經筵檢討官, 춘추관기사관春秋館記事官, 전적典籍 등을 거쳐 1591년 예조정랑禮曹正郎, 수찬修撰을 지냈다. 이듬해 임진왜란이 일어나자 지평持平으로서 왕을 따라 평양으로 피란 도중 이탈해 삭직削職당했다. 그뒤 강원도 지방에서 의병을 모아 많은 왜적을 살해한 공으로 다시 등용되어 1594년 경상도도사慶尙道都事가 되었고 1609년(광해군 1) 문과중시文科重試에 을과로 합격했다. 이듬해 동지사冬至使로 명에 다녀온 뒤 장례원판결사掌隸院判決事,

밀양부사 겸 경상도중도지방어사密陽府使 兼 慶尙中道防禦使를 지냈다.[50]

『매창집』은 정사신의 시문집으로 5권 3책 목판 171장이다. 이 목판은 많이 유실되어 현재 한국국학진흥원에 17장만 기탁되어 있다. 후손 재후在厚, 경제經濟 등이 1805년(순조 5)에 편집했으며 7대손 래성來成이 1821년에 간행했다.『매창집』은 조완벽이 베트남으로 가는 왜선을 타게 된 계기와 기상 상황과 방위 파악에 능한 절강인折江人이 동행했다는 사실을 소개하고 있다.『매창집』에는 베트남 풍속이 소개되고 있는데, 특이한 것은 베트남 남자들은 대부분 축첩을 하는데 부자는 그 수가 수십 명에 달한다는 점이다. 매년 봄에 남편은 처첩들에게 약간의 금은을 나누어주는데, 이들은 이 금은으로 외국 배가 들어오면 집안 식구들과 함께 가서 흥정을 한다는 내용이 담겨 있다.[51]

『창석집』은 이준의 시문집으로 원집 18권, 속집 8권, 합 14책, 목판은 1125장이며, 원집은 17세기 중엽부터 18세기 중엽 사이에 발간되었다. 이준의 본관은 흥양興陽이고, 자는 숙평叔平, 호는 창석이다. 이 목판 또한 많이 유실되어 현재 344장이 한국국학진흥원에 기탁되어 있다. 이준은 1582년(선조 15) 생원시를 거쳐 1591년 별시문과에 병과로 급제해, 교서관정자校書館正字가 되었다. 임진왜란이 일어나자 피란민과 함께 안령에서 적에게 항거하려 하였으나 습격을 받아 패했다. 그뒤 정경세鄭經世와 함께 의병 몇천을 모집해 고모담姑姆潭에서 외적과 싸웠으나 또다시 패했다. 1594년(선조 27) 의병을 모아 싸운 공으로 형조좌랑에 임명되었으나 사양했다. 1597년 지평이 되었으나 류성룡이 국정운영 잘못 등으로 인해 공격받을 때 함께 탄핵을 받고 물러났다. 1604년 주청사奏請使의 서장관으로 명나라에 다녀왔고, 광해군 때 제용감정濟用監正을 거쳐 교리로 재직하다 대북파의 전횡이 심해지고, 특히 1611년(광해군 3) 정인홍鄭仁弘이 이황李滉과 이이李珥를 비난하자 그에 맞서다 벼슬을 버리고 고향으로 돌아

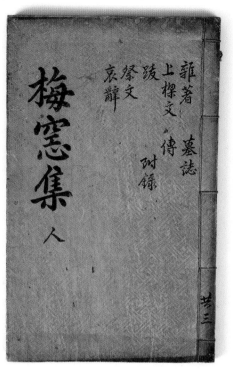
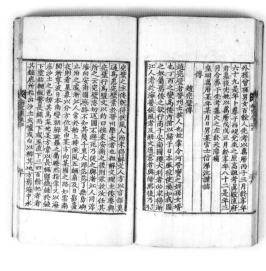

『매창집』에 수록된 「조완벽전」

『매창집』 목판(이상 한국국학진흥원 소장)

갔다. 1623년 인조반정으로 정국이 바뀌자 다시 교리로 등용되었다. 1623년(인조 1) 이귀李貴 등 반정공신을 비롯한 서인 집권세력이 광해군의 아들 폐세자廢世子를 죽일 때, 은혜를 베풀 것을 적극적으로 주장하다가 철원부사로 밀려났다. 이듬해 이괄李适의 난이 일어나자 군대를 모아 의승군義勝軍이라 이름했으며, 그 후 부응교, 응교, 집의, 전한, 사간 등 삼사의 관직을 각각 여러 차례 역임했다. 1627년 정묘호란이 일어나자 의병을 모집했고, 조도사調度使에 임명되어 곡식을 모았으나 화약이 맺어지자 수집한 1만여 섬의 군량을 관에 인계했다. 이 공으로 첨지중추부사에 임명되었다. 1628년 승지가 되었고 1634년 대사간을 거쳐, 이듬해 부제학에 임명되었다.

이준은 선조대에서 인조대에 이르는 복잡한 현실 속에서 국방과 외교를 비롯한 국정에 많은 시무책時務策을 제시했으며, 정경세와 더불어 유성룡의 학통을 이어받아 당시 학계에 중요한 위치를 차지했다. 저서로 『창석집』을 남겼으며, 『형제급난지도兄弟急難之圖』를 편찬했다. 시호는 문간文簡이다.[52]

『창석집』에 실린 조완벽에 관한 글은 「기조완벽견문記趙完璧見聞」이라는 제목으로 실려 있다. 『지봉유설』이나 『매창집』에 비하면 상대적으로 내용이 소략하다. 1611년(광해군 3) 김군(김윤안)으로부터 조완벽에 관한 이야기를 전해 듣고 기록한 것이다.

조완벽이 베트남에서 문리후를 만나서 들었던 시는 이수광이 사신으로 중국 베이징에 가서 베트남의 풍극관을 만나 수창酬唱한 것이라는 사실을 알고 있다는 내용이 담겨 있다.[53] 이수광과 풍극관이 주고받은 시 가운데 『창석집』에 실려 있는 것을 옮겨보면 이렇다.

萬里來從瘴癘鄉   만리타향 월남에 와서

목판의 행간에서
조선의 지식문화를 읽다.

『창석집』에 수록된 조완벽에 관한 기록인
「기조완벽견문」

『창석집』 목판(이상 한국국학진흥원 소장)

遠憑重譯謁君王	이중 통역을 거쳐 군왕을 만났네
提封漢代新銅柱	한나라 때 동표주가 세워진 곳이고
貢獻周家舊越裳	주나라 때 공물을 바쳤던 월상국이라
山出異形堯象骨	산 모습은 이상하게 솟아 상골이 많고
地蒸靈氣産龍香	땅에 영기가 피어올라 용향이 나오는구나
卽今中國逢神聖	지금 중국은 신성한 천자를 만났으니
千載風恬海不揚	길이 태평성대 누리세[54]

이 시에는 풍토병이 많이 발생하는 기후적 특성과 1만 리나 떨어진 중국과의 거리, 이중 통역을 통해 황제를 만났던 상황, 특산물 등 베트남에 관한 정보가 잘 나타나 있다. 동주銅柱, 월상국越裳國 등은 베트남과 중국의 역사적 관계를 담고 있다. 동주는 중국의 국경을 표시하는 구리 기둥으로, 한나라 때 중국과 베트남의 국경 문제와 관련된 것이다. 월상국은 주나라 때 베트남의 옛 이름이었다.[55] 베트남 사람들은 성격이 유순하고 시서詩書를 가르치고 익혔다고 한다. 조완벽이 동국에서 왔다고 하자 다투어 앞으로 와서 율시 한 수를 외우며 '이것이 이지봉李芝峯이 지은 것'이라고 했다 한다. 지봉을 앞선 시대 사람으로 알았으나 수년 뒤 귀국해서 다른 사람에게 이야기했더니 지봉은 현재 춘추관 아경亞卿 이수광이라는 사실을 그제야 알게 되었다는 내용이 전한다.[56]

목판이 선인의 세계관을 바꾸다

조선 후기의 지식인들은 중국으로 사신을 다녀온 사절단을 통해 한역 서학서를 접했고, 그를 통해 세계를 다른 눈으로 이해할 수 있었다. 이들이 접한 서양 문물은 지구구형설과 중국이 세계의 중심이 아니며 우주가 무한하다는 이론과 같은 것들이었다. 이런 사실은 조선 지식인들에게 큰 충격이었다. 왜냐하면 이들은 조선중화주의에 젖어 있었기 때문이다. 조선 지식인들은 서양 과학기술마저도 삼대 이후 중국에서 서양으로 전해진 것으로 이해하고자 했다. 이수광은 조선 지식인들 가운데 서양 문물을 맨 처음 소개한 실학자였다. 그는 『지봉유설』에서 이미 『천주실의』를 보고 논평했을 뿐 아니라 중국으로 사신 갔다 돌아온 사람들이 보내온 세계지도를 보고 그 상세함을 높이 샀다. 서양의 지적 산물들이 조선에 소개되면서 조선 지식인들은 서양을 차츰 이해하게 되었고, 그들의 저술에 서양의 모습을 담아내기 시작하였다.

서양 선교사들은 과학기술을 소개함과 동시에 그리스도교를 전파하고자 하는 것이 근본적인 목적이었다. 그들은 성경과 기독교 서적들을 한역해 동양 사람들에게 전파했다. 이 한역 서학서들이 조선에 유입되었으며, 베이징으로 간 사절단 가운데 지적 호기심이 왕성한 이들은 천주당을 방문해 선교사들과 이야기를 나누기도 하였다. 중국 사신들을 통해 유입된 한역 서학서들은 주로 실학자들이 읽었고, 이들은 학문적인 관심을 넘어 천주교 신자가 되기도 했다. 이들의 지도를 받아 천주교를 접한 일반 민인들은 만인이 평등하며 양반, 상놈의 차별은 천주교에서는 무의미하다는 사실에 매료되어 교세는 확장되어갔다. 천주교 교세가 확장되는 데는 목판의 판각을 통한 목판본의 보급과 쉽게 배울 수 있는 한글이 큰 역할을 했다.

조선 후기에 외국을 소개한 경우로 당시 지식인들의 문집에 실린 「조완벽전」이 있다. 조완벽은 진주 출신 선비로 정유재란 때 포로가 되어 일본으로 건너가 그곳 상인에게 몸을 의탁하게 되었는데, 그 상인은 베트남과 필리핀 등 동남아시아 나라들과 무역하는 사람이었다. 한문을 해독할 수 있었던 조완벽은 일본 상선을 타고 베트남을 왕래했다. 그는 베트남에서 이수광의 시가 유행하는 것을 보고 놀라워했다. 이수광이 사신으로 베이징에 머물 때 베트남 사신 풍극관을 만나 시를 주고받았는데, 그것이 베트남의 지식인들 사이에서 회자되고 있었던 것이다. 후일 조완벽은 임진왜란 포로 쇄환사와 더불어 귀국했고, 이수광의 시가 베트남에서 유행하고 있다는 말을 주변 사람들에게 전했다. 조완벽의 경험과 베트남에 관한 여러 정보는 조선 지식인들의 문집과 여러 책에 실렸다.

이렇듯 조선 후기 지식인들은 중국을 통해 들어온 서양 문물을 수용함으로써 서구 세계의 모습을 폭넓게 인식하게 되었다. 그들은 서구를 경이로움와 기이함이 가득찬 눈으로 보았다. 하지만 아직까지 조선 지식인들의 가슴 속에는 중국 중심의 세계관이 남아 있었고, 그것은 쉽게 바뀔 수 있는 것이 아니었다. 실학자들은 이미 변화된 세계를 느꼈고, 받아들였으며 나아가 많은 사람이 이해할 수 있도록 소개하려 노력했다. 조선 후기 지식인들의 관심은 세계로 열려 있었으며, 서양인들 또한 조선에 관심을 가지고 있었다. 이런 지식정보가 확산되는 데는 목판본으로 발간된 문집이 큰 역할을 했다.

부록

여는 글 부록 : 전국 목판 목록 리스트

번호	지역	목판명	종목	수량	비고
1	강원 1	신흥사경판 神興寺經板	유형문화재 제15호	280판	불설대보부모은중경 일부 한글번역문과 변상도 있음
2	경기 8	불설대보부모은중경판 佛說大報父母恩重經版	보물 제1754호	42판	용주사 소장
3		불설부모은중경판 佛說父母恩重經板	유형문화재 제17호	85판	정조 20년 판각 변상도 있음
4		불암사경판 佛岩寺經板	유형문화재 제53호	375판	대승경전 등 불교문헌 판각 불암사 소장
5		궐리사성적도 闕里祠聖蹟圖	유형문화재 제62호	60판	공자의 생애를 그림으로 판각
6		삼봉집목판 三峰集木版	유형문화재 제132호	228판	정도전의 『삼봉집』 14권 목판
7		월사집목판 月沙集木板	유형문화재 제133호	894판	전체 중 590여 판만 조선시대 판각
8		청계사소장목판 淸溪寺所藏木板	유형문화재 제135호	466판	18종 불교 교과목과 불교의식 관련청계사에서 판각, 소장
9		의정부 망월사 판각 진언집 책판 관련 목판 4종	유형문화재 제276호	138판	진언집판각, 탑다라니판 등망월사 소장
10	경남 78	합천해인사대장경판 陜川海印寺大藏經板	국보 제32호	8만 1258판	2007년 세계기록유산 등재
11		합천해인사고려목판 陜川海印寺高麗木板	국보 제206호	2725판	총 2,835판
		합천해인사고려목판 陜川海印寺高麗木板	보물 제734호	110판	
12		합천 해인사 내전수함음소 권490 목판 陜川海印寺内典隨函音疏 卷四百九十木板	보물 제 1806호	2판	고려 고종 32년 대장도감에서 판각
13		허성재선생철명편목판 許性齋先生哲命篇木板	문화재자료 제174호	57판	책판만 남음, 영정각 보관
14		진주사곡리진양하씨송정종택 소장책판 晉州士谷里晉陽河氏松亭宗宅 所藏册板	문화재자료 제327호	112판	진양 하씨 송정종택에서 보관 중인 4종의 책판 판목
15		한사집책판 寒沙集册版	문화재자료 제391호	133판	진주 강씨 은열공파 소장
16		합천관기리송계실기책판 陜川館基里松溪實紀册版	문화재자료 제426호	27판	송계 신계성의 행적과 유문을 모은 것을 판각
17		고성효락리쌍충록책판 固城孝洛里雙忠錄册版	문화재자료 제447호	47판	최강과 최균의 행적과 국가포장의 사실들이 기록
18		산청장위리사서석의책판 山淸長位里四書釋義册版	문화재자료 제452호	75판	필사본을 1917년 산청에서 판각

목판의 행간에서
조선의 지식문화를 읽다

번호	지역	목판명	종목	수량	비고
19	경남 78	합천두방리탐진세고책판 陜川頭方里耽津世稿册版	문화재자료 제470호	69판	탐진 안씨 문중 소장
20		남해화방사삼재부목판 南海花芳寺三災符木板	문화재자료 제510호	1판	남해 화방사 소장
21		책판 일괄 册板 一括	문화재자료 제553호	265판	하동 옥산서원 소장 포은선생문집책판외 265점
22		역양집책판 嶧陽集册板	문화재자료 제563호	78판	경상대학교 소장
23		송암집/황암집/농은집책판 松巖集/篁巖集/農隱集册板	문화재자료 제564호	81판	경상대학교 소장
24		계재집책판 溪載集册板	문화재자료 제565호	123판	경상대학교 소장
25		용사일기목판 龍蛇日記木板	유형문화재 제62호	44판	이노가 쓴 전쟁일기
26		통도사경판 通度寺經板	유형문화재 제100호	746판	대승경전, 교육용 교재 등 수록
27		근재집책판 謹齋集册板	유형문화재 제147호	93판	영조 16년 안축의 문집을 판각한 것
28		청주양씨세고목판 淸州梁氏世稿木板	유형문화재 제154호	153판	청주 양씨의 공적, 행적을 기록한 목판
29		주자어류책판 朱子語類册板	유형문화재 제161호	2076판	1904~1905년에 진주의 선비들이 2,076판으로 간행
30		동강선생문집책판 東岡先生文集册板	유형문화재 제162호	318판	동강 김우옹이 선조 18년에 펴낸 역사책
31		덕계선생문집책판/ 사호집수오당실기책 德溪先生文集册板/ 思湖集守吾堂實記册板	유형문화재 제163호	132판	덕계 오건과 그의 아들 오장, 오장의 스승 오한의 문집책판
32		남명선생문집책판 南冥先生文集册板	유형문화재 제164호	185판	조선 유학자인 남명 조식의 시문집을 판각
33		여택당소장문집책판 麗澤堂所藏文集册板	유형문화재 제165호	1452판	조선 고종 때 문신 성재 허전의 문집 판각
34		일두선생문집책판 一蠹先生文集册板	유형문화재 제166호	369판	정여창의 문집
35		개암선생문집책판 介庵先生文集册板	유형문화재 제167호	186판	개암 강익의 문집 판각
36		갈천선생문집책판/ 첨모당선생문집책판 葛川先生文集册板/ 瞻慕堂先生文集册板	유형문화재 제168호	177판	갈천 임훈과 첨모당 임운의 문집 판각
37		춘당문집책판/춘정집책판 春堂文集册板/春亭集册板	유형문화재 제169호	177판	변중량의 문집과 변계량의 실기책판
38		구산선생문집책판 龜山先生文集册板	유형문화재 제170호		

번호	지역	목판명	종목	수량	비고
39	경남 78	경재선생문집책판 敬齋先生文集册板	유형문화재 제171호	92판	경재 하연의 시문집 책판
40		촌은집책판 村隱集册板	유형문화재 제172호	52판	유희경의 시집 판각을 위해 만든 판목
41		무릉잡고책판/수구귀봉집책판 武陵雜稿册板/ 守口集龜峰集册板	유형문화재 제173호	352판	주세붕의 시문을 모은 것
42		점필재문집책판/이존록 佔畢齋文集册板/彛尊錄	유형문화재 제175호	262판	김종직의 시문집
43		소눌선생문집책판외50종 小訥先生文集册板外50種	유형문화재 제176호	1113판	구한말 노상직의 시문을 모아 만든 문집목판
44		성호선생문집책판 星湖先生文集册板	유형문화재 제177호	800판	총27책, 여주 이씨 문중의 천연정에서 판각
45		성호선생전집책판 星湖先生全集册板	유형문화재 제178호	1100판	총36책, 광주 안씨 문중의 재사인 모령당에서 판각
46		송담유사책판 松潭遺事册板	유형문화재 제179호	34판	백취둔 소유
47		간송문집책판/금라전언록책판 澗松文集册板/ 金羅傳言錄册板	유형문화재 제180호	190판	간송당 조임도의 문집 판각
48		송암문집/괴당집책판 松巖文集/槐堂集册板	유형문화재 제181호	76판	송암 이노의 시문집을 판각
49		미수기언책판 眉叟記言册板	유형문화재 제182호	869판	조선 허목의 시문집을 판각
50		관룡사사적기 觀龍寺事蹟記	유형문화재 제183호	11판	관룡사의 유래와 재산 기록
51		운흥사소장경판 雲興寺所藏經板	유형문화재 제184호	194판	17세기 후반~18세기 초에 대승경 전과 불교의식 관련 등 16종 판각
52		쌍계사소장불경책판 雙磎寺所藏佛經册板	유형문화재 제185호	1743판	경남 하동군의 쌍계사에 소장, 총 33종 1,743판
53		단계선생문집책판 端溪先生文集册板	유형문화재 제208호	580판	조선 후기 문신인 단계 김인섭의 문집. 1908년에 판각
54		추담선생문집책판/ 구산선생문집책판 秋潭先生文集册板/ 龜山先生文集册板	유형문화재 제210호	86판	조선 선조 문신인 윤선과 무신인 윤탁 선생의 문집책판
55		동계선생문집책판 東溪先生文集册板	유형문화재 제233호	135판	조선 중기 동계 권도의 시문 판각
56		태계선생문집책판 台溪先生文集册板	유형문화재 제241호	174판	인조 문신 하진의 시문과 글을 모아 숙종 9년 판에 새겨 판각
57		국담문집책판 菊潭文集册板	유형문화재 제242호	56판	신재 주세붕의 방손인 주재성의 글을 모아 후손이 판각한 문집의 책판
58		대전선생실기책판 大田先生實記册板	유형문화재 제246호	89판	이보흠의 실기 책판

목판의 행간에서
조선의 지식문화를 읽다

번호	지역	목판명	종목	수량	비고
59		존양재선생문집책판 存養齋先生文集册板	유형문화재 제248호	90판	조선 중기 송정렴의 시문집, 6권 3책
60		쌍청당실기책판 雙淸堂實記册板	유형문화재 제257호	98판	세조 때 공신 쌍청당 차운혁에 관하여 기록한 책판
61		화산세고책판 花山世稿册板	유형문화재 제259호	65판	안동 권씨 집안에서 판각한 세고
62		교우문집책판 膠宇文集册板	유형문화재 제260호	427판	교우 윤주하의 책판 시, 소서, 서기발, 잡저 등 10권 구성
63		물계서원소장책판 勿溪書院所藏册板	유형문화재 제266호	473판	창녕 성씨 관련 문적을 판각
64		가례부췌책판 家禮附贅册板	유형문화재 제267호	131판	『주자가례』를 근거로 만든 실용예절 책
65		송운대사구충서난록책판 松雲大師舊忠紓難錄册板	유형문화재 제271호	47판	사명대사가 모아둔 전쟁활약 실기
66		표충사제영록책판 表忠寺題詠錄册板	유형문화재 제272호	34판	표충사에 대한 여러 글을 모은 것으로 김상집이 지음
67		사명집책판 四溟集册板	유형문화재 제273호	47판	사명대사의 시와 글을 모아 편집한 시문집
68		격재선생문집책판 格齋先生文集册板	유형문화재 제298호	46판	조선 전기의 손조서의 문집을 새긴 목판
69	경남 78	추천선생/성은당문집책 鄒川先生/星隱堂文集册板	유형문화재 제303호	83판	조선 선조 때 손영제와 손석좌의 문집을 새긴 목판
70		영헌공실기책판 英憲公實記册板	유형문화재 제304호	44판	고려 고종 때 문신 영헌공 김지대의 시와 행적 등을 새긴 목판
71		오우선생실기책판 五友先生實記册板	유형문화재 제305호	37판	조선 중종 때 민구령과 그 형제들의 시와 문집을 새긴 목판
72		연재송병선선생문집책판 淵齋宋秉璿先生文集册板	유형문화재 제312호	1942판	한말 문신 송병선의 문장, 시, 행장 등을 판각
73		경암집책판 鏡岩集板	유형문화재 제314호	43판	경암스님이 벽송사에서 수도하면서 기록한 시문을 판각
74		묘법연화경책판 妙法蓮華經册板	유형문화재 제315호	237판	소유자 - 벽송사
75		청향당실기책판 淸香堂實記册板	유형문화재 제317호	68판	청향당 이원선생의 글을 판각
76		정온선생문집책판 鄭蘊先生文集册板	유형문화재 제321호	299판	조선 중기 동계 정온의 문집
77		석계집책판 石溪集册板	유형문화재 제328호	38판	성종극의 문집을 새긴 목판
78		용성세고책판 龍城世稿册板	유형문화재 제334호	70판	정조 10년에 판각된 남원 양씨의 세고
79		남양홍씨병신보책판 南陽洪氏丙申譜册板	유형문화재 제341호	98판	남양 홍씨의 족보를 찍기 위하여 숙종 42년에 만든 목판
80		외재집/익암집책판 畏齋集/益庵集册板	유형문화재 제342호	82판	조선 중기 이후경의 문집을 새긴 책판

번호	지역	목판명	종목	수량	비고
81	경남 78	진주단목리담산고택 소장창주집책판 晉州丹牧里澹山古宅 所藏滄洲集册版	문화재자료 제348호	63판	창주 하증이 지은 글을 모아 책으로 판각하기 위해 만든 책판
82		송은박익선생문집책 松隱朴翊先生文集册板	유형문화재 제351호	42판	고려말 문신 송은 박익의 유고 시문집
83		서강김계금일고책판 西岡金係錦逸稿册板	유형문화재 제352호	26판	조선 전기 서강 김계금의 언행, 업적 등을 후손이 모아 편찬
84		창녕동산서당소장책판 昌寧東山書堂所藏册版	유형문화재 제369호	380판	광주 노씨 문중 여러 선인들의 문집을 인출하기 위해 제작
85		합천손목리영모록/ 무민당집책판 陜川巽木里永慕錄/ 无悶堂集册版	유형문화재 제470호	152판	영모록의 원집17장, 습유7장 총 24장 12매로 구성
86		호정집책판 浩亭集册版	유형문화재 제491호	46판	진주 오방재 소장
87		백호집부록책판 白湖集附錄册板	유형문화재 제562호	96판	의성 김씨 문중 소유
88	경북 22	박문서관목판 일괄 博文書舘木板一括	등록문화재 제541호	691판	상업적 목적 방각본, 사서와 언해 21종한국국학진흥원 소장
89		십사의사록판목 十四義士錄板木	문화재자료 제108호	206판	밀양 박씨 문중의 14명이 의병운동을 일으켜 왜적과의 전투를 기록
90		풍양조씨족보판목 豊壤趙氏族譜板木	문화재자료 제208호	674판	총 934판 중 260판 훼손
91		고령매림재소장판목 高靈梅林齋所藏板木	문화재자료 제524호	126판	『예곡선생문집』 외 2종 능화판 1종
92		포항김해김씨유수공파 소동문중소장판목 浦項金海金氏留守公派 蘇洞門中所藏 板木	문화재자료 제549호	88판	한국국학진흥원에 보관
93		영주부석사고려목판 榮州浮石寺高麗木板	보물 제735호	634판	3종정원본40권, 진본60권, 주본 80권, 부석사 소장
94		대동운부군옥목판 大東韻府群玉木板	보물 제878호	667판	선조 22년 권문해가 편찬한 백과사전
95		배자예부운략목판 排字禮部韻略木板	보물 제917호	162판	숙종 5년 박동부 조판 한국국학진흥원 소장
96		길흉축월횡간고려목판 吉凶逐月橫看高麗木板	보물 제1647호	1판	고려 고종 6년 부석사에서 판각
97		박노계집판목 朴蘆溪集板木	유형문화재 제68호	99판	박인로의 문집 판각
98		운흥사소장경판 雲興寺所藏經板	유형문화재 제184호	194판	대승경전과 불교의식 관련 문헌 등 16종 수록
99		해동속소학판목 海東續小學板木	유형문화재 제208호	128판	진계 박재형이 1884년에 판각

목판의 행간에서
조선의 지식문화를 읽다.

번호	지역	목판명	종목	수량	비고
100	경북 22	영가지책판 永嘉誌册板	유형문화재 제224호	99판	안동의 향토지 초고본, 권기가 스승 류성룡의 명에 따라 편찬에 착수
101		망우당선생문집책판/ 창의록책판 忘憂堂先生文集 册板/倡義錄册板	유형문화재 제228호	140판	2종 수록
102		존재선생실기책판 存齋先生實記册板	유형문화재 제229호	61판	곽준의 실기, 1766년 판각
103		익재집책판 益齋集册板	유형문화재 제233호	147판	고려 이제현의 문집을 판각
104		휘찬여사목판 彙纂麗史木板	유형문화재 제251호	825판	세가, 지, 별전 끝에 거란, 여진, 일일전日日傳 등이 들어감
105		소수서원소장판목 紹修書院所藏板木	유형문화재 제331호	902판	『죽계지』『추원록』『가례언해』 『육선생유고』 4종 판각
106		영주만취당김개국종중 소장전적/책판 榮州晚翠堂金盖國宗中 所藏典籍/册版	유형문화재 제346호	32판	곽재우의 시문과 연보, 부록 등 2종 판각
107	광주5	눌재집목판각 訥齋集木版刻	유형문화재 제16호	370판	박상의 시문집 판각 시립민속박물관 소장
108		사암집목판각 思庵集木版刻	유형문화재 제17호	180판	조선 중기 박순의 문집 판각
109		고봉문집목판 高峰文集木板	유형문화재 제19호	474판	기대승 문집목판 17세기 판본
110		제봉문집목판 霽峰文集木版	유형문화재 제20호	481판	고경명의 유고문집, 17세기 개인문집 목판, 포충사 소장
111		회재유집목판 懷齋遺集木板	유형문화재 제23호	69판	박광옥이 남긴 유집의 목판
112	대구4	명심보감판본 明心寶鑑板本	유형문화재 제37호	31판	추적의 편저 인흥서원 소장
113		망우당선생문집책판/ 창의록책판 忘憂堂先生文集册板/ 倡義錄册板	유형문화재 제39호	140판	곽재우의 시문과 연보, 부록 등 2종 판각
114		존재선생실기책판 存齋先生實記册板	유형문화재 제40호	61판	곽준에 대한 기록을 새긴 것 영조 42년 1766에 판각
115		대암선생문집책판 大庵先生文集册版	유형문화재 제54호	120판	조선 중기 문신 대암 박성의 문집
116	대전5	송자대전판 宋子大全板	유형문화재 제1호	1만 1023판	송시열 문집과 연보 판각
117		만회집/탄옹문집판목 晩悔集/炭翁文集板木	유형문화재 제17호	610판	권득기와 권시의 문집 판목
118		유회당판각 有懷堂板刻	유형문화재 제20호	246판	권이진의 문집을 판각
119		용천연고판목 龍川聯稿板木	유형문화재 제22호	45판	권주신에 의해 판각

번호	지역	목판명	종목	수량	비고
120	대전 5	금암집판목 琴巖集板木	유형문화재 제23호	33판	조선 중기 송몽인의 시집
121	부산6	이안눌청룡암시목판 李安訥靑龍巖詩木板	유형문화재 제25호	1판	이안눌의 자필 판각범어사 소장
122		천수책판 千手冊版	유형문화재 제26호	7판	범어사 소유
123		어산집책판 魚山集冊版	유형문화재 제27호	30판	범어사 소유
124		범어사기/범어사창건사적/범 어사고적판 梵魚寺紀/梵御寺 創建史蹟/梵魚寺古蹟板	유형문화재 제28호	6판	범어사 창건 기록이 담긴 3종 수록
125		선문촬요책판 禪門撮要冊版	유형문화재 제29호	118판	선禪 공부 지침을 엮음
126		권왕문책판언문판	유형문화재 제30호	20판	조선 후기 건봉사의 축전을 판각
127	서울6	석씨원류응화사적목판 釋氏源流應化事蹟木板	보물 제591호	212판	승려 자습이 양주 불암사에서 판각 중국 헌종의 서문수록불교중앙박물관 소장
128		수선전도목판 首善全圖木板	보물 제853호	1판	서울의 지도 고려대학교박물관 소장
129		곤여전도목판 坤輿全圖木板	보물 제882호	3판	『곤여전도』를 조선에서 중간하기 위해 1860년에 만든 지도 판목서울대학교 박물관 소장
130		대동여지도목판 大東輿地圖木板	보물 제1581호	11판	남북 120리, 동서 160리 리정보 판각국립중앙박물관 소장
131		대방광불화엄경수소연의초목판 大方廣佛華嚴經隨疏演義鈔 木版	유형문화재 제84호	3175판	우리나라에서는 네 번째로 화엄경판을 만들어 봉안한 것. 봉은사 소장
132		일신당문집/필첩책판 日新堂文集/筆帖冊板	유형문화재 제240호	66판	조선 중기 이천경의 시문과 연보, 비명 등을 후손들이 편집하여 판각
133	인천 1	전등사법화경판 傳燈寺法華經板	유형문화재 제45호	104판	조선 중종 39년에 제작
134	전남 17	이천우영정/이응도목판 李天祐影幀/二鷹圖木板	문화재자료 제146호	1판	앞뒤에 각각 매가 한 마리씩 조각
135		보성죽천선생문집/유묵목판 寶城竹川先生文集/遺墨木板	문화재자료 제206호	146판	박광전의 시문집을 새긴 목판과 초서를 새긴 유묵판
136		유희춘 미암일기/미암집목판 柳希春眉巖日記/眉巖集木板	보물 제260호		이이의 『경연일기』, 『선조실록』의 기본사료, 영본 12책
137		곤재우득록목판 困齋愚得錄木版	유형문화재 제146호	48판	정개정 문집 목판
138		강진남강사주자갈필목판일괄 康津南康祠朱子葛筆木版 一括	유형문화재 제154호	43판	2종외 기타11판은 종수를 알 수 없음

목판의 행간에서
조선의 지식문화를 읽다.

번호	지역	목판명	종목	수량	비고
139	전남 17	해남윤씨족보목판 海南尹氏族譜木板	유형문화재 제168호	93판	조선 후기 족보 목판이나 조선 전기 양식을 따름
140		영암녹동서원소장목판 靈巖鹿洞書院所藏木版	유형문화재 제183호	665판	2종 판각, 녹동서원 소장
141		곡성도동묘회헌실기목판 谷城道東廟晦軒實記木板	유형문화재 제210호	87판	안향의 『회헌실기』 목판, 판각과정 기록
142		담양송강집/기암집목판 潭陽松江集/畸庵集木板	유형문화재 제211호	535판	『송강집』 330판, 『기암집』 205판 한국가사문학관장 소장
143		차문절공유사목판 車文節公遺事木板	유형문화재 제212호	53판	문신 차원부의 유문과 관련기록 엮음
144		영광내산서원강감회요목판 靈光內山書院綱鑑會要木板	유형문화재 제213호	642판	『자치통감』 『통감강목』을 보완. 내산서원 소장
145		장성고산서원노사선생전집/ 답문류편목판 長城高山書院蘆沙先生全集/ 答問類編木板	유형문화재 제214호	862판	2종 판각, 고산서원 소장
146		장성필암서원하서선생문집목판 長城筆岩書院河西先生文集 木板	유형문화재 제215호	650판	초간본, 중간본, 3번째 판각 소장
147		장성필암서원하서유묵목판일괄 長城筆岩書院河西遺墨木板 一括	유형문화재 제216호	56판	5종 판각
148		나주미천서원기언목판 羅州眉泉書院記言木板	유형문화재 제217호	861판	허목의 시문집 93권 25책을 새긴 목판미천서원 소장
149		장흥연곡서원노봉선생문집목판 長興淵谷書院老峯先生文集 木板	유형문화재 제218호	298판	민정중의 시문집을 새긴 목판 연곡서원 소장
150		해남고산유고목판일괄 海南孤山遺稿木板一括	유형문화재 제219호	305판	윤선도의 시문집 목판 『고산유고』 『고산유사』 『고산선생연보』 등 3종
151	전북 3	선운사석씨원류 禪雲寺釋氏源流	유형문화재 제14호	62판	석가모니 일대기
152		여래불적도 如來佛蹟圖	유형문화재 제79호	1판	석가여래유적도 판각
153		전주향교소장완영책판 全州鄉校所藏完營册板	유형문화재 제204호	5059판	19종 판각, 전주향교 소장
154	충남 8	태극기목판 太極旗木版	등록문화재 제385호	1판	독립기념관 소장
155		외암선생문집판각 巍巖先生文集板刻	문화재자료 제333호	307판	이간의 문집을 판각
156		민입암집판각 閔立巖集板刻	문화재자료 제341호	135판	민제인 선생 시문집 판각
157		월인석보목판 月印釋譜木板	보물 제582호	46판	우리나라에 남아있는 것 중 유일한 판목. 갑사 소장

번호	지역	목판명	종목	수량	비고
158	충남 8	가정목은선생문집판 稼亭牧隱先生文集板	유형문화재 제77호	975판	고려 후기 이곡, 이색의 문집 판각
159		포저유서/송곡문집판각 浦渚遺書/松谷文集板刻	유형문화재 제126호	633판	조익과 조복양의 시문집 판각
160		용서/봉계/성재공문집판각 龍西/鳳溪/省齋公文集板刻	유형문화재 제150호	150판	윤원지, 윤유, 민준의 3종 문집 판각
161		아산세심사불설대보부모 은중경판 牙山洗心寺佛說大報父母 恩重經板	유형문화재 제167호	13판	현존하는 불설대보부모은중경판 중 가장 오래된 것
162	충북8	송원화동사합편강목목판 宋元華東史合編綱目木板	유형문화재 제37호	3300판	「삼강오륜」의 강목
163		활재선생문집목판 活齋先生文集木板	유형문화재 제153호	140판	이구선생의 문집
164		광국지경록목판 光國志慶錄木板	유형문화재 제164호	22판	청주고인쇄박물관 소장
165		눌재강수유고목판 訥齋江叟遺稿木板	유형문화재 제177호	31판	송시열 서문 수록, 청주대박물관 소장
166		남충장공시고목판 南忠壯公詩稿木板	유형문화재 제218호	52판	남연년의 1책본 시집을 새긴 목판
167		경주김씨판도판서공파족보목판 慶州金氏版圖判書公派族譜 木板	유형문화재 제314호	23판	17세기 지방 목판
168		화서선생아언목판 華西先生雅言木板	유형문화재 제348호	133판	이항로의 어록을 제자 김평묵, 유중교 등이 편찬
169		구씨가승목판 具氏家乘木板	유형문화재 제349호	8판	능성구씨 보갑과 함께 보존

『文集刊役時日記』

丙戌三月初九日爲始

山長 前持平 金墇

都監 幼學 成濼

別有司 幼學 李樣

[참고사항 1]
* 李橯(8)과 李楫(16)은 동일인으로 간주되나 구분하여 표기한다.
* 소야 각수 千貴와 天貴(각수 4), 宋儒千과 宋儒川(64)의 경우는 동일인으로 간주하며, 全必玉과 金必玉(12)의 경우는 필사의 오류에 의한 것으로서 동일인으로 본다.
* 金思□(27)은 全思欽(61)으로 추정되나 확실하지 않아서 별도로 한다.

	甲申(1764년) 겨울, 乙酉(1765년) 정월, 丙戌(1766년) 정월, 2월 [入:/] [出:√]						
1	山長 金墇	5√30/	4√7/8√26/				
2	都監 成濼	10/11/19/	1/4√25/				
3	別有司 本孫 李樣	15/19/20/21 23/24/26/27√30/	1/2/4/5/6/8/9/10 11/12/13/16/17/18 19/20/22/23 24/25/26/27/				
4	本孫李楷						
5	本孫 李常泰	15/19/20/23 29/30/	1/2/3/4√5/6√ /10/16/18/19 24/25/26/				
6	前縣監 李象靖						
7	本院齋任 裵是袗	5/22√23/27√	14√16/17/				
				1	都刻手僧 體律	1/16√	1√4/14√ 19√
8	本孫 李橯	29/	12/		供養僧勝款	1/	

9	溪上 李世靖					
				*	木手 末希	

丙戌1766년 3월 1일 ~ 4월 28일 [入:/] [出:√]							
		3월	4월			3월	4월
10	原任전원장 李運泰	5/9/26/					
11	禮安 長戶基	9/		2	刻手 李聖昌	9/30√	17√
12	全必玉 金必玉	9/	12/				
				3	申必占	10/	
13	全載節	10/23/					
14	元堂 李重聃	11/		4	新岩刻手 朴雲三	11/	
15	李楫	11/18/29/	2/16/18/19/20 22/23/24/25/	5	所也刻手 千貴天貴	11/	17/
16	李檜	11/18/29/		6	陳月 刻僧碧希	11/14/	
17	李宜黙	11/16/29	12/20/24/				
18	李重恒	12/		7	草房寺 刻僧宗連	12/	6√
19	金守迪	12/	2/10/				
20	琴鳴遠	14/					
21	宋三錫	15/					
22	本所齋任 李榮	17/24/30/	2/4/6/7/8/8/9/11/ 12/13/17/18/19/22 /23/24/25/26/27/				
23	李持黙	18/21/25/27/	9/20/23/24/				
24	李祉泰	19/23/	1/2/3/5/7/9/12 14/19/23/25/				
25	全致和	19/30/	12/				
26	金思□	19/					
27	吳司大	19/					
28	琴泰玉	20/28/29/	1/5/6/14 19/24/25/				

29	李桓	20/	3/6/8/9/10/11 13/16/22/23/24/				
30	李景蔓	21/29/	8/11/14/16 19/24/25/				
31	全載衡	23/	11/	8	甘泉刻手 李再歡	22/	
32	全致福	23/					
33	李陽泰	23/	11/				
34	李羽龍	25/					
				9	鳳停 僧桂活	25/	
35	金必謙	26/					
36	張胤銓	26/					
				10	浮石 刻僧矜旨	27/	
37	朴師曾	28/	16/24/25/	11	浮石 刻僧守宗	27/	
38	李景蕓	28/	5/9/16/19/23/24/	12	浮石 刻僧亥全	27/	
				13	浮石 刻僧雪云	27/	
				14	奉化刻手 申岳	29/	
39	全尙成	30/					
40	金尙天	30/	8/				
41	金宗延		1/15/				
42	白洞 黃一漢		1/				
43	權尙中		2/				
44	金百鍊		3/				
45	內林 朴時龍		5/6/√20/24/				
46	李震泰		5/9/24/				
47	李貞泰		5/8/9/16/				
48	羅宅洙		6/				
49	李允泰		7/14/16/				
50	宋模		7/				
51	李國泰		7/				
52	琴重心		8/				

53	李采		9/12/			
54	宋儒轍		10/			
55	宋儒采		10/			
56	金兌彬		10/15/			
57	順興 宋愼國		11/			
58	全光欽		11/			
59	全思欽		11/			
60	金尙必		11/		順興鄕校	12/
61	宋鼎鎭		12/		紹修鄕校	12/
62	宋儒千 宋儒川		12/15/26/			
63	金慶集		12/			
64	琴受益		12/			
65	金恒烈		13/26/28/	15	刻手 仲三	13√17/
66	金昌紀		13/			
67	宋儒綽		13/			
68	宋永錫		13/			
69	張泰立		13/			
70	張泰集		13/			
71	張泰翕		13/			
72	張得載		13/		李門齋舍	13/
73	金圭錫		15/			
74	李□		16/			
75	伊山齋任 朴師尹		16/			
76	宋橄		17/19√			
77	成憲寅		20/			
78	裵憲萬		20/			
79	琴聲遠		20/			
80	金百亨		22/			
81	金始宏		22/		迂川門中	22/
					南澗書堂	23/
					伊山書院	23/

					逗川門中	23/
82	琴興遠		23/			
83	裵憲燮		23/			
84	裵光澈		23/			
85	宋儒運		24/			
86	金重南		26/			
87	金成烈		27/			
88	金鎭國		27/			
89	金重錫		27/			
90	宋儒鴻		28/			

[참고사항 2]

* 문헌상 기록된 각수의 수는 12인이다.
* 그중 각승으로 명기된 사람은 도각승 체율體律을 포함하여 8인이다.
나머지는 禮安刻手 李聖昌, 申必占, 新岩刻手 朴雲三, 所也刻手 千貴혹은 天貴, 甘泉刻手 李再歡, 奉化刻手 申岳, 刻手 仲三으로 명기되어 있다.
* 목수는 末希만이 유일하게 명기되어 있다.

제1장 부록 2 : 「문집간역시일기」 번역

『文集刊役時日記』

丙戌三月初九日爲始

山長 前持平 金墇

都監 幼學 成澡

別有司 幼學 李穰

壬申(1752년) 봄

상산商山에서 활자를 얻어서 백여 질을 인출했으나 글자체가 고르지 못하며 책은 형태가 넓고 크지만 또한 어魚와 로魯가 분명치 못하고, 은銀과 근根이 서로 구별되지 않았다. 때문에 당시부터 이미 판각하여 중간하자는 논의가 있었다.

甲申(1764년) 겨울

본원에서 중간하자는 논의가 확실하게 정해졌다. 다음해 봄에 일을 시작하기로 기약했기에 별도로 준비해두었던 전답을 별임 본손 이의李橫로 하여금 내놓아 팔게 했으니, 이로써 판을 구입하여 일을 시작할 기구들을 마련하기에 편리했다. 그해 봄, 본손 이해李楷에게 안동 도심지에서 판을 산 것이 백 사십여 판인데 4월에 본원本院(오계서원)으로 운반해오게 했다. 목판 값으로는 삼십 여 관전貫錢(꿰미의 돈)이 들었다. 乙酉(1765년) 본원의 정월 조회 때에 출간의 일을 결정했으니(결정하기로 했으니) 도감都監은 성찬成燦공이다.

乙酉(1765년) 정월

본손 이상태李常泰가 활자본 4책을 가지고 교정을 부탁하러 안동安東 소호蘇湖에 계신 전현감 이상정李象靖[1]공에게 가서 책을 맡겨두고 돌아왔다. 그 후 불과 십여 일만에 이공李公께서 감당할 수 없다는 내용의 편지를 써서 책자를 돌려보냈다. 이 때문에 산장山長이 직접 가서 찾아뵙고 청한 후, 4월에 본손 이의李橫가 다시 소호에 나아가 책을 맡겨두고 돌아왔다. 8월에 본원本院에 재임齋任으로 있는 배시진裵是袗이 책차를 옮기는 일로써 산장山長의 편지를 가지고 소호에 부탁하러 가서 여러 날을 머물다가 수책袖冊을 가지고 돌아왔다. 겨울에 각수승 체율體律을 초치하여 도각수都刻手에 임명하고 차첩差帖[2]을 내었다. 본손 이즙李檝이 중초中草를 베껴 쓸 차에 본원에 와서 머물렀다.

계상溪上 이세정李世靖이 뜻하지 않게 와서 이르니, 인하여 여러 날을 머물면서 책 가운데 잘못 베낀 것이 많이 있어 교감하고 이정하니 또한 다행스럽다.

丙戌(1766년) 정월

배재임裏齋任이 중초中草를 다시 교정할 쯤에 소호蘇湖에 나아가 며칠을 머물면서 전에 미처 교감하지 못했던 것을 전부 교감하고 돌아왔다. 인하여 원院에는 사간본寫刊本을 남겨 두었다.

2월 초에 도각수都刻手 체율體律과 목수木手 말희末希가 와서 비로소 치판治板을 위하여 여러 날을 머문 후에 도각수가 돌아가니 목수 또한 사적인 일로 집으로 돌아갔다. 열흘 동안 양동연정에서 불 땔 나무를 마련했다.

3월 1일, 도각승이 공양승供養僧 승관勝欵을 데리고 살피러 왔다.

3월 2일, 처음으로 판자 삶기를 시작하여 한 솥에 6판씩 삶아 하루 밤낮을 경과한 후에 꺼냈다.

3월 5일, 향사를 위한 입재入齋에 산장山長이 병환으로 특별히 혼자만 참석하지 못했다. 회원은 14명이다. 파재罷齋에 여러 사람의 논의가 삼학三學으로 돌아왔다. 원임原任 이운태李運泰가 전부터 여기 와서 원院에서 머물었기에 파재罷齋하고 난 뒤로는 인하여 일을 감독할 사람으로 배재임裏齋任을 머물게 하여서 사간본을 시행했다.

3월 9일, 예안 장호기長戶基와 각수 이성창李聖昌이 와서 일을 시작했다. 전필옥全必玉이 왔다. 원장 이운태李運泰가 본소本所의 각수 ○○에게 돌아오기를 청했다.

3월 10일, 도감都監이 와서 각수를 과정별로 나누었다. 신필점申必占이 왔다. 전재절全載節이 와서 만났다. 이○○……

3월 11일, 신암新岩 각수 박운삼朴雲三이 왔다. 도감都監이 돌아갔다. 원당元堂 이중담李重聃이 와서 만났다. 이즙李楫이 와서 만났다. 이탑李橘이 와서 만났다. 소야所也 각수 천귀千貴가 왔다. 진월陳月 각승 벽희碧希가 왔다가 다음날 돌아갔다. 이의묵李宜黙이 와서 만났다.

3월 12일, 초방사草房寺 각승 종연宗連이 왔다. 이중항李重恒, 김수적金守迪이 왔다.

3월 14일, 진월 각승 벽희碧希가 올라오게 되었다. 금명원琴鳴遠이 와서 만났다.

3월 15일, 이상태李常泰, 이의李檥가 와서 만났다. 송삼석宋三錫이 지나던 길에 와서 묵었다.

3월 16일, 도각수都刻手가 사적인 일로 돌아갔다. 이의묵李宜黙이 왔다.

3월 17일, 본소本所 재임齋任 이영李榮이 각수에게 청하여 □□사寺에 갔다가 돌아왔다.

3월 18일, 이즙李楫, 이탑李檜이 와서 만났다. 이지묵李持黙이 왔다.

3월 19일, 도감都監이 와서 각수의 수공을 매판 8전으로 결정했다. 이상태李常泰, 이의李檥, 이지태李祉泰, 전치화全致和, 김사□金思□, 오사대吳司大가 와서 만났다.

3월 20일, 이상태李常泰, 이의李檥, 금태옥琴泰玉, 이환李桓이 와서 만났다.

3월 21일, 이의李檥, 이경만李景蔓, 이지묵李持黙이 와서 만났다.

3월 22일, 배재임裵齋任이 기일로 해서 집에 돌아갔다. 감천甘泉 각수 이재환李再歡이 왔다.

3월 23일, 전재형全載衡, 전재절全載節, 전치복全致福, 이의李檥, 이상태李常泰, 이지태李祉泰, 이양태李陽泰가 와서 만났다. 배재임裵齋任이 왔다.

3월 24일, 이영李榮, 이의李檥가 와서 만났다. 떡을 만들어 별도로 각수들에게 대접했다.

3월 25일, 이우룡李羽龍이 와서 만났다. 봉정鳳停의 승僧 규활桂活이 왔다. 이지묵李持黙이 왔다.

3월 26일, 이의李檥가 와서 만났다. 김필겸金必謙, 장윤전張胤銓이 와서 만났다.

3월 27일, 부석사 각승 긍지兢旨, 수종守宗, 해전亥全, 설운雪云이 왔다. 배재임

裵齋任은 기일로 집에 돌아가고 이의李檥는 병으로 오지 못했다. 이지묵李持黙은 정간正間을 그렸다.

3월 28일, 금태옥琴泰玉, 박사증朴師曾, 이경운李景蕓이 와서 만났다.

3월 29일, 이상태李常泰, 금태옥琴泰玉, 이경만李景蔓, 이즙李楫, 이의묵李宜黙이 와서 만났다. 봉화奉化 각수 신악申岳이 왔다. 이즙李楫, 이탑李榙이 왔다.

3월 그믐, 이영李榮, 이의李檥, 전치화全致和, 전상성全尙成, 김상천金尙天이 와서 만났다. 각수 이성창李聖昌이 그의 집에 화재가 났다는 소식을 듣고 돌아갔다. 오후에 산장山長이 왔다. 본손 이상태李常泰가 산장에게 붙잡혀서 서원에 머물렀다.

4월 1일, 도감都監이 왔다. 이상태李常泰, 이의李檥, 금태옥琴泰玉, 김종연金宗延, 이지태李祉泰가 왔다. 백동白洞 황일한黃一漢이 지나는 길에 와서 만났다. 도각수都刻手가 일이 있어 절로 돌아갔다.

4월 2일, 이상태李常泰, 이즙李楫, 김수적金守迪, 이지태李祉泰, 이의李檥, 권상중權尙中이 와서 만났다. 이영李榮이 왔다. 각수가 항상 각수, 목수 등 20여 명을 공양했다.

4월 3일, 이상태李常泰, 이환李桓, 이지태李祉泰가 와서 만났다. 김백련金百鍊이 와서 묵었다.

4월 4일, 도감都監이 집으로 돌아갔다. 산장山長은 안동으로 돌아갔다. 이영李榮, 이의李檥가 와서 만났다. 도각수都刻手가 왔다. 이상태李常泰가 본가로 떠났다.

4월 5일, 내림內林 박시룡朴時龍이 왔다. 간본을 미처 책으로 만들지 못하여 산장이 책을 만들려고 그를 초대했다. 이곳에 도착해서 비로소 연보 1장을 필사했다. 금태옥琴泰玉, 이경운李景蕓이 와서 만났다. 제弟가 이상태李常泰, 이의李檥도 와서 만났다. 이진태李震泰, 이정태李貞泰, 이지태李祉泰가 왔다.

4월 6일, 이환李桓, 금태옥琴泰玉, 이영李榮, 이의李檥가 와서 만났다. 이상태李常泰가 문집을 가지고 풍기에 갔다. 박시룡朴時龍이 집으로 돌아갔다. 나택수羅宅洙가 지나가다가 와서 묵었다. 각수 종연宗連이 집으로 돌아갔다.

4월 7일, 이윤태李允泰, 송모宋模, 이지태李祉泰, 이영李榮이 와서 만났다. 산장山長이 오후에 안동에서 왔다. 이국태李國泰가 떡을 만들어 별도로 각수 등 20여 명을 대접했다.

4월 8일, 산장山長이 집으로 돌아갔다. 이영李榮, 이의李檥, 이경만李景蔓이 와서 만났다. 오후에 이환李桓, 이정태李貞泰, 이영李榮이 와서 만났다. 목수의 수공은 매판 6푼씩으로 가격을 정했다. 금중심琴重心, 김상천金尙天이 와서 만났다.

4월 9일, 이환李桓, 이영李榮, 이의李檥, 이경운李景蕓, 이채李采가 와서 만났다. 이지묵李持黙이 하루 종일 정간했다. 이진태李震泰, 이정태李貞泰, 이지태李祉泰……

4월 10일, 이상태李常泰, 이환李桓, 송유철宋儒轍, 이의李檥, 송유채宋儒采, 김수적金守迪, 김태빈金兌彬이 와서 만났다. 연세가 82세다.

4월 11일, 이영李榮, 이의李檥가 와서 만났다. 오후에 순흥順興 송신국宋愼國과 이환李桓, 전재형全載衡, 이경만李景蔓, 이양태李陽泰, 전광흠全光欽, 전사흠全思欽, 김상필金尙必도 와서 만났다.

4월 12일, 송정진宋鼎鎭이 와서 만났다. 이영李榮, 이지태李祉泰, 이의李檥, 이채李采, 이즙李檝, 이의묵李宜黙이 대구 1마리, 술 한 동이를 가지고 와서 각수들을 대접했다. 순흥順興, 소수紹修향교 두 곳에서 구본 책자를 보내오니 물력으로 돌봐주는 것이 참으로 이상하지 않은가! 그날 송유천宋儒千, 김경집金慶集, 금수익琴受益, 전치화全致和가 와서 만났다. 김필옥金必玉이 왔다.

4월 13일, 이영李榮, 이의李檥가 와서 만났다. 오후에 김항렬金恒烈, 김창기金昌紀, 이환李桓, 송유작宋儒綽, 송영석宋永錫, 장태립張泰立, 장태집張泰集, 장태흡張泰

翁, 장득재張得載가 와서 묵었다. 각수 중삼重三이 오후에 집으로 돌아갔다. 그날은 이씨 문중에서 재사齋舍에 남은 곡식을 내어서 각수 15명과 목수 등 20여 명을 대접했다.

4월 14일, 이윤태李允泰, 이경만李景蔓, 금태옥琴泰玉, 이지태李祉泰가 와서 만났다. 오후 배재임裵齋任이 자기 처남의 병 소식을 듣고 해 저물 때 집에 돌아갔다. 도각수 체율體律이 절로 갔다.

4월 15일, 김태빈金兌彬, 김규석金圭錫, 김종연金宗延, 송유천宋儒千이 와서 만났다.

4월 16일, 이윤태李允泰, 이상태李常泰, 이즙李楫, 이의李檥, 박사증朴師曾, 금태옥琴泰玉, 이경만李景蔓, 이경운李景蕓, 이정태李貞泰, 이□李□가 날마다 와서 만났다. 이산伊山 재임齋任 박사윤朴師尹이 와서 만났는데 사인본 1장을 가지고 오후에 돌아갔다. 배재임裵齋任이 뜻밖에 상喪을 만나 근심하여 어제 집으로 돌아갔다. 그 때문에 별유사別有司 이의李檥, 이즙李楫이 간본을 여러 장 필사했다.

4월 17일, 배재임裵齋任이 조회 후에 돌아왔다. 송경宋橄도 왔다. 대개 간본을 미처 책으로 만들지 못했기 때문에 그것을 베껴 쓰게 하려고 전날 송경에게 청했다. 이런 까닭에 이날 도착한 것이다. 이영李榮, 이의李檥, 각수 중삼重三, 천귀天貴가 돌아왔다. 도각수都刻手가 구할 게 있어서 순흥 중대사中臺寺[3]에 갔다.

4월 18일, 이상태李常泰, 이즙李楫, 이영李榮, 이의李檥가 와서 만났다. 이상李橡이 오후에 또 왔다.

4월 19일, 이상태李常泰, 이의李檥, 금태옥琴泰玉, 이영李榮, 이지태李祉泰, 이경운李景蕓, 이경만李景蔓, 이즙李楫이 왔다. 도각수의 상좌上佐가 왔는데 영사領師[4]가 병으로 돌아올 수 없다고 전했다. 때문에 책을 만들던 각인들이 떠나고 송경宋橄은 집으로 돌아갔다.

4월 20일, 이즙李楫, 이의李檥, 이의묵李宜默, 이지묵李持黙이 와서 만났다. 별유사別有司가 술과 먹을 것을 가지고 와서 각수들에게 대접했다. 박시룡朴時龍이 문집 간행본을 베껴 쓸 차례가 되어서 왔다. 성헌인成憲寅, 배헌만裵憲萬이 와서 묵었다. 금성원琴聲遠도 묵었다.

4월 22일, 이환李桓, 이즙李楫, 이영李榮, 이의李檥, 김백형金百亨, 김시굉金始宏이 지나가는 길에 와서 묵었다. 오천문중迂川門中에서 술과 찬을 차려와서 각수들에게 대접했다.

4월 23일, 남간서당南澗書堂에서 구본 책자와 부조금 1냥을 보냈다. 이산서원伊山書院도 옛 책과 부조금 1냥을 싸서 보냈다. 오천문중迂川門中에서 또 술과 찬을 가지고 와서 각수들에게 대접했다. 금흥원琴興遠, 배헌섭裵憲燮, 배광철裵光澈이 와서 만났으며, 인하여 묵었다. 이의李檥, 이영李榮, 이즙李楫, 이환李桓, 이지묵李持黙, 이경운李景蕓, 이지태李祉泰가 와서 만났다.

4월 24일, 이상태李常泰, 이환李桓, 이즙李楫, 이의李檥, 이영李榮이 와서 만났다. 금태옥琴泰玉, 박시룡朴時龍, 송유운宋儒運, 이의묵李宜黙, 박사증朴師曾, 이경만李景蔓, 이경운李景蕓, 이진태李震泰, 이지묵李持黙이 다 왔다.

4월 25일, 이상태李常泰, 이즙李楫, 이의李檥, 이영李榮, 박사증朴師曾, 금태옥琴泰玉, 이지태李祉泰, 이경만李景蔓이 와서 종일토록 인본을 고준考準했다. 도감都監이 왔다.

4월 26일, 김항렬金恒烈, 김중남金重南, 이운태李運泰, 이상태李常泰, 이영李榮, 송유천宋儒川, 이의李檥가 와서 만났다. 산장山長이 와서 만났다.

4월 27일, 김성렬金成烈, 김진국金鎭國, 김중석金重錫, 이영李榮, 이의李檥가 와서 만났다.

4월 28일, 송유홍宋儒鴻, 김항렬金恒烈이 이날에 원중에서 먹을 것을 대단히 푸짐하게 차렸으며, 일을 마치고 각수들을 보낼 때에 수공과 잡비로 쓸 것을 계산하여 주었는데 거의 3백금에 이르렀다. 한 마을이 다 모였고 대사大事에 일손이 끊겨 흔들리는 게 없었으니 그 경사스럽고 다행함을 말로 다 할 수가 없다.

제1장 부록 3 : 『문집간역시일기』 탈초

文集刊役時日記

丙戌三月初九日爲始

卷首面紙墨書

山長 前持平 金墇

都監 幼學 成濼

別有司 幼學 李樣

壬申春 得活字於商山地 印出百有餘帙 而非但字体
不均 册樣廣大 亦未免魚魯之不分 銀根相混 故自其時
已有重刊鋟榟之議

甲申冬 本院牢定重刊之議 期以明春始役 故別辦所
田畓 使別任本孫李樣 放賣 便利以爲貿板設始之具 而其年春 使
本孫李楷 貿板於安東道心地 得百四十餘板 四月運來
本院 板價則入三十餘貫錢 而乙酉本院正朝時 定出刊
役都監成公濼

乙酉正月 本孫李常泰 奉活印文 四册往□ 校正于安

東蘇湖前縣監李公象靖 留册而還矣 其後不過十

餘日 而李公以不堪當之意作書 還送册子 以山長親往

面請後 四月本孫李襈更晉蘇湖 留册而還 八月

本所齋任裵是袗 以推册次 奉山長書柬 委往

蘇湖 留數日 袖册而還 冬招致刻手僧體律 定都

刻手而出差帖 本孫李橄 以中草書寫次來留

院中 而溪上李世靖 意外來到 因留數日 册中誤寫

處多有 校勘釐正 亦可幸也

丙戌正月 裵齋任 以中草更校次 進往蘇湖 留數日 前

所未勘處 十分盡校而還 仍留院中 寫刊本

二月初間 都刻手體律及木手末希來 始爲治板 留數日

後 都刻還去 木手亦以私故還家 旬間 兩洞烟丁 伐燒木

三月初一日 都刻僧 率供養僧升款有察來

初二日 始烹板子 一釜烹六板 過一晝夜後出

初五日 享祀入齋 而山長 以患候 呈單未參 會員則

十四員也 罷齋 從僉議還三學本孫以原任李運泰 前此來寓

院中 罷齋後 因留董役 裵齋任始寫刊本

初九日 禮安長戶基刻手李聖昌來 始役 全必玉來見

李院長運泰 請本所刻手□□而還

初十日 都監來科別刻手申必貞來 全載節來見

李□□……

十一日 新岩刻手朴雲三來 都監還歸 元堂李

重聃來見 李楫來見 李檜來見

所也刻手千貴來

陳月刻僧碧希來 翌日還歸 李宜黙來見

十二日 草房寺刻僧宗連來 李重恒金守迪來

十四日 陳月刻僧碧希爲上來 琴鳴遠來見

十五日 李常泰李樣來見 宋三錫歷路來宿

十六日 都刻手以私故還歸 李宜黙來

本所齋任李榮 請刻手次 往□□寺而還

十七日 李榮李樣琴泰玉朴師曾來見

十八日 李楫李檜來見 李持黙來

十九日 都監來 定刻手手功每板八錢 李常泰李

樣李祉泰全致和金思□吳司大來見

廿日 李常泰李樣琴泰玉李桓來見

廿一日 李樣李景蔓李持黙來見

廿二日 裵齋任 以忌故還家 甘泉刻手李再歡來

廿三日 全載衡全載節全致福李樣李常泰

李祉泰李陽泰來見 裵齋來

廿四日 李榮李樣來見 作餠別饋刻手等人

廿五日 李羽龍來見 鳳停僧桂活來 李持黙來

廿六日 李樣來見 金必謙張胤銓來見

廿七日 浮石刻僧羚[旨]守宗亥全雪云來 襄齋任

以忌故還家 李㙉以病不來 李持黙畫正間

廿八日 琴泰玉朴師曾李景薹來見

廿九日 李常泰琴泰玉李景蔓李概李宜黙

來見 奉化刻手申岳來 李楫李楡來

晦日 李榮李㙉全致和全尙戌金尙天來見 刻

手李聖昌 聞渠家火灾之奇 還歸 午後

山長來 本孫李常爲山長所挽 留院中

四月初一日 都監來 李常泰李㙉琴泰玉金宗延

李祉泰來 白洞黃一漢 歷路來見 都刻以故還寺

初二日 李常泰李楫金守迪李祉泰李㙉權

尙中來見 李榮來 刻手恒供刻手木手等二十餘人

初三日 李常泰李桓李祉泰來見 金百鍊來宿

初四日 都監還家 山長轉向安東 李榮李㙉來見 都刻來

李常泰去本家

初五日 內林朴時龍來 以刊本未及書 山長作書邀之 至是來到

始寫年譜一丈 琴泰玉李景薹來見 弟李常泰

李㙉亦來見 李震泰李貞泰李祉泰來

初六日 李桓琴泰玉李榮李㙉來見 李常泰持文集 往豊基

朴時龍還家 羅宅洙歷過來宿 刻僧宗連還家

初七日 李允泰宋模李祉泰李榮來見 山長午後自安東

來到 李國泰作餠別饋刻手等二十餘人

初八日 山長還家 李榮李欀李景蔓來見 午李桓李貞泰

李榮來見 木手手功 每板六分式定價 琴重心金尙天來見

初九日 李桓李榮李欀李景薈李朵來見 李持黙

終日正簡 李震泰李貞泰李祉泰

初十日 李常泰李桓宋儒轍李欀宋儒朵金守迪金

兌彬來見 年八十二

十一日 李榮李欀來見 午後順興宋愼國及李桓全載衡李景蔓李

陽泰全光欽全思欽金尙必亦來見

十二日 宋鼎鎭來見 李榮李祉泰李欀李朵李櫰李宜黙以大口一尾

一壺酒來饋刻手 順興紹

修鄕校兩所 舊本册子還送 而物力顧助 不也甚可恠也 其日 宋儒千金慶集琴

受益全致和來見 金必玉來

十三日李榮李欀來見 午後金恒烈金昌紀李桓宋儒綽宋

永錫張泰立張泰集張泰翁張得載來宿 刻手仲三 午

後還家 其日 李門出齋舍餘穀 饋刻手十五人木手等卄餘人

十四日李允泰李景蔓琴泰玉李祉泰來見 午後裵齋任 聞自家

妻男之病報 日暮時還歸 都刻手體律去寺

十五日金兌彬金圭錫金宗延宋儒千來見

十六日李允泰李常泰李楫李欀朴師曾琴泰玉

李景蔓李景薈李貞泰李□逐日來見 伊

山齋任朴師尹來見 寫印本一丈 午後還去 而裵齋任遭意

外喪慽 昨日歸家故 別有司李欀李楫 寫刊本數丈

十七日 裵齋任朝後還來 宋橄亦來 槩以刊本未及書 寫

之故 日前 請宋橄 故是日來到 李榮李欀刻手仲三天

貴還來 都刻手 以所干 往順興中臺寺

十八日 李常泰李楫李榮李欀來見 李橡午後亦來

十九日 李常泰李欀琴泰玉李榮李祉泰李景蕢

李景蔓李楫來 都刻手上佐來 傳領師以病不

得還來 故作書于刻人去 宋橄還家

二十日 李楫李欀李宜黙李持黙來見 別有司以酒食

來饋刻手等 朴時龍以文集刊本書寫次來到 成憲寅

裵憲萬來宿 琴聲遠亦宿

二十二日 李桓李楫李榮李欀金百亨金始宏歷路

來宿 自迲川門中 辦酒饌來 饋刻手等

二十三日 南澗書堂 送旧本册及扶助錢一兩 伊山書院亦

裵送舊册及扶助錢一兩 迲川門中 又以酒饌來 饋刻手等

琴興遠裵憲變裵光澈來見仍宿 李欀李榮

李楫李桓李持黙李景蕢李祉泰來見

二十四日 李常泰李桓李楫李欀李榮來見 琴泰玉

朴時龍宋儒運李宜黙朴師曾李景蔓李景蕢

李震泰李持黙皆來

二十五日 李常泰李楫李欀李榮朴師曾琴泰玉李祉

泰李景蔓來 終日考準印本 都監來

二十六日 金恒烈金重南李運泰李常泰李榮宋

儒川李欀來見 山長來見

二十七日 金成烈金鎭國金重錫李榮李欀來見

二十八日 宋儒鴻金恒烈 是日 自院中大辦食物 罷
送刻手等 計給手功 所費雜用 幾至三百金 而一村
皆會 大事無撓斷手 其爲慶幸 不可勝言

■ 新刊文集二十件內 丙戌十一月初九日　　■ 辛卯七月日 印出四十一件內

禮安鄉校 一件　　　　　　　　本官 一件

陶山 一件　　　　　　　　　　豊基官家 一件

汾江 一件　　　　　　　　　　扶餘鄭參議宅 一件

順興紹修 一件　　　　　　　　山長宅 一件

豊基郁陽 一件　　　　　　　　友琴金慈仁宅 一件

安東三溪 一件　　　　　　　　三峯書院 一件

靑城 一件　　　　　　　　　　壯岩書院 一件

鏡光 一件　　　　　　　　　　南澗書堂 一件

奉化文岩 一件　　　　　　　　泗溪書堂 一件

本邑鄉校 一件　　　　　　　　義山書院 一件

伊山 一件　　　　　　　　　　龜江書院 一件

蘇湖李延日宅 一件　　　　　　山泉書堂 一件

友琴金持平宅 一件　　　　　　雲谷書堂 一件

反浦成都監宅 一件　　　　　　鶴沙宅 一件

斗月裵生員宅 一件　　　　　　栢岩宅 一件

本院 一件藏置　　　　　　　　宋齋任宅 一件

册櫃藏 一件　　　　　　　　　林皐門中 一件

李木川宅 一件　　　　　　　　新基金門門中 一件

高靈李生員翊祿宅 一件　　　　順興鄉校 一件

　　　　　　　　　　　　　　丹溪書院 一件

　　　　　　　　　　　　　　豊基鄉校 一件

寬谷書院 一件

禮安溪上宗家 一件

淸溪書堂 一件

東溪書堂 一件

安東虎溪書院 一件

屛山書院 一件

魯林書院 一件

道淵書院 一件

李知事宅 一件

訥隱宅 一件

隱峯李院長宅 一件

春陽權院長宅 一件

西厓宅 一件

謙菴宅 一件

鶴峯宅 一件

尙州淸臺 一件

奉化鄕校 一件

安東湖巖權進士宅 一件

寧海李院長宅 一件

法田姜修撰宅 一件

山陽蔡進士宅

惺惺齋宅 一件

■ 己巳三月日 印出七十五件內

。榮川官尹光垂城主

梧山 一件

雲谷 一件

鷗湖 一件

山泉 一件

忘窩宅 一件

文節公宗家 一件

天雲亭 一件

勿巖宅 一件

晩翠宅 一件

牛川宅 一件

丁典籍宅 一件

金典籍宅 一件

朴嘯皐宅 一件

新川李氏宗家 一件

。禮安

洛川 一件

惺惺齋宅 一件

龍潭宅 一件

瀨石亭 一件

三栢堂 一件

芝厓金教官宅 一件

溪上李郊理宅 一件

新基金氏宗家 一件

汾川宗家 一件

申陽李院長宅 一件

○ 安東

水谷柳氏宗家 一件

川前金氏宗家 一件

東坡李氏宗家 一件

西谷權氏門中 一件

海底金氏門中 一件

法興李氏門中 一件

瓢谷柳安邊宅 一件

三山柳參議宅 一件

龜尾金承旨宅 一件

豊山李敎官宅 一件送于本家門中

法田姜參奉宅 一件

鹿洞李懶隱宅 一件

魯林 一件

黃田金承旨宅 一件

○ 義城

沙村金川沙宅 一件

山雲李紫嚴宅 一件送于本家門中

校洞申注書宅 一件

○ 尙州

牛山鄭持平宅 一件

杜陵南院長宅 一件

紫里柳翊贊宅 一件

栗里洪木齋宅 一件

丹川李蒼石宅 一件

道南 一件

長川趙氏門中 一件

○ 善山

海坪崔認齋宅 一件

壽谷金持平宅 一件

○ 星州

鄭寒岡宅 一件

金東岡宅 一件

목판의 행간에서
조선의 지식문화를 읽다

◦ 慶州

玉山 一件

陽洞李參奉宅 一件

◦ 永川

松谷 一件

鳴山鄭參議宅 一件

◦ 漆谷

上枝李持平宅 一件

◦ 龍宮

武夷李氏門中 一件

◦ 呂泉

金谷朴敎官宅 一件送于本家門中

高坪鄭氏門中 一件

◦ 寧海

鄕校 一件

◦ 英陽

注谷趙承旨宅 一件送于本家門中

◦ 奉化

文溪 一件

◦ 順興

花川朴氏宗家 一件

可邱成氏宗家 一件

沙川徐氏門中 一件

大邱硏經 一件

仁洞東洛 一件

晉州德山 一件

院藏 一件

迈川宗家 一件

春陽永川李氏門中 一件

山長李高山宅 一件

別任裵生員宅 一件

新川金齋任宅 一件

迈川李齋任宅 一件

迈川全義李氏門中 一件

寧海翼洞永川李氏門中 一件

豊山五美洞金氏門中 一件

閒渚屛山宅 一件

■ 舊本分送壬申

一件 本官官家

一件 禮安官家

一件 本官鄕校

一件 伊山

一件 西里李生員宅紙價

一件 都監張進士宅

一件 新任金正字宅反琴

一件 三峯

一件 雲谷書堂

一件 迂川城底宅紙價

一件 溫溪李生員宅

一件 迂川李正字宅

一件 迂川禮安宅 春新册換

一件 龜川金門宗家

一件 陶山

一件 易東

一件 溪上宗家

一件 汾川宗家

一件 汾江

一件 淸溪

一件 東溪

四件 奉化校院兩書堂

一件 訥翁宅

一件 林丘宗家

五件 上京

一件 龜鶴亭

一件 安東靑城

一件 英陽英山

一件 義山

一件 屯村金氏宗家

一件 順興丹溪

一件 白雲洞

一件 順興鄕校

一件 迂川宗家

一件 水谷柳慈仁宅

一件 本邑鄕賢祠

一件 泗溪

一件 南澗

一件 山泉

一件 鶴沙宅宗家

一件 西厓宅宗家

一件 道淵

一件 慶州玉山

一件 尙州道南

一件 淸臺

一件 呂泉鼎山

一件 堤川李進士宅

一件 三溪

一件 巨村金進士宅

一件 寧海鄕校

一件 寧海宗中

一件 安東虎溪

一件 屛山

一件 大丘立石

一件 義城永溪

一件 山雲宗中

一件 寧海李倅

一件 新任葛山權院長宅

一件 姜懷仁宅

一件 鶴峯宅

一件 鄭監司宅

一件 方伯

一件 虎坪金懷仁宅

一件 山陽蔡進士宅

一件 佳野谷柳院長宅

一件 禮安倅

一件 禮安鄕校

一件 豊基鄕校

一件 郁陽書院

一件 三溪書院

卷末面紙墨書

舊本推來秩

順興鄕校 一件

白雲洞 一件

주 註

여는 글

1 2007년 7월에 안동 보광사에서 변상 3매 이외에 총 23매가 발견되었다.

2 柳鐸一, 『韓國文獻學硏究』, 서울: 亞細亞文化社, 15~17쪽.

3 李謙魯, 「韓國의 覆刻本」, 『國會圖書館報』 제 16권 8호, 1979, 95쪽.

4 기타 4종은 경남의 관룡사사적기觀龍寺事蹟記 11판, 표충사세영록책판表忠寺題詠錄冊板 34판, 경북의 배자예부운략목판排字禮部韻略木板 162판, 부산의 범어사 창건기 록이 판각된 3종 6판이다.

5 원래 경남 지역의 전체 목판 종수는 모두 81종인데, 합천 해인사에 수장되어 있는 3종은 전체 목판 종수에서 제외하였다. 제외한 3종의 목판은 다음과 같다. 합천 해인사에 수장되어 있는 합천 해인사 대장경판陜川海印寺大藏經板, 합천 해인사 고려목판陜川海印寺高麗木板, 합천 해인사 내전수함음소 권490 목판陜川海印寺內典隨函音疏卷四百九十木板.

6 11세기의 초조대장경初雕大藏經과 13세기의 재조대장경再雕大藏經을 말한다.

7 藤本幸夫, 「朝鮮本の刊行部數について」, 『韓日語文學論叢』, 2001, 767쪽.

8 이혜은, 「조선조 문헌의 발행부수와 보급에 관한 연구」, 淑明女大 碩士學位論文, 1996, 45쪽.

9 김문식, 『정조의 경학과 주자학』, 서울: 문헌과 해석사, 2000, 123쪽.

목판의 행간에서
조선의 지식문화를 읽다

10 서울대학교 규장각 편, 『國朝寶鑑監印廳儀軌』, 서울: 서울대학교 규장각, 1997.

11 여말선초에도 지방에서의 목판 인쇄가 계속적으로 이루어졌으나 지방 서책 간행에 대한 중앙의 통제가 엄격하여 지방관의 서책 간행 권한이 매우 약했던 것으로 판단된다. 1432년(세종 14)의 실록 기사 가운데 "각도의 감사들이 제 마음대로 서책을 간행하고, 혹은 다른 도에서 이미 간행한 글을 간행하기도 하고, 혹은 긴요하지 않은 글을 간행하면서 한갓 재력만 허비하게 되니 실로 불편한 일이다. 지금부터 반드시 계문啓聞하고 간행하라"는 왕명에서 그러한 사정을 확인할 수 있다(『세종실록지』, 세종 14년 8월 3일).

12 배현숙, 「조선조 서당의 서적 간행과 수장에 관한 연구」, 『서지학연구』 제35호, 2006, 5~40쪽.

13 『연산군일기』 4년 7월 기유己酉 조條

14 『숙종실록』 29년 5월 경술庚戌 조條

15 『숙종실록』 35년 3월 병인丙寅 조條

16 『숙종실록』 36년 3월 무인戊寅 조條

17 『숙종실록』 35년 9월 을유乙酉 조條

18 李瑄根, 『大韓國史』 권5, 서울: 新太陽社, 1973, 362쪽.

19 徐有榘, 『林園經濟志』 怡雲志 卷第7 圖書藏訪 下 鋟印 鏤版法. "鋟刊書籍棗黎木爲上 梓木次 之 栽成板子 用鹽水煮出晾乾則板不皸縮且易彫刻也板之 廣不可過一尺."

20 李晬光, 『芝峯類說』 卷三, 君道部 「制度」 "鑄字印書 創自本朝 非中國所有也. 自變後以 刻板爲難 多用活字 而考校不審 易致訛誤 可恨. 聞祖宗朝 凡書籍有誤者 監印官 輒杖 之 故絶無錯字 且中朝册板 以梨棗雜木爲之 而我國唯用梓木 故板子甚難 刊布不廣 乃 我國之拙處也."

21 박상진, 『나무에 새겨진 팔만대장경의 비밀』, 서울: 김영사, 2007, 65쪽.

22 沈光燮, 「印刷 文化財 材料의 材質分析: 조선중후기 목활자 및 목판과 고려와 조선의 책자를 중심으로」, 경북대학교 석사학위논문, 2005, 23쪽.

23 南權熙, 「1302年 阿彌陀佛腹藏 印刷資料에 대한 書誌學的 分析」, 『1302年 阿彌陀佛腹 藏物의 調査研究』, 온양: 온양민속박물관, 1991, 84쪽.

24 李智冠, 『伽倻山 海印寺誌』, 서울: 伽山文庫, 1992, 204쪽.

25 『侍講院册役所日記』, 庚辰 八月 十五日 辛亥. "爲相考事 今此世子宮 內入册子 史略 第六第七卷合一百六十六張 續史略一册七十八張 全韻玉篇一秩合一百五十八張 都合 四百二張 刊本自作板 每一釜十張式 鹽水熟正時 所入燒本二十丹 鹽一斗."

26 김왕직, 『알기쉬운 한국건축용어사전』, 서울: 동녘, 2007, 328~336쪽.

1장

1 「師門文集刊役記事」는 백불암 최흥원의 문집 간행에 대한 기록이며, 「星湖李先生全集營刊道會時爬任錄」 등도 비슷한 유형의 기록류다.

2 이현우李賢佑(1470~1560) 본관 영천永川. 자는 국경國卿. 호는 광헌廣軒. 농암聾巖 이현보李賢輔의 동생.

3 宋時烈, 「心經釋疑序」: 惟玆釋疑之書 本出先正臣李滉之門 其記之者實門下人李德弘, 李咸亨 而滉又合二家所記 財酌證正 可謂端的無疑矣 然而屢經傳錄 不無重複訛舛 聖上病其然 使諸筵臣校正以進 而如臣病伏草莽者 亦使得與於是役 聖上察邇詢蕘之盛心 亦可見矣 時則副提學臣李翊相, 臣金萬重, 大司憲臣朴世采等先後致力 而又使道臣李秀彦取眞本於德弘之外孫金萬烋 參伍比校 而於李滉元本則不敢動一字 蓋尊畏前輩之義 不得不如是也 萬烋年老積學 手錄家藏 其爲來歷可謂眞的矣 校旣畢 命書局印行 要與四方共之(『宋子大全』 권138).

4 宋時烈, 「答金參奉」 萬烋○甲子1684四月二十二日, 『宋子大全』 권118.

5 그중 고려대학교 중앙도서관(D1-A2066, D1-A2066A)에 소장되어 있는 후쇄본에는 부록인 권8의 말미에 김만휴의 청탁으로 이당규가 찬한 묘갈명墓碣銘과 송시열이 찬한 행장이 추각되어 있는데 이는 중간 때 수록되지 못하고 후에 추각된 것으로 추정되고 있다.

6 이때에 찍은 것이 초간본으로 현재 전본이 많지 않으나 충남대학교, 경북대학교 도서관에 소장되어 있다.

7 鄭彦忠, 「艮齋先生文集重刊序」: 李君常泰氏袖其先祖艮齋先生遺集若干卷 詣彦忠曰 先祖棄世凡百五十有餘年 遺編殘缺殆盡 而其僅存者 先祖外曾孫金公萬烋所裒錄 族兄慶泰, 家兄騎省郎長泰所纂次印布者 而李訥隱, 權淸臺二公 實爲之序若跋 但印字不精 校讐未盡(『艮齋先生文集』).

8 이때 현판이라도 찾으려고 향내의 유림들이 냇물을 따라 예천군 보문까지 백여 리를 냇가는 물론 강바닥까지 파헤쳤다. 그러나 찾지 못하고 실의에 빠져 신천변新川邊(현 영주시 이산면) 신천리에서 쉬고 있을 때 건너편 바위 밑에서 석양을 받아 서기瑞氣가 어리므로 이상히 여기고 건너가서 물속을 살피니 관성재 현판이 있어 찾을 수 있었다고 전하고 있다(영천 이씨 대종여로大宗旅路, http://cafe.daum.net/yclee).

2장

1 김두종, 『한국고인쇄기술사』, 탐구당, 1974, 204쪽.

2 김종석, 「한국 목판의 특징과 한중일 비교」『동아시아의 목판 인쇄』, 한국국학진흥원,

목판의 행간에서
조선의 지식문화를 읽다

2008, 646~650쪽.

3   데라코야寺子屋는 서민의 아이들에게 읽고 쓰고 계산하는 것과 실무상의 지식, 기술 등을 교육한 민간 교육시설이다. '手習所' '手習塾'이라고도 한다. '데라코야'라는 명칭은 주로 교토·오사카 등에서 사용되었고 에도에서는 '手習指南所' '手跡指南' 등으로 불렀다.

4   이하 이 장의 일본의 교육 기관과 출판문화에 대해서는 龜井孝 外의 「江戶時代の出版と敎育」, 『日本語の歷史ー近代語の流れ』 5, 平凡社, 2007; 笠井助治, 『近世藩校に於ける出版書の硏究』, 吉川弘文館, 1962; 佳吉朋彦, 「일본 목판인쇄의 역사」, 『동아시아의 목판인쇄』, 국학진흥원, 2008; 今田洋三의 『江戶の本屋さんー近世文化史の側面』(平凡社, 2009再版) 등을 참조하여 정리한 것이다.

5   이하 쇼헤이코에 대한 개괄은 辻本雅史의 「일본 근세(에도시대)의 학술제도와 창평횡」 [2012년 규장각한국학연구원 HK사업단 국제 심포지엄 '동아시아 사회의 갈등과 조정' (2012년 8월 23~4일)] 발표문을 참조했다.

6   에도시대 천황과 도쿠가와 이에야스의 금속활자 및 목활자 출판 사업에 대해서는 『江戶時代の印刷文化ー家康は活字人間だった!』(印刷博物館 編, 2000) 참조.

7   이하 번교에 대한 내용은 笠井助治의 『近世藩校の綜合的硏究』(吉川弘文館, 1960, 1~7쪽), 辻本雅史의 『『學び』の復權』(岩波書店, 2012, 50~51쪽)을 참조하여 정리한 것이다.

8   笠井助治, 『近世藩校に於ける出版書の硏究』, 75~80쪽.

9   辻本雅史, 『『學び』の復權』, 52쪽.

10   "咸宜園ー史跡咸宜園跡" 홈페이지 참조(http://www.city.hita.oita.jp/kangien/index.html)

11   笠井助治, 앞의 책.

12   今田洋三, 앞의 책, 111~115쪽.

13   龜井孝 外, 앞의 책, 350~352쪽.

14   辻本雅史, 『思想と敎育のメデイア史ー近世日本の知の伝達』, ぺりかん社, 2011, 82~103쪽.

15   "(前略)···及乎累朝, 文明益融, 物夫子者出, 乃以命世之器, 馳宏覽之才, 著作撰述, 兼綜具有, 卽自經術文章, 群儒所誨, 以至雜家小數, 凡所傳若干卷, 恢然如天地之苞萬物也. 且卓識所開, 學問之業, 宇宙爲之一新. 於是海內仰止, 風靡影慕, 苟挾書篋者, 一望其旌題, 相與欽衿, 莫不祇敬之日, 是眞先君子之書也. 因此貴尙之餘, 乃又有姦巧以射利者, 拾其唾餘, 綴以爲全物, 甚乃至有造無根之言, 假托夫子名者, 欺者作之, 昧者行之, 涇渭混合, 淸濁難辨, 喬嘗與護社之盟久矣. 且臨夫子易簀時, 親受著述傳貽之屬,

乃與二三子, 患其瞀亂如此, 相與以其平日所與聞, 重討論之, 定錄其書目, 以防姦僞. 有已刊者, 有刊後自廢者, 有秘而不傳者, 有略搆起端而未定者, 有一時戲作者, 各分辨記之如左(服部南郭,『物夫子著述書目記』,『南郭集』四編, 권6)."

16 "『辨道』一卷,『辨名』一卷,『論語徵』十卷,『大學解』一卷,『中庸解』一卷, 文集三十一卷,『度量考』二卷,『絕句解』三卷,『答問書』三卷,『孫子國字解』十三卷: 右十部旣刊行者 /『絕句解拾遺』一卷: 右夫子撰絕句解時, 於稿中刪去者, 夫子沒後, 門人惜其遺落, 而拾收刊行焉 /『譯文筌蹄』六卷: 右夫子初年, 授門人而令筆受者, 雖旣刊行焉, 晚歲頗有毀廢之志, 故棄而不用, 後編未刊者, 亦擧以火之, 不藏于家. 今世姦猾之徒, 私刊後編, 或更題目行之者, 往往有之, 皆所不用者 /『蘐園隨筆』五卷: 右夫子中歲之作, 至于晚歲, 亦毀廢不用 /『文罳』一卷: 右初年所作, 前已焚毀 /『吳子國字解』五卷,『讀荀子』四卷,『讀韓非子』三卷,『讀呂氏』四卷,『古文矩』一卷,『明二直隷十三省考定圖』一帖: 右六部, 中歲作, 未成者, 或起端而不竟者, 必當竢刪定, 然後視人者也 /『唐後詩十集』七卷: 右半已刊行, 餘乃本未成 /『四家雋』六卷: 右評未全備 /『明律國字解』三十七卷: 右晚年作, 唯爲律語多難讀, 而作解以藏于家而已. 旣而夫子曰, 法律之政, 非先王以德禮之本, 今天下依封建之制, 則同乎三代之所以直道而行者也. 若依此爲律易解, 人輒用之, 則害於其政, 當秘而不視爾. 乃與盟者八人, 特得睹耳. 餘雖同社, 不許輒視 /『樂制篇』一卷,『樂律考』一卷,『鈐錄』二十卷附三卷: 右三部亦頗秘, 不許刊行者 /『琉球聘使記』一卷,『幽蘭譜抄』一卷,『琴學大意抄』一卷,『文變』一卷,『韻槩』一卷,『滿文考』一卷,『葬禮略』一卷,『詩題苑』三卷,『南留別志』五卷,『廣象碁譜』一卷: 右十部, 一時戲作, 亦小而辨物爾, 不必當弘行者 / 以上凡三十六部百九十一卷. 不見以上目中者, 皆非眞也. 惟後進君子, 有取裁焉. 世固多姦僞, 或有盜藏而私寫者, 至深秘焉, 益爲韞匵而藏諸, 以待高價. 然魚魯失眞, 一同棄物, 有學識者, 自知其不可用(服部南郭,『物夫子著述書目記』,『南郭集』四編, 권6)."

17 조선의 목판 인쇄에 대해서는 한국국학진흥원 편『동아시아의 목판인쇄』(2008) 참조.

3장

1 『홍재전서』제184권, 군서표기羣書標記 6, 명찬命撰 2, 누판고鏤板考 7권 사본 ○ [병진년(1796, 정조 20) 편찬](한국고전번역원,『홍재전서』번역본 참조).

2 조선에서는 '책판목록' 및 '서책목록'이 활발히 정리·집성·간행되었다.『韓國의 册版目錄』(鄭亨愚·尹炳泰編, 延世大學校 國學研究院, 國學研究叢書 4, 1995)에 수록된 책판목록만도 34종이나 된다.

3 林文烈,『京外鏤板』과『鏤板考』와의 關係」,『청주대학교논문집』제18집, 1985.

리상용, 『누판고』의 목록기술방식에 대한 연구」, 『서지학연구』 53, 2012.

리상용, 『鏤板考』 수록 도서의 질적 수준에 관한 연구」, 『서지학연구』 31, 2005.

윤상기, 『鏤板考』에 수록된 경남지역 서원 藏板: 서원 未刊板가 불확실판을 대상으로」, 『서지학보』 제36호, 2011.12.

윤상기, 『鏤板考』에 수록된 경남지역 서원 藏板: 서원 刊板을 대상으로」, 『서지학연구』 50, 2011.

4 尹炳泰編, 『韓國書誌年表』, 韓國圖書館協會, 1972, 61쪽.

5 尹炳泰, 「忠淸地方의 印刷文化」, 『百濟硏究』 15, 충남대학교백제연구소, 1984, 155쪽.

6 尹炳泰編, 『韓國書誌年表』, 韓國圖書館協會, 1972, 98쪽.

7 손계영, 「地方官과 先祖 文集 刊行」, 『영남학』 15, 257~260쪽

8 『누판고』의 목록에 대해서는 리상용의 연구를 참조하기 바란다(리상용, 『누판고』의 목록기술방식에 대한 연구」, 『書誌學硏究』 53, 2012, 205~218쪽).

9 윤상기는 누판고 수록된 종수를 610종이라 하였다(『鏤板考』에 수록된 경남지역 서원 藏板: 서원 未刊板과 불확실판을 대상으로」, 『書誌學報』 38, 2011, 8쪽).

10 刓, 缺, 刓缺을 어떠한 차이로 구분한 것인지는 정확히 알 수 없다. 다만 한자의 훈訓에 따라 刓은 책판의 글자가 닳은 것, 缺은 글자가 이지러지거나 떨어져나간 것, 刓缺은 책판의 글자가 닳고 떨어져 나간 것을 가리키는 것이 아닐까 한다.

11 제주는 행정구역상 전라도였으나 본고에서는 별도로 독립시켜 파악하였다.

12 손계영의 앞의 논문, 234쪽에서 재인용.

13 규장각한국학연구원청구기호 古 0440-1-v.1-3에서 제공하는 이미지 원문을 활용했다.

14 이 글을 쓰기 전 검토과정에서 『韓國의 冊版目錄』에 수록된 풍산 홍명희 교정본의 경부經部 역류易類로 분류되어 있어야 할 『주역본의구결부설』과 『역학도설』이 시류詩類로 분류되어 있고, 경부 서류書類의 『범학전편』 판원이 수록되어 있지 않는 등 오류를 발견했다. 활용하는 데 유의할 필요가 있다.

15 『누판고』의 목록 기술 방식에 대해서는 리상용의 논문(『누판고』의 목록기술방식에 대한연구」, 『서지학연구』 제53집, 2012)을 참고했다.

16 정승철, 『闡義昭鑑諺解』의 異本 比較」, 『규장각』 Vol.13 No.-[1990], 서울대학교 규장각한국학연구원, 39~58쪽. 옥영정, 『闡義昭鑑』의 간행과 서지적 특성」, 『정신문화연구』 Vol.33 No.4[2010], 한국학중앙연구원, 69~93쪽. 이지영, 『闡義昭鑑』의 異本에 대한 고찰」, 『정신문화연구』 Vol.33 No.4[2010], 한국학중앙연구원, 2010, 95~121쪽. 김백철, 「영조의 義理明辯書 『闡義昭鑑』 편찬과 정국변화」 『정신문화연구』 Vol.33 No.4[2010], 한국학중앙연구원, 7~40쪽. 임기영, 「천의소감闡義昭鑑』에 대한 서지적

書誌的연구」,『嶺南學』Vol.- No.19[2011], 경북대학교 영남문화연구원, 2011, 409~469쪽.

17 김백철, 「영조대 國王義理明辯書의 편찬과 의미」, 규장각 왕실자료주제별해설.

18 나희라, 「明義錄諺解」解題, 규장각한국문화연구원.

19 윤인숙, 「16세기『小學諺解』의 사회 정치적 의미와 대중화」,『한국어문학연구』58, 2012, 198~200쪽.

20 정호훈, 「조선 후기『소학』간행의 추이와 그 성격」,『韓國史學報』, 2008, 130~135쪽.

21 고영진, 「16세기 후반 喪祭禮書의 發展과 그 意義」,『규장각』14, 1991, 30~31쪽.

22 장을 달리하여 '서원간인본'의 검토에서 설명하겠다.

23 『통감절요』는 편년서로, 통상 편년서는 정통론적 입장의 역사로 이해된다. 그리고 동양의 역사관에서 역사는 현재를 비추어보는 거울로 인식되었기 때문에 조선 후기 많이 인용된 사서다.

24 허태용, 「17세 후반 正統論의 강화와『資治通鑑節要』의 보급」『韓國史學史學報』제3, 2001.

25 양보경, 「16-17世紀 邑誌의 編纂背景과 그 性格」,『地理學』27, 1983.

26 노영구, 「조선시대 병서兵書의 분류와 간행추이」,『역사와 현실』30, 1993.

27 鄭光·韓相權, 「司譯院과 司譯院 譯學書의 變遷研究」,『德成女大論文集』14, 1985; 韓美鏡, 「노걸대老乞大」 언해본에 대한 서지적 연구」,『書誌學研究』52, 2012.

28 신승훈, 「유교사회의 출판문화: 특히 조선시대의 문집 편찬과 간행을 중심으로」,『大東文化研究』제39집, 성균관대학교 대동문화연구원, 2001, 375~376쪽.

29 신승훈, 위의 글, 380쪽.

30 손계영, 「지방관과 선조 문집 간행」,『嶺南學』, 15, 2009.

4장

1 "萬曆十一年癸未 七月 未及復命 特除羅州牧使 (…) 萬曆十三年乙酉 八月 還任 [○補刊退溪先生聖學十圖 ○又刊溪山雜詠 繡梓畢] (…) 萬曆十四年丙戌 (…) 補秋 刊朱子書節要退溪先生自省錄 [先生以爲此等文字 私藏巾衍 後學不得早見 實斯文欠事 乃與儀禮圖鄕校禮輯等書 而并梓于本州](『鶴峯先生文集附錄』卷1, 「年譜」)."

2 '羅州', 「書册市准」,『攷事撮要』1585년『한국의 책판목록상』, 보경문화사, 1995, 103쪽.

3 "崇禎丙子後伍拾柒年癸酉正月鷄林府重刊"(『益齋亂藁』책판 간기).

4 許顗, 「益齋先生文集重刊識」,『국역익재집』, 고전국역총서 198, 민족문화추진회, 1980.

5 『慶尙道册板』1730년경, 『册板置簿册』1740년경, 『三南所藏册板』1743년경 등

6 서원에서의 문집 간행에 대해서는 설석규「조선시대 유교목판 제작 배경과 그 의미」, 『국학연구』 6, 2005; 임노직「서원 판각 책판의 현황과 내용」, 『한국국학진흥원 소장 목판목록집 II』, 2006; 김명자「조선 후기 안동의 문집간행 현황과 그 의미」, 『조선사연구』 16, 2007; 최연주·김형수「각수의 세계와 동향」, 『동아시아의 목판 인쇄』, 2008의 논문에서 자세히 다루었다.

7 18세기 후반 이후 서당 성격의 변화와 서당의 서적 간행에 대해서는 정순우「18세기 서당 연구」, 한국정신문화연구원 박사학위논문, 1986; 배현숙「조선조 서당의 서적 간행과 수장에 관한 연구」, 『서지학연구』 35, 2006의 논문에서 자세히 다루었다.

8 안동 김씨 소산 종회에서 기탁한 『谷雲集』『三塘集』『仙源遺稿』『蒼筤遺稿』『淸陰集』은 안동 봉정사에서, 성산 이씨 한주 종택에서 기탁한 『理學綜要』는 고령 문수산에서 간행되었던 책판이다.

9 『국역조선시대 서원일기』, 한국국학진흥원, 2007, 549~586쪽.

10 "遂以諸處所校本 就正于愚山 因與本家諸人 亟圖剞劂之役 招匠於陝川之海印寺 取材於星州之修道山 設所於高靈之鳳泉書堂 而物力則皆自同門穀出焉 盖伐板在癸酉九月 刊字在甲戌八月 印札在乙亥正月 是役也 首尾凡三歲 而費入凡八百緡(「師門文集刊役記事」)."

11 『백불암선생문집』 간행을 기록한 「師門文集刊役記事」의 '刻手把定'의 내용이다.

12 "附錄印出紙 二束十五丈 三戔九分 [自海印刊出], 附錄印貰 五戔二分, 附錄運板價 一兩五戔(「刊役所下記」)"

13 『東域圖』, 규장각 소장본, 古4709-27.

14 『廣輿圖』 안동부, 규장각 소장본, 古4790-58

15 "本菴以天龍屬菴殘弊年久 將至空虛之境 故本寺斥賣於書院 仍爲書院屬菴 自本院募入僧徒 爲置紙桶楮釜俾爲厇僧安集之地 則完護凡節一依本院酌定條例 以爲永久擧行事(「龍山書院完議」)."

16 "門內長德 皆以今年始役爲言 以其知我先君遺意故也 小子敢不奉而周旋乎 但歲値歉荒 事巨力綿 將欲設所 則凡百酬用之節 不啻倍蓰於平年 故議定別般規劃之道 專委於刻手處 約以刻板以來 則出給其貢價與所入 而板材若或品劣 刻字樣如利不精 雖已刻之板斷當退送之意 □爲約束 …二十六日 始刊於吉峽之黙溪 卽刻手家所在村名也(「大溪集刊役時日記」)."

17 "刻手之前後來會者十六名 而院儒之滯留亦多(「先生文集改刊日記」)."

18 "許多支供 凡百罄竭 而潦雨所阻 變通極艱 可悶(「先生文集改刊日記」)."

19 "都刻手元定工價 五百四兩 一板一兩八戔式, 刊本書寫價 二十九兩, 運板貰 三百三十板 十兩九戔 一板三分式, 食木爨木 一百五十駄 十五兩 一同五分式, 裝頭木 百介二兩 一

介二分式, 假家木 二十介四戔, 裝頭釘 一百十四丹四兩六戔六分, 食鼎 二坐九兩七戔
(「刊役所下記」)."

20 "假家木 二十介四戔, 貿米 一兩 [假家成造時役丁三時下](「刊役所下記」, 『師門文集刊役記事』)"

21 『地乘』 경주부, 규장각 소장본, 奎15423.

22 '各樣諸費條目記'라는 제목 아래에 板工價·板價·册紙價·印出工價·刊所酒食下記·刻手休日記 등의 항목별로 정리되어 있다.

23 水銀價[刻房用] 1兩3戔7分1890.05.14, 硫黃價 3戔5分1890.05.14, 鐵環價 6戔1890.06.07.

24 『성재선생문집』 17책 각각의 장수를 살펴보면 제1책 42장, 제2장 66장, 제3책 97장, 제4책 79장, 제5책 74장, 제6책 58장, 제7책 79장, 제8책 93장, 제9책 68장, 제10책 79장, 제11책 79장, 제12책 70장, 제13책 75장, 제14책 72장, 제15책 87장, 제16책 71장, 제17책 78장으로 전체 1267장으로 확인된다.

25 당시에 구입한 종이의 크기를 정확하게 알 수 없지만, 종이의 크기가 책판의 크기에 맞춰 제작되었다면 1장에 1판 1면씩 인쇄되었을 것이고, 책판 크기의 2배로 제작되었다면 1장에 2판 2면씩 인쇄되었던 것으로 보인다.

26 각수의 인건비는 총 2302냥 3전 3푼으로 개판비 및 판 교정비를 포함한 것이다.

27 1890년에 윤달이 있어 총 15개월이 된다.

28 이와 같은 사실은 『성재선생문집』 간행에서의 특수한 사례일 수도 있으나 다른 사례에도 통용될 수 있을 것으로 보인다. 각종 간역일기 등을 살펴보면, 각수의 대부분이 어느 지역에서 차출되었는지, 집에는 언제 다녀왔는지 등을 기록하고 있어 간역소에 머물며 작업하였고 정기적으로 휴가를 받았음을 기록하고 있는 반면, 인출공에 대해서는 언제 얼마나 인출하였는지에 대해서는 기록하지만 어느 지역 출신이며 휴가를 받았는지 등에 대한 별도의 기록이 없는 것으로 보아 해당 지역 인물일 가능성이 높다.

5장

1 "고려대장경판 및 제경판", 유네스코한국위원회 홈페이지(http://www.unesco.or.kr/heritage/mow/kormow_printing.asp).

2 베르나르 크루아질, 『기억창고 정리법』, 이세진 옮김, 사이언스북스, 2007, 8쪽.

3 이정모, 박희경, 「기억 이론 개관: 기억의 인지심리학적 연구의 흐름」 출처: {http://cog-psy.skku.ac.kr/newdata/}.

4 윤영화, 『뇌과학에서 본 기억의 학습』, 학지사, 2008, 113쪽.

5   윤영화, 앞의 책, 116~117쪽.

6   다우베 드라이스마, 『기억의 메타포』, 정준형 옮김, 에코리브르, 2006, 19쪽.

7   『선조실록』 권7, 선조 6년 9월 24일.

8   이런 목판의 속성에 대해 류탁일은 동양성同樣性과 고정성固定性이라고 했다. 류탁일, 『韓國文獻學硏究』, 아세아문화사, 1989, 18~19쪽.

9   신승운, 「韓國 儒敎 冊板의 記錄 文化的 價値: 冊版이 품고 있는 그 無盡藏의 의미를 찾아서」, 『2013년 동아시아 목판 국제학술대회 자료집』, 한국국학진흥원, 2013, 15쪽 참조.

10   『세종실록』 권70, 세종 17년 10월 25일 참조.

11   『세종실록』 권51, 세종 13년 2월 28일.

12   千惠鳳, 『韓國 書誌學』, 민음사, 1997, 279쪽.

13   신승운, 앞의 글, 19쪽 참조.

14   『세종실록』 권52, 세종 13년 5월 11일.

15   대제학 이행李荇이 아뢰기를, "대내大內에서 내준 군신도상에 송 선제宋宣帝라는 칭호가 있는데, 두루 사서를 고찰해 보아도 없었습니다. 때문에 사장私藏한 도상책圖像冊을 구득하여 고찰해보니, 이는 선제宣帝가 아니라 곧 문文의 오자誤字이고 차례가 또한 틀림없기에 감히 송 문제宋文帝로 찬찬贊을 지었고, 아울러 사장한 책도 입계入啓합니다" 하니, 전교하기를, "삼대三代 이전의 군신들이 모두 볼 만한데, 내장內藏한 책에는 모두 빠졌다. 또 더러 내장한 책에는 있는데 사장한 책에는 빠진 것은 대제학으로 하여금 분간하여 서와 찬을 짓도록 하라. 또 사장한 책에 실려 있는 소서小序는 또한 우연한 것이 아니다. 그러니 모두를 참작하여 첨입添入하도록 하라. 또 이는 모두 중국 책인데 만일 석각본을 만들려면 일이 쉽지 않을 것이니, 화공으로 하여금 도상을 잘 그리도록 하여 목판에 새기라. 이 서와 찬을 한쪽에 『삼강행실三綱行實』처럼 새겨야 한다"고 하였다. 『중종실록』 권56, 중종 20년 윤12월 27일 참조.

16   『정조실록』 권46, 정조 21년 1월 1일.

17   한국국학진흥원 유교문화박물관 편, 『나무에 새긴 지식정보: 목판』, 한국국학진흥원 유교문화박물관, 2008, 112~158쪽 참조.

18   송정숙, 「조선시대 사본 연구: 특성, 종류, 필사자를 중심으로」, 『書誌學硏究(書誌學會)』 제26집, 2003, 355쪽.

19   한국국학진흥원 유교문화박물관 편, 앞의 책, 2008, 62~76쪽.

20   송정숙, 앞의 글, 363쪽.

21   鄭亨愚, 「五經·四書大全의 輸入 및 그 刊板 廣布」, 『朝鮮朝 書籍文化 硏究』, 九美貿易株式會社出版部, 1995, 65~73쪽 참조.

22 『세종실록』 권37, 세종 9년 9월 3일.

23 『영조실록』 권115 영조 46년 10월 20일.

24 『선조실록』 권117, 선조 32년 9월 25일.

25 『선조실록』 권8, 선조 7년 12월 1일.

26 『선조실록』 권7, 선조 6년 9월 24일.

27 『세종실록』 권64, 세종 16년 4월 27일.

28 『인조실록』 권20, 인조 7년 4월 1일.

29 『세종실록』 권52, 세종 13년 5월 13일.

30 『성종실록』 권97, 성종 9년 10월 29일.

31 『태종실록』 권33, 태종 17년 5월 24일.

32 "대저 이단異端이라면 양주·묵적·육구연·왕양명을 이릅니다. 그 학식과 마음을 닦는 법이 유자儒者와 같지 않고 그 해독이 무군무부無君無父하는 데 이르니, 진실로 배척 하기에 겨를이 없어야 하겠으나…" 『숙종실록보궐정오』 권44, 숙종 32년 8월 5일 참조.

33 양주는 혼자만 쾌락하면 모든 게 좋다는 위아설爲我說, 즉 이기적인 쾌락설을 주장하고, 자연주의를 옹호했다. 사물에 형체가 얽매이지 말 것과 터럭 하나를 뽑아 천하가 이롭더라도 그렇게 하지 말라고 주문했다.

34 "묵적을 높여 '묵자'라고 한다. 묵적은 전국시대 초기의 사상가로 출생연대나 출생지를 정확히 알 수 없으나 기원전 5세기 중반에 태어난 것으로 추측된다. 『묵자』라는 책은 기 원전 390년경에 나왔다. 묵자는 '겸애兼愛'와 '비공非攻'을 주장해 당시 양주와 더불어 일세를 풍미했다." 이동희, 「유가에 싫증 느껴 '겸애' 주장한 학자: 묵자墨子 이야기1」, 『매일신문』, 2013년 2월 9일 참조.

35 "성왕이 나오지 아니하여 제후가 방자하며, 초야의 선비들이 멋대로 의논하여 양주, 묵 적의 말이 천하에 가득하다. 천하의 말이 양주에게 돌아가지 않으면 묵적에게 돌아간 다. 양주는 자신만을 위하니 군주가 없는 것이고, 묵적은 똑같이 사랑하니 어버이가 없 는 것이다. 어버이가 없고 군주가 없으면 이는 금수다聖王不作 諸侯放恣, 處士橫議 楊 朱墨翟之言 盈天下 天下之言 不歸楊則 歸墨 楊氏爲我 是無君也 墨氏兼愛 是無父也 無 父無君 是禽獸也." 『孟子』, 滕文公章句下.

36 "정제두를 대사헌大司憲으로 승진 임명하였다. 정제두는 단중端重하고 온아溫雅한 데 다가 재주와 식견이 있었다. 젊어서부터 학행學行으로 천거되어 여러 번 헌직憲職에 제 배除拜되었고, 숙종 말년에는 상신相臣 윤지완尹趾完과 최석항崔錫恒이 번갈아 힘써 천거하여 방백防伯에 발탁 임명되었지만, 끝내 나가지 아니하였다. 그러나 그 학술學術 이 왕양명王陽明을 종주宗主로 삼았으므로 세상에서 이단異端이라 하여 허물로 여겼 다." 『경종실록』 권6, 경종 2년 3월 12일 참조.

목판의 행간에서
조선의 지식문화를 읽다.

37 김시내, 「조선시대 양명학 관련 문헌의 유입과 확산에 대한 연구」, 석사학위논문, 부산대학교 대학원, 2012, 75~76쪽.

38 한국국학진흥원 유교문화박물관 편, 『나무에 새긴 지식정보: 목판』, 한국국학진흥원 유교문화박물관, 2008, 22쪽.

39 『연산군일기』 권30, 연산군 4년 7월 13일. 사초에 기록된 노산대군의 일에 대한 김일손의 공초 내용은 다음과 같다. "사초史草에 이른바 '노산魯山의 시체를 숲속에 던져버리고 한 달이 지나도 염습斂襲하는 자가 없어 까마귀와 솔개가 날아와서 쪼았는데, 한 동자가 밤에 와서 시체를 짊어지고 달아났으니, 물에 던졌는지 불에 던졌는지 알 수가 없다고 한 것은 최맹한崔孟漢에게 들었습니다. 신이 이 사실을 기록하고 이어서 쓰기를 '김종직金宗直이 과거하기 전에, 꿈속에서 느낀 것이 있어, 조의제문弔義帝文을 지어 충분忠憤을 부쳤다' 하고, 드디어 종직의 조의제문을 썼습니다."

40 『연산군일기』 권30, 연산군 4년 7월 17일.

41 "예조禮曹가, 조관朝官이 저장하고 있는 종직의 문집을 모조리 압수하여 아뢰니, 전교하기를, '궐정闕庭에서 불사르되 뭇 죄수를 모아다가 보여, 그 저술한 바도 차마 남겨둘 수 없는 의도를 알게 하라' 하였다." 『연산군일기』 권30, 연산군 4년 7월 22일 참조.

42 『연산군일기』 권31, 연산군 4년 10월 7일.

43 갈암의 출사는 51세라는 비교적 늦은 시기에 이루어졌다. 권대운權大運과 허목許穆 등 근기近畿 남인들이 명유名儒로 대접해 추천한 것이 결정적인 계기가 됐다. 그러나 이면에는 근기 남인의 지도자였던 용주龍洲 조경趙絅과의 인연이 작용했다. 갈암의 부친 석계石溪 이시명李時明은 본래 파주에 살고 있던 용주 조경과 친분이 두터웠다. 갈암이 42세 때(1668) 부친의 명으로 서울로 과거를 보러가다가 돌아오는 길에 조용주를 만나보았고 그의 간정簡靖함과 온아함에 공경하는 마음이 생겨 인연의 끈을 맺었다고 한다. 63세부터 67세까지는 생애의 대전환기였다. 이때는 기사환국己巳換局으로 남인이 집권하면서 그가 남인을 대표하는 산림山林으로 부름을 받아 경세의 포부를 펼쳤던 시기에 해당한다. 당시 미수 허목과 백호 윤휴의 사거死去 후에 갈암은 남인을 대표하는 산림으로 추앙되어 존경을 받았다. 숙종 15년인 63세 때 봉렬대부정사품 성균관 사업司業에 제수된 이후 사헌부 장령, 이조참의, 성균관 좨주, 예조참판, 사헌부 대사헌으로 쾌속 승진 뒤 64세에 이조판서에 이르렀다. 그러나 서인의 견제는 물론 집권 남인들로부터도 경연에 전념해달라는 요구로 실권에서 배제되는 정치적 견제를 받았다. 따라서 갈암이 꿈꾸었던 도학적 경세제민의 포부는 이룰 수 없었다. 그리고 68세 때 갑술환국이 일어나자 사헌부의 계청啓請으로 유배와 이배移配를 반복하게 된다. 이렇게 된 직접적인 원인은 1689년(숙종 15)에 재이災異로 인한 구언求言에 응한 상소 내용 중 폐비 인현왕후를 별궁에 거처케 하여 보호해야 한다는 상소문 몇 구절(自絶于

天) 때문이었다. 본의와는 상반되게 인현왕후를 모해하고자 한 것으로 몰려 마침내 '명
의죄인'으로 낙인찍히게 된다. 평생은 물론 사후에까지 명의를 지킨 인물로 존경을 받
은 도학자가 도리어 명의의 죄인으로 낙인찍히게 된 것은 역사의 아이러니다. 뿐만 아니
라 그의 저술 역시 금서禁書를 넘어 흉서凶書로 간주돼 간행하거나 보는 이 모두를 동
일한 죄인으로 취급한 것이 사후 200년 동안 계속됐다. 서수용, 「종가기행 ⑨ 葛庵 李
玄逸: 17세기 남인 대표하는 山林의 명수… 당쟁 휘말려 고초」, 『주간한국』, 2006년 6월
21일 참조.

44　『순조실록』 권13, 순조 10년 12월 25일.

45　이동환, 하나의 갈암론葛庵論 : 『갈암집』 해제解題, 嶠文會 역편, 『17세기 한 嶺南 道學
者의 生涯 : 葛庵 李玄逸의 年譜 外』, 성남: 嶠文會, 2001, 9쪽.

46　"내각총리대신 이완용李完用이 보고하였다. '지난해 11월 18일의 지시를 받들고 죄인
대장에 올라있는 사람들의 죄명을 벗겨주는 데 대한 문제를 여러 번 비준 받았습니다.
그 가운데서 관작이 있는 사람들에 대하여 응당 벼슬을 회복시켜 주는 은전을 베풀어
야 하겠는데 문제가 오래되다보니 한꺼번에 모조리 조사해낼 수 없습니다. 우선 죽은
좌의정 한효순 외 77명의 관작을 회복시키는 데 대해서만 토의하고 문건으로【좌의정
서흥부원군西興府院君 한효순, 영의정 정인홍鄭仁弘, 좌의정 목내선睦來善, 이조판서
문경공 이현일 (…)】보고합니다.' 승인하였다." 『순종실록』 권2, 순종 1년 4월 30일 참조.

47　이동환, 앞의 글, 9~10쪽

48　『성종실록』 권138, 성종 13년 2월 13일.

6장

1　김종석, 「한국국학진흥원소장 유교목판의 특징과 기록유산적 가치」, 『기록유산, 유교
목판의 세계사적 가치』, 2010 유교목판 국제학술대회, 2010. 박순, 「한국국학진흥원 목
판의 역사적 가치부여를 위한 선행 작업」, 『조선시대 책판의 특징과 가치』, 2010.

2　책판관리 기록에 관한 여러 사례 중 중기, 사찰과 사고, 서원의 책판보관에 관한 내용
은 필자의 기존 발표문 「조선시대 영남지방 책판의 보관기록과 그 의미」, 『조선시대 책판
의 특징과 가치』(2010)의 내용 일부를 수정 보완하여 작성한 것이다.

3　『世宗實錄』 卷29, 7年(1425 乙巳) 9月 1日, "丁酉朔/吏曹啓: "請各道各官所在册板, 守令
於新舊交代解由, 開寫某册幾板, 明白傳掌. 其等內破毁遺失板子, 依數充補傳掌, 以爲
恒式."

4　『世宗實錄』 世宗 10年(1428) 1月 26日, "禮曹啓 江原道監司報 四書大全已分三處刊板
各構樓閣 分類藏置 毋使亂秩 如或刓缺 隨卽改刊 守令交代之時 明載解由 在前册板

목판의 행간에서
조선의 지식문화를 읽다

亦依此例."

5 『世宗實錄』卷11, 4年(1458 戊寅) 閏2月 28日, "傳于吏曹曰: "京中諸司官吏, 不拘日月, 不稽功績, 隨例遷轉, 因此職事慢不致意 (…) 校書館官吏則所掌册板, 非徒雜置, 抑亦 遺失朽敗."

6 『世祖實錄』卷40, 12年(1466 丙戌) 11月 17日, "書册板本, 京中則典校署掌之 外方則別 無所掌, 旣不知某書已印 又不能檢擧而修補之 甚爲不可 乞令政院 下書八道 如某郡某 某書板 凡幾張, 又板之刓朽與否 ——開寫 仍以常楮 各印一件上送 其刓朽不用者外 使 守令載之解由 以爲傳授, 使典校署爲之考察."

7 徐有榘, 『林園經濟志』권99~106, 「怡雲志」권7 '圖書藏訪鏤板法 每刷印旣畢 卽洗淨 晾乾 貯之木櫃 置之高閣.

8 『국역승정원일기』인조 7년 8월 17일 기사(1629, 숭정 2).

9 『弘齋全書』卷百八十四 羣書標記六〇命撰[二] 嶠南賓興錄二卷, "刊本復命道臣取傳敎 祭文 及閣臣差備官座目 入格榜目 入門收券數爻 入格試券中優等四作 倣瓊林聞喜錄凡 例 刊印以進 藏其板于陶山."

10 吳翮, 『天波集』「遊玉山書院記」, "自溪亭北. 行數十步. 卽淨慧寺 (…) 寺前長廊. 藏書册 板本. 晦齋集求仁錄, 九經衍義等書. 僧若干主之."

11 崔錫鼎, 『明谷集』「序文」, "册板 藏于陜川海印寺."

12 『昌寧成氏族譜』, 卷4 藏譜室記 "本郡泉谷寺處於左海壬辰丙子兵禍不及可爲藏譜之所故 乃於寺傍新創兩間瓦家藏置譜板譜册使刻手僧致眼典守藏護而若無奉板之物必不致誠 亦非久遠固藏之道玆與道內諸宗人相議各出物力買得位畓七斗落只諸宗人爲主成文許給 於致眼他日宗姓外裔譜册印出之時字行或有剝缺之處使次知守僧依譜册改刻而印出至 於致眼身後次次傳與於代守者執畓耕食世世藏護則可爲永年之圖而我始祖內外諸孫或 爲本道方伯兵水使守令者先問譜板譜册之完護與否另加中飭幸甚."

13 『昌寧成氏族譜』, 卷4 藏譜室記 "(…) 譜板二百十五立一雙 譜册四卷藏于樻子 位畓興海 東部玉山員珍字參百伍拾柒畓壹等畓拾負捌束正租柒斗落只壹夜味乙 以僧人致眼名買得 於司果李繼根處諸宗人成文許給於致眼 崇禎後八十二年己丑冬十月開刊于慶尚道興海郡 庚寅春藏."

14 『排字禮部韻略』丁敏道 跋, "二公又思 藏之堅固 傳之悠久 而若藏於私室 則藏之深難 而顧慮終爲私器 若藏於公家 則護之不謹 而深念易之刓破 百爾思之 莫如藏於山房 付 之庵僧 則藏之必謹 而永爲公物也 近有一庵 名曰白蓮 而俗稱御城 誰其創建 非僧所營 (…) 其爲庵也 鑿巖成徑 攀行棧道 赤壁圍於左右 長流經於寺前 非徒勝槪之瀟洒 是乃 偸盜之難容 宜乎藏板之得其所也 二公且思 前賢優遊之處 永擬爲公傳久之計 而乃藏於 此 是乃李君藏書於山房 蘇子委板於寺僧之意也."

註

15 『澤堂先生集』,「澤堂集赤裳山城藏板記」,"(…) 凡私家文集 可合傳後者 朝家許藏史庫鏤下 幷爲久遠之道 若以先生文集板本 藏置於先生昔日爲國史建議之所 則似有不偶然者 故今自全州府移來 補缺易刊 別建書閣于安國寺旁麓而藏之 托居僧 謹其守護 而識其事 入刻 以備後考云爾 歲崇禎三甲申五月日 澤堂先生曾孫 茂朱府使 翼鎭 謹書."

16 『澤堂先生集』"今此文集板 便是公家物也 僧代將住持 每遞易時 閣中所藏板子——計數 幷開金傳掌 而具牒上官 受置書目 以爲照憑 且錄于寺內器物置簿中 以次傳授 印出時不謹檢管 或失板子 則泝考傳掌記有所論責 書閣如有雨漏 趁卽修改 俾無朽傷爲宜."

17 朴允默(1771∼1849),『存齋集』, 北漢太古寺. 藏弆三經四書板本. 卽我肅廟壬辰. 僧統攝聖能之所創造者也. 歲月寖遠. 字畫愈刓. 開印已廢. 有識之歎久矣. 直學士李公存秀筵達. 俾始修改之役....

18 『누판고』에 대해서는 김윤식,「누판고의 서지적 연구」, 성균관대학교대학원 도서관학과 석사학위논문, 1978과 옥영정,「누판고」,『한국의 고전을 읽는다 5』, 휴머니스트, 2006에서 보다 자세한 내용을 확인할 수 있다.

19 이 기록물에 대해서는 옥영정,「册版目錄을 통해본 朝鮮時代 善山地域의 木板印刷文化 硏究」,『書誌學硏究』, 제34집, 2006에 보다 자세히 나와 있다.

20 옥영정,「조선시대 영남지방 책판의 보관기록과 그 의미」,『조선시대 책판의 특징과 가치』, 2010, 21쪽 참조.

21 이 부분은 윤병태,「韓國地誌 속의 册板에 대하여」,『古書硏究』, 제12호, 1995의 경상도지역 읍지의 책판을 바탕으로 추가 보완하여 발표한 내용(옥영정,「조선시대 영남지방 책판의 보관기록과 그 의미」,『조선시대 책판의 특징과 가치』, 2010, 12∼13쪽)을 요약한 것이다.

7장

1 김문식,『조선 후기 지식인의 대외인식』, 새문사, 2012, 19∼24쪽.

2 신승운·서정문,「한국국학진흥원 소장 문집류 책판의 성격과 가치」,『대동문화연구』제70집, 2010, 24쪽.

3 조광,『조선 후기 천주교사 연구의 기초』, 경인문화사, 2010, 63쪽.

4 李德懋,『靑莊館全書』卷 61,「盎葉記」8,「書版當愛惜」,"書籍一板之刻爲百代之利萬人之益此天下之寶也…."

5 류준필,「책판 제작의 사회·문화적 의의 - 19세기∼20세기 초 영남 지방의 문집 간행 사례를 중심으로」,『대동문화연구』제70집, 2010, 120쪽.

6 류준필, 앞의 논문, 121쪽.

목판의 행간에서
조선의 지식문화를 읽다.

7 『조선왕조실록』11년(1480) 5월 1일 庚辰條에 성종이 관리들에게 西洋布를 하사하는 내용에서 서양이라는 용어를 볼 수 있다.

8 원재연, 「17~19세기 實學者의 서양인식 검토」, 『한국사론』 38, 서울대학교 인문대학 국사학과, 1997, 53쪽.

9 원재연, 앞의 논문, 54쪽.

10 김문식, 앞의 책, 20쪽.

11 박성순, 『조선유학과 서양과학의 만남』, 고즈윈, 2005, 28~29쪽.

12 李睟光, 『芝峰類說』영인본, 경인문화사, 1970, 36~37쪽.

13 손승철, 『조선시대 한일관계사연구』, 지성의 샘, 1994, 121~124쪽.

14 慶暹, 『海槎錄』, 1607, 윤6월 26일.

15 『선조실록』, 권24, 宣祖 23년 3월 丁未.

16 김문식, 앞의 책, 159~165쪽.

17 김문식, 앞의 책, 같은 쪽.

18 김문식, 앞의 책, 28쪽.

19 조광, 앞의 책, 5쪽.

20 조광, 앞의 책, 〈쪽수 누락〉

21 조광, 앞의 책, 10~11쪽.

22 『邪學懲義』, 韓國敎會史硏究所 編, 서울, 弗咸文化社, 1977, 376쪽.

23 『日省錄』, 正祖, 丁未年, 4월 27일 甲子條.

24 조광, 앞의 책, 13쪽.

25 조광, 앞의 책, 63쪽.

26 샤를르 달레, 『한국천주교회사』 상, 안응렬·최석우 옮김, 한국교회사연구소, 1980, 338쪽.

27 조광, 앞의 책, 6쪽.

28 최석우, 「전근대 전통 지식인의 대서양 인식」, 『국사관논총』 제76집, 국사편찬위원회, 1997, 237쪽.

29 조가원, 「이수광 〈조완벽전〉의 서사적 특징」, 부산대학교 국어국문학과, 석사학위논문, 2012, 51쪽.

30 손찬식, 「〈趙完璧傳〉을 통해 본 芝峯 李睟光의 越南 認識」, 『고소설연구』21집, 한국고소설역회, 2006, 216쪽.

31 권혁래, 「〈조완벽전〉의 텍스트와 문학적 의미 연구」, 『어문학』100, 한국어문학회, 2008, 208쪽.

32 李崇寧, 「芝峯類說 解題」, 『芝峯類說』, 경인문화사, 1970. 李家源 主編, 『실학총서』 제

1집, 탐구당, 1979, 序.

33 신병주, 『이수광 – 박학博學과 소통을 추구한 실학의 선구자』, 『한국사 시민강좌』 42, 일조각, 2008, 161~162쪽.

34 李崇寧, 「芝峯類說 解題」, 『芝峯類說』, 앞의 해제.

35 이수광, 『지봉유설』(전자책), 남만성 옮김, 을유문화사, 2001, 해제.

36 권혁래, 앞의 논문, 208쪽.

37 권혁래, 앞의 논문, 214쪽.

38 손찬식, 앞의 논문, 222쪽.

39 손찬식, 앞의 논문, 233쪽.

40 李睟光, 「趙完璧傳」, 『芝峰集』, 『한국문집총간』 66, 1991, 252쪽. "問 貴國距雲南幾里 答曰 隔刪千重 接壤一界 問距琉球日本幾里 答曰 隔海島 遠不通."

41 손찬식, 앞의 논문, 234~235쪽.

42 李睟光, 앞의 책, 「趙完璧傳」, 『芝峰集』, 252쪽. "自日本晝夜行四十日或五六十日始達安南還時則順流十五日晝夜可抵日本矣. … 倭船小不能駕大海以白金八十兩唐船船中人共一百八十餘名."

43 李睟光, 『芝峰類說』 영인본, 경인문화사, 1970, 36~37쪽. 李家源 主編, 『실학총서』 제1집, 탐구당, 1979, 270~271쪽.

44 한영우, 『실학의 선구자, 이수광』, 경세원, 2007.

45 李睟光, 「贈賜安南國使臣排律十雲」, 『芝峰集』, 『한국문집총간』 66, 1991, 〈쪽수 누락〉

46 종려나뭇과에 속한 상록 교목. 빈랑의 열매는 기호품으로 씹기도 하며, 두통이나 설사, 피부병, 구충 따위에 약으로 쓰인다고 한다.

47 이수광, 「趙完璧傳」, 『芝峰集』, 『한국문집총간』 66, 1991, 253쪽.

48 합구성合口聲은 입술을 둥글게 해 발음하는 소리를 말한다.

49 李睟光, 앞의 책, 『芝峯集』, 252~253쪽.

50 鄭士信, 『梅窓集』 卷四, 「行狀」, 『韓國文集叢刊』 續10, 2005, 464~468쪽.

51 위의 『梅窓集』 卷四, 「趙完璧傳」, 462~463쪽.

52 李埈, 『蒼石集』 卷十二, 「記趙完璧見聞」, 『韓國文集叢刊』 64, 1991, 446쪽.

53 李埈, 위의 책, 446쪽.

54 李埈, 위의 책, 같은 쪽.

55 손찬식, 앞의 논문, 232쪽.

56 손찬식, 앞의 논문, 같은 쪽.

부록

1 이상정李象靖(1711~1781): 조선 후기의 학자. 본관은 한산韓山. 자는 경문景文, 호는 대산大山. 안동 일직현에서 출생. 1753년 천거薦擧로 연일현감 지냈다. 고종 때 이조판서에 추증되었으며, 뒤에 고산서원高山書院에 봉안, 시호는 문경文敬이다. 그의 학문적 흐름은 아우인 광정光靖과 남한조南漢朝를 통하여 유치명柳致明으로 이어지고, 다시 이진상李震相에 이르러 유리론唯理論으로 전개되었으며, 한말에 이르러서는 곽종석郭 鍾錫으로 계승되었다.

2 차첩差帖: 하급 관리에게 내리는 사령장辭令狀.

3 순흥順興 중대사中臺寺: 경상북도 안동시 풍산읍 신양리 소재. 『영가지永嘉誌』『가람고 伽藍考』『대령지大嶺志』『범우고梵宇攷』『태고사사법太古寺寺法』 등에 중대암의 대략적 인 위치가 전해지나, 그 외에 사찰의 창건과 관련된 기록은 찾아볼 수 없다. 현재는 건 물지로 추정되는 편평한 대지만 남아 있다.

4 영사領師: 도각수 체율體律을 가리킨다.

목판의 행간에서
조선의 지식문화를 읽다
ⓒ 한국국학진흥원 2014

초판인쇄 | 2014년 2월 17일
초판발행 | 2014년 2월 24일

지은이 | 남권희 노경희 성봉현 손계영 송정숙 옥영정 김순석
기　획 | 한국국학진흥원 연구부
펴낸이 | 강성민
편　집 | 이은혜 박민수 이두루
편집보조 | 김용숙
마케팅 | 이연실 정현민
온라인 마케팅 | 김희숙 김상만 한수진 이천희

펴낸곳 | (주)글항아리　출판등록 | 2009년 1월 19일 제406-2009-000002호

주　소 | 413-120 경기도 파주시 회동길 210
전자우편 | bookpot@hanmail.net
전화번호 | 031-955-8891(마케팅) | 031-955-8897(편집부)
팩　스 | 031-955-2557

ISBN　978-89-6735-096-3　93900

·이 도서의 국립중앙도서관 출판시도서목록(CIP)은 e-CIP홈페이지(http://www.nl.go.kr/ecip)와
　국가자료공동목록시스템(http://www.nl.go.kr/kolisnet)에서 이용하실 수 있습니다.
　(CIP제어번호: CIP2014003566)